本书是国家社科基金项目"近代英国地方治理研究（1500—1900）"（23BSS013）阶段性成果

寻常中的变化

中世纪晚期英国农民生活消费

郭　华 ◎ 著

中国社会科学出版社

图书在版编目（CIP）数据

寻常中的变化:中世纪晚期英国农民生活消费/郭华著. —北京：中国社会科学出版社，2024.3
ISBN 978-7-5227-3240-4

Ⅰ.①寻… Ⅱ.①郭… Ⅲ.①农民—消费—经济史—英国—中世纪 Ⅳ.①F156.19

中国国家版本馆 CIP 数据核字（2024）第 050257 号

出 版 人	赵剑英
责任编辑	安　芳
特约编辑	刘中平
责任校对	张爱华
责任印制	李寡寡

出　　版	中国社会科学出版社
社　　址	北京鼓楼西大街甲 158 号
邮　　编	100720
网　　址	http://www.csspw.cn
发 行 部	010-84083685
门 市 部	010-84029450
经　　销	新华书店及其他书店
印　　刷	北京君升印刷有限公司
装　　订	廊坊市广阳区广增装订厂
版　　次	2024 年 3 月第 1 版
印　　次	2024 年 3 月第 1 次印刷
开　　本	710×1000　1/16
印　　张	15
插　　页	2
字　　数	225 千字
定　　价	85.00 元

凡购买中国社会科学出版社图书，如有质量问题请与本社营销中心联系调换
电话：010-84083683
版权所有　侵权必究

《河北师范大学历史文化学院双一流文库》编辑委员会

主　任　贾丽英　李志军
副主任　宋　坤　陈瑞青　申艳广　贺军妙
委　员（以姓氏笔画为序）

　　　王向鹏　牛东伟　邢　铁　汤惠生　刘向阳
　　　陈　丽　陈灿平　张怀通　张翠莲　吴宝晓
　　　杨晓敏　武吉庆　赵克仁　赵海龙　郭　华
　　　徐建平　倪世光　康金莉　董文武

目　录

导　论 ……………………………………………………（1）
　第一节　写作目的和意义 …………………………………（1）
　第二节　学术史回顾 ………………………………………（5）
　第三节　研究内容与相关界定 ……………………………（21）

第一章　影响中世纪晚期英国农民生活消费的社会因素 ……（27）
　第一节　农业生产力水平的提高 …………………………（27）
　第二节　传统习惯与法律保障 ……………………………（41）
　第三节　农民个人财富的普遍积累 ………………………（53）
　小　结 ………………………………………………………（60）

第二章　中世纪晚期英国农民饮食结构的调整 ……………（62）
　第一节　谷类食物的变化 …………………………………（62）
　第二节　肉类食品的增加和奶制品的减少 ………………（68）
　第三节　饮料和蔬菜数量的增加 …………………………（75）
　小　结 ………………………………………………………（78）

第三章　乡村"重建运动"中英国农民的住宅 ………………（81）
　第一节　早期农庄式住宅 …………………………………（81）
　第二节　单、双层多房间住房 ……………………………（87）
　第三节　石木结构的建筑 …………………………………（92）
　小　结 ………………………………………………………（100）

第四章　中世纪晚期英国农民穿着的变化 (102)
- 第一节　服装面料的改善 (102)
- 第二节　服装样式的变革 (111)
- 第三节　配饰品的增加 (121)
- 小　结 (126)

第五章　中世纪晚期英国农民社会交往的拓展 (128)
- 第一节　交通设施的修建和改善 (128)
- 第二节　农民社会交往范围的扩大 (141)
- 小　结 (151)

第六章　中世纪晚期英国农民受教育程度的提高 (152)
- 第一节　农民教育需求的扩大 (152)
- 第二节　乡村教育条件的改善 (162)
- 第三节　农民受教育程度的提高 (171)
- 小　结 (180)

第七章　中世纪晚期英国农民的礼庆娱乐活动 (181)
- 第一节　礼庆娱乐 (181)
- 第二节　宗教节日娱乐 (187)
- 小　结 (191)

第八章　农民生活消费水平是社会发展的重要标志 (192)
- 第一节　消费是社会生产发展的驱动力 (192)
- 第二节　消费使农民自身素质得到提高 (199)
- 第三节　农民生活消费水平是社会发展的重要标志 (206)

参考文献 (209)

后　记 (232)

表图目录

表1-1	土地持有规模的长期变化	（30）
表1-2	13世纪乡村纳税佃户的牲畜饲养情况	（38）
表1-3	1250—1449年诺福克郡牲畜统计表	（39）
表2-1	诺福克塞吉福德庄园收割雇工各项食物消费比例的分析（1256—1424年）	（64）
表2-2	83份赡养协议中谷物的种类	（67）
表2-3	83份赡养协议中谷物的数量	（68）
表2-4	诺福克塞吉福德庄园1256年收割雇工饮食结构	（70）
表2-5	诺福克塞吉福德庄园1424年收割雇工饮食结构	（71）
表5-1	中世纪英格兰主要通航河流	（136）
表5-2	工资收入者的区域流动	（147）
表8-1	14世纪90年代格罗斯特郡克利夫修道院主要农作物种植的比例	（193）
图3-1	中世纪早期长方形房屋的切面图	（82）
图3-2	肯特郡上哈敦斯建于1500—1530年间的一处韦尔德式房屋结构图	（89）
图4-1	13世纪农民的穿着	（113）
图4-2	15世纪工匠的着装	（115）
图4-3	13—15世纪农民佩戴的三种帽型	（122）
图7-1	乡村酒馆饮酒跳舞的农民	（186）
图8-1	伦敦附近地区不同农作物种植面积的比例	（194）

导　　论

第一节　写作目的和意义

众所周知，英国在世界上率先踏入了工业化社会，发展出了一种本质上迥异于以往各个时代的新型生活方式，引领世界历史新潮流，滥觞了一场至今仍方兴未艾的世界现代化运动。因此，英国从传统农业社会向近代工业社会的转型一直是历史研究的重要课题。长期以来，随着学术界在该领域探讨的不断深入，宏观层面上的研究取得了长足的发展，政治结构、经济形态、社会制度等诸多问题的研究取得了丰硕成果；微观层面——普通民众日常生活方面的研究，在近30年来也取得了重大进步，但是，纵观多数研究成果，关于农民社会生活诸多方面的研究，以及劳动群众的日常生活与社会变迁之关系的研究则相对不足。

中世纪晚期是英国传统社会与近代社会对接的时代，是近代化孕育和启动的时期。农民作为这一时期英国人口的主体，社会财富的创造者，充满活力的社会阶层，其日常生活状况和消费水准能够丰富生动地体现着英国社会经济发展的水平，物质和精神文明的程度。因此，对中世纪晚期英国农民衣、食、住、行、教育、礼庆、娱乐等生活消费内容进行研究，从社会底层民众自身的视角出发考察他们生活的方方面面，展现人民群众真实的生活与斗争，把微观社会的历史置于宏观社会的趋势之中，在历史的细微之处追根溯源，将有助于我们进一步深化对英国历史进程的理解和认识，揭示其社会转型的动因。

英国马克思主义史学家希尔顿认为:"如果从底层往上看,而不是单纯只从上层看社会,我们就可能获得对整个国家和社会较为确切的图景。"①

世界各国由传统社会向近代社会转变的历史进程中,农民是社会进步的主体力量。马克思、恩格斯都曾强调,从事物质生产实践的人民群众才是历史的创造者。"社会结构和国家经常是从一定个人的生活过程中产生的,但是这里所说的个人不是他们自己或别人想象中的那个人,而是现实中的个人,这些个人是从事活动的,进行物质生产的……"② 侯建新教授在《现代化第一基石:农民个人力量增长与中世纪晚期社会变迁》一书中提出:"我们确认下述结论:现实的个人自主活动能力,即个人本身的力量,是推动历史发展的更深层次的因素。历史的动力是人。"③ 这些占社会人口绝大多数、处在具体社会历史条件下的劳动者,是社会生产力赖以形成的基本单元和细胞,他们的诉求与主张代表了社会的需求与前进的方向。所以,农民的日常物质生活是决定和反映社会进步、经济发展的根本性因素。"没有来自农民的动力,中世纪经济的转型就不可能发生,而他们的行动在导致中古末期传统社会结构的终结中起了重要作用。"④ "正是中世纪英国的普通农民通过自己'静悄悄的劳动',铸造着使庄园制度瓦解、资本主义制度产生的物质基础,他们创造的农业劳动生产率虽不是惊人的,却也是相当可观的,是几个世纪英国农村社会发生划时代变化的一个重要台阶。"⑤ 美国社会史学家巴林顿也指出:"那种认为农民只是历史客体,是一种社会生存形态,是历史变化的被动承受者,而与历史变革的动力无缘的论点,已

---

① 周阳:《西方马克思主义史学的一种治史方法——注重"自下而上"看历史》,《人民日报》2017 年 11 月 13 日第 16 版。
② [德] 马克思、恩格斯:《马克思恩格斯选集》第一卷,人民出版社 1972 年版,第 31 页。
③ 侯建新:《现代化第一基石:农民个人力量与中世纪晚期社会变迁》,天津社会科学出版社 1991 年版,第 30 页。
④ 侯建新主编:《经济—社会史:历史研究的新方向》,商务印书馆 2002 年版,第 30 页。
⑤ 侯建新:《现代化第一基石:农民个人力量与中世纪晚期社会变迁》,第 46 页。

经站不住脚了。"① 因此，通过对农民社会生活的整体考察和分析，即通过对史料的深入挖掘，对农民日常生活的基本状况进行逐项的分析思考和研究，进一步探讨 14—15 世纪英国农民的社会地位和经济状况，揭示劳动群众对英国社会结构、变革以及历史发展所发挥的作用，以有益于确立农民在英国社会转型过程中的历史地位。

生活消费是人类重要的社会实践活动，是社会总生产过程中不可或缺的环节。社会生产满足社会消费需要，社会消费需要驱动社会生产的产生和发展，这一过程的周而复始、循环往复，推动着人类社会不断进步。因此，消费无疑是衡量社会发展和人类进步的重要标志。普通民众是社会生产劳动的主体力量，他们的生活消费水准则代表了一个国家的经济状况和文明程度。中世纪晚期的英国，随着农民经济的繁荣与乡村社会关系的调整，农民各个阶层的收入有了明显增长，个人财富积累逐渐增加。在此基础上，农民日常生活的消费内涵、消费模式、消费观念亦随之发生了深刻的变化。从大量的文献记录、档案材料以及考古发掘中不难看出，农民的物质生活日渐丰富，衣、食、住、行、教育、礼庆、娱乐等日常生活需要，在物质和精神层面得到了丰富和改善，生活质量不断提高。其中富裕农民阶层生活方式的变化更为明显，他们在日常生活中打破了以往乡村社会中的等级尊卑的观念，正开始由中世纪以来的保守、封闭、节俭，向自由、开放、享乐的生活方式转变。这完全不同于中国传统儒家思想所主张的"君子食无求饱，居无求安"崇俭黜奢的消费观念。

中世纪晚期英国农业劳动生产率的提高与"前原始积累"②的逐步实现，为农民生活水平的改善提供了基础和导向，而农民生活消费的增长又拉动了英国社会生产的进步，同时也使生产者个人的力量得到进一步提高，这些构成了英国社会的进步与发展。由于生活消费和每个人息息相关，它又是经济与文化、生产系统与日常生活相结合的

---

① [美] 巴林顿·摩尔：《民主与专制的社会起源》，拓夫、张东东等译，华夏出版社 1987 年版，第 368 页。
② "前原始积累"：意为"资本主义原始积累"前西欧农民个体财富的普遍积累。侯建新：《社会转型时期的西欧与中国》，高等教育出版社 2005 年版，第 34—35 页。

一个领域,不仅能够反映出一个国家经济发展状况和人民生活的富足程度,而且也是一个国家和民族文化的体现,所以,对中世纪晚期英国农民社会生活的考察,直接涉及英国传统社会大多数民众的生活习惯、生活条件、消费理念和价值观念等一系列问题,这些问题都是敏感而又至关重要的社会问题。"从一定意义上讲,现代化的过程就是农民个体和群体发展的过程,农业产业化的过程,农民不断向外转移或农民角色不断转换的过程。"① 因此,以中世纪晚期普通大众的日常生活为起点,考察这一时期农民阶层的基本生活状况的发展过程,以及这一发展过程所引起的社会政治、经济、文化的变迁;由此视角洞悉英国社会转型的历史轨迹,彰显劳动群众在历史发展中的主体地位,可以深入了解英国崛起的历史及根本缘由,对于我国的现代化历程和当前的现代化建设具有参考价值和启发作用。

20世纪70年代经济—社会史研究崛起,西方史学界将研究视线聚焦在普通民众日常生活史领域。近数十年来,普通民众日常生活史研究一直是西方学术界的热门话题,西方学者做了大量深入细致的研究工作,涉及日常生活的各个方面,成果众多,成就斐然。近些年来,国内的专家学者也对该领域进行了有益的探讨,取得了瞩目的成就。但与国外研究相比,国内学界在这方面的研究尚不充分。有关转型时期英国农民日常生活史问题,至今深入而系统的研究相对不足,这不能不说是我国英国史和日常生活史研究中的一个缺憾。

历史融合在人们的日常生活之中,日常生活镌刻出历史。本书以"寻常中的变化:中世纪晚期英国农民生活消费"为题,在借鉴和吸收前人研究成果的基础上,结合本人的学习和探讨,以一个中国学者的视角来看待英国的这段历史,希望有助于推动对转型时期英国农民日常生活史的研究,从而丰富我国的经济—社会史研究。但是,由于作者本身历史理论、知识视野的不足,目前只能是一个初步的、基础性的研究,旨在为今后更为深入的研究奠定一个基础。

---

① [英]亨利·斯坦利·贝内特:《英国庄园生活:1150—1400年农民生活状况研究》,龙秀清、孙立田、赵文君译,上海人民出版社2005年版,侯建新:《译者序》,第12页。

第二节 学术史回顾

学术研究的发展具有继承性,任何学术的进步都以前人的成就为起点。追溯考察以往的相关研究是十分必要的。

一 国外研究状况

20世纪以降,西方传统史学失去了往日的辉煌,逐渐被新史学所取代。在新史学发展大势之中,普通民众的生活开始进入史学家研究的视野;随着20世纪50年代"新社会史"的发展,日常生活史成为历史学新兴的研究领域。"日常生活史"是"一种叙述事件的方便方式,把不易归入经济或社会等类别的现象,归纳集中在一起"[①]。20世纪70年代以后,经济—社会史兴起,西方史学界越来越多的学者关注普通民众生活史的研究,大量关于中世纪日常生活史的著作得以涌现。"关注普通人长时段的日常生活,并以此观察和解释社会结构的变迁与趋向,是经济—社会史的最重要特征。"[②]

14—15世纪处于从传统农业社会向现代工业社会转变的前夕,西欧各国尤其是英国社会政治、经济、思想文化等方面都经历着急剧的变革,社会生活发生了很大变化。这一时期日常生活水平与欧洲近代社会转型的关系引起了史学家们的浓厚兴趣,他们对此进行了深入的探讨和研究,取得了丰硕的成果。笔者撮取其中具有代表性的,即为本书参考和借鉴的文献进行回顾。

第一,关于欧洲中世纪日常生活史研究的代表性成果。

在年鉴学派的代表性人物费尔南·布罗代尔(Fernand Braudel)

[①] [法]达尼埃尔·罗什:《平常事情的历史:消费自传统社会中的诞生》,吴鼐译,百花文艺出版社2005年版,第6页。
[②] 侯建新主编:《经济—社会史:历史研究的新方向》,商务印书馆1991年版,第30页。

的《十五至十八世纪的物质文明、经济和资本主义》①一书中,"社会因素尤其是以往被大大忽略的日常生活对经济活动的意义受到前所未有的重视"②。该书把15—18世纪的经济活动划分为三个层次,即物质生活、经济生活和资本主义,确立了一个物质文明—市场—资本主义三层分立的经济模式,并认为这三个层面相互作用、相互支撑。其中物质文明是横亘在市场下面,由于缺少历史资料而难以观察的层面,而这个层面恰恰是每个人到处都能遇到的最起码、最基本的活动,它的厚度简直难以想象。③因此该书以《日常生活的结构》命名的首卷即以物质文明为探讨对象,运用丰富的史料,对世界范围内的人口、粮食、食品与饮料、居住与衣着、能源与冶金、技术与革命、货币、城市进行了深入研究,综合了所谓的日常生活的小历史与该时期重要经济社会趋势的历史,从物质文明的角度"勾画出前工业时期经济的活动领域,并掌握它的全部广度和深度",④将日常生活不折不扣地纳入历史的范围。作者认为人类有一半以上的时间都泡在日常生活之中,人类的全部历史就建筑在这些隐蔽力量的基础之上。资本主义并不是一朝一夕出现的,其基础只能是在人们千百年来长时段的日常物质生活中去寻找。

杰弗里·辛曼(Jeffrey L. Singman)的《中世纪欧洲的日常生活》,⑤旨在加深人们对中世纪的理解,清醒地认识"西方现代文化的起源",采取了多视角考察、多层次分析的研究方法,从社会、人、物质三个维度,概述中世纪时期人们的社会分层、生命周期和物质文化,具体介绍了社会各阶层的衣食习惯、社会交往和劳动生活。同时,作者又分别择取具有代表性的不同案例:牛津郡的库克汉姆

---

① [法]费尔南·布罗代尔:《十五至十八世纪的物质文明、经济和资本主义》,顾良、施康强译,生活·读书·新知三联书店2002年版。
② 侯建新主编:《经济—社会史:历史研究的新方向》,第44页。
③ [法]费尔南·布罗代尔:《十五至十八世纪的物质文明、经济和资本主义》,第20页。
④ [法]费尔南·布罗代尔:《十五至十八世纪的物质文明、经济和资本主义》,第24页。
⑤ J. L. Singman, *Daily Life in Medieval Europe*, London: Greenwood Press, 1999.

(Cuxham)村、多佛尔(Dover)城堡、克吕尼(Cluny)修道院和巴黎,对各样本中的不同社会阶层的生活过程进行分解,并作具体的细化分析;尤其是人们日常生活中往往不会引起研究者注意的一些细节,如:人们在什么地方入睡,如何洗浴,以及在哪里便溺等问题进行了考察。作者认为,这正是日常生活史学家需要格外用心的地方,因为这些问题可以反映出人们生活的真实样貌。"只有当考虑到具体的人的生活状况时,对历史过程和实践的解释才有意义。"①

汉斯·维尔纳·格茨(Hans-Werner Goetz)的《欧洲中世纪生活》是一部重要的中世纪日常生活史的综述性著作。该书将不同阶层的日常生活置于具体的社会环境和物质环境中进行研究,揭示了人们的日常生活与社会发展、物质条件具有密切的联系性。作者写作此书的目的"不是要尽量生动地描写日常生活,而是要考察不同生活圈子的日常生活"。该书将时间范围限定于中世纪早期(7—13世纪),按照"机制(该阶层的政治和经济地位,或社会和文化环境)——空间(物质生活环境)——人(社会地位和人际交往)——日常生活(衣食住行、劳动和休闲)"的顺序,分别对修士、贵族、农民、市民四个主要社会阶层的生活状态进行了描述,强调"机制、空间、人"三者具有给定性,人们动态的日常生活过程应与给定的环境相一致。② 在结构功能的分析框架之下说明人们的日常生活并不是孤立的,不是在与国家和社会制度相脱离的范围内进行的,而是始终处在政治、经济、宗教和文化诸方面因素的影响之下。

保罗·纽曼(Paul B. Newman)的《中世纪日常生活》③ 一书具有较强的综合性,对11—15世纪西欧人们的日常生活进行了全面详细的描述。包括饮食与烹饪、建筑与房屋、服装与装饰、卫生与医疗、休闲与游乐、武器与装备,几乎涵盖了中世纪人们日常生活的方方面面。除了对以上内容进行一般介绍以外,还对人们生活中的各种事物,

---

① 刘新成:《日常生活史与西欧中世纪日常生活》,《史学理论研究》2004年第1期。
② [德]汉斯·维尔纳·格茨:《欧洲中世纪生活》,王亚平译,东方出版社2002年版,第2页。
③ P. B. Newman, *Daily Life in the Middle Ages*, London: McFarland & Co., 2001.

如，食物、住房、服饰、玩具、武器等物品的材料、制作、变化、特征、使用、种类等进行了详尽的叙述和图解，能够使我们对西欧中世纪时期人们的物质环境和日常生活条件有更加具体和直观的了解。

除以上关于中世纪日常生活史的代表性作品之外，卡洛·M.奇波拉（Carlo M. Cipolla）的《欧洲经济史》第一卷《中世纪时期》，①汤普逊（J. W. Thompson）的《中世纪经济社会史（300—1300年）》上、下册，②詹姆斯·W.汤普逊的《中世纪晚期的欧洲经济社会史》，③ P. 布瓦松纳（P. Bossonnade）的《中世纪欧洲生活与劳动（五至十五世纪）》，④诺贝特·埃利亚斯（Norbert Elias）的《文明的进程：文明的社会起源和心理起源的研究》，⑤杰森·P.坎贝尔（J. P. Campbell）的《中世纪大众文化》，⑥达尼埃尔·罗什（Dcmial Roche）的《平常事情的历史》等，均为经济史、社会史和文化史领域的重要著作。这些著作关于中世纪欧洲经济与社会方面的论述对于我们在时间和空间上完整理解中世纪晚期英国农民的生活消费水平提供了帮助。

第二，关于中世纪英国日常生活史的研究。

克里斯托弗·戴尔（Christopher Dyer）是中生代马克思主义学者中的领军人物，⑦英国经济—社会史研究领域的著名专家，出版了一

---

① ［意］卡洛·M.奇波拉：《欧洲经济史》第一卷《中世纪时期》，徐璇译，商务印书馆1988年版。
② ［美］汤普逊：《中世纪经济社会史（300—1300年）》上、下册，耿淡如译，商务印书馆1997年版。
③ ［美］詹姆斯·W.汤普逊：《中世纪晚期欧洲经济社会史》，徐家玲译，商务印书馆1992年版。
④ ［法］P. 布瓦松纳：《中世纪欧洲生活和劳动（五至十五世纪）》，潘源来译，商务印书馆1985年版。
⑤ ［德］诺贝特·埃利亚斯：《文明的进程：文明的社会起源和心理起源的研究》，吴佩莉译，生活·读书·新知三联书店1999年版。
⑥ J. P. Campbell, *Popular Culture in the Middle Ages*, Bowling Green: Bowling Green State University Popular Press, 1986.
⑦ 属于马克思主义模式阵营的学者众多，早期有托尼、多布，随后有科斯敏斯基、希尔顿、布伦纳、布瓦，中生代学者有戴尔、拉兹，新一代学者则有怀特尔等。黄春高：《分化与突破：14—16世纪英国农民经济》，北京大学出版社2011年版，第47、51页。

系列代表性论著。他的《中世纪晚期的生活标准：1200—1520 年社会变化中的英格兰》[①] 一书出版后影响颇大，曾再版数次，目前是剑桥大学的教科书。该书是研究中世纪晚期英国社会经济与日常生活的重要著述，也是该研究领域国内学者的重要参考书之一。戴尔借鉴了年鉴学派的理论，运用日常生活史中的个案分析和社会分层理论的方法，根据大量翔实的材料，对中世纪晚期英国社会各个阶层，包括贵族、市民、农民、雇工和乞丐进行了全面研究。考察了 1200—1520 年间各个社会阶层的收入和支出，对他们的饮食、居住和财产情况进行分析判断，论证了变革时代不同社会阶层的生活水平。尤其针对农民阶层，作者分析了由于他们对贵族剥削的有效抵抗，没有丧失全部的剩余收入，因此对市场贸易和发展农业经济有着必然的需求；农业生产的发展和农业技术的改进，使他们能够安然面对和顺利渡过生活危机。该书揭示了社会变迁过程中英国各社会阶层命运的沉浮；阐明了普通民众经济的发展、生活水平的提高和消费需要的增长是经济与社会变迁的动力，人们物质生活的改善必然会带来精神文明的发展。

戴尔的另一部著作《中古英格兰的日常生活》，[②] 是一部收录了 15 篇文章的论文集。全书集中考察了 13—15 世纪英格兰普通民众的日常生活，分为四个部分：村社、生活标准、社会关系和市场贸易。作者运用大量文献资料和丰富的考古证据，从村庄、庭院、习俗、食物、住房、服装、收入和贸易诸方面对中世纪普通民众的日常生活状况和发展变化进行了研究，论述了社会变迁中的贵族与农民、工匠与雇工的关系。如，通过居住状况评估农民阶层可以利用的资源、他们与市场的联系、获取信贷的能力以及与上层统治者的关系；通过人们的饮食消费确定农业生产的状况、农民的社会地位和生活水准；通过对村庄的考察可以了解农田状况、生产技术、领主的权力、社区自治，以及土壤和气候环境，等等。作者采取了个案分析和数据统计的

[①] C. Dyer, *Standards of Living in the Later Middle Ages: Social Change in England*, c. 1200—1520, Cambridge: Cambridge University Press, 1989.

[②] C. Dyer, *Everyday Life in Medieval England*, Cambridge: Cambridge University Press, 2000.

方法，研究了伍斯特郡彭多克庄园（Pendock）的形成、管理，诺福克郡塞吉福德庄园（Sedgeford）劳动者的食品津贴，列举了修道院的购买力、主教家庭的食物消费，统计了农民的地租和举债、雇工的薪资，考察了城镇与村庄之间的商品贸易，等等。该著着重对西米德兰的格罗斯特郡、沃里克郡和伍斯特郡及其周围的东南部地区和东盎格利亚（East-Anglia）地区进行了研究，力图以重建物质文化为切入点，对英格兰的经济社会史领域进行全面研究，以描述"总体的历史"。

《转型的时代——中世纪晚期英国的经济与社会》[1] 是克里斯托弗·戴尔的又一部力作，该著已经有中译本出版。[2] 这部作品是作者于2001年在牛津大学所做的福特系列讲座的基础上完成的。著作将中世纪晚期作为社会转型时代进行了长时段的考察，聚焦普通民众观察历史的变迁。作者认为中世纪晚期英国社会发生了广泛的结构性变迁，因此提出了"大15世纪"（1350—1520年）的观点；从共同体与个人、权威与自由、消费与投资、生计与市场、劳动与闲暇五个密切关联的具体层面进行了总体的研究。普通民众的日常生活是贯通该书的一条主线，涉及他们生活的各个方面，如，农民在村庄共同体中的地位、对土地的经营、财富的积累、商品贸易往来、生活消费状况，等等。作者运用了丰富的历史资料，庄园的各种文献（调查册、账簿）、法庭案卷、国家司法和行政记录、主教登记册、城镇档案、自由农之间的财产转移契约、私人的遗嘱和信件，还参照了大量的考古证据，等等。试图从社会底层民众和日常生活的历史中寻求资本主义起源的基础，在"社会转型"研究领域取得了重要突破。

在戴尔的一系列论述中可以看出他对中世纪英国社会和农民群体的认识不断深化，作品研究的空间和群体体现出较强的互补性，是我们深入了解这一时期英国普通民众的日常生活状况及其社会变迁不可或缺的重要参考著作。

---

[1] C. Dyer, *An Age of Transition? Economy and Society in England in the Later Middle Ages*, Oxford: Clarendon Press, 2005.

[2] ［英］克里斯托弗·戴尔:《转型的时代——中世纪晚期英国的经济与社会》，莫玉梅译，徐浩审校，社会科学文献出版社2010年版。

亨利·斯坦利·贝内特（H. S. Bennett）的《英国庄园生活：1150—1400年农民生活状况研究》一书，被誉为"研究中世纪庄园农民的经典之作"。作者从微观的视角、运用个案分析的方法，聚焦1150—1400年英国庄园农奴，以社会、经济和法律之间的相互作用为历史背景，描绘出了中世纪乡村生活模式，人们田间的劳作、地租与劳役、庄园管理、乡间娱乐、乡村宗教、庄园法庭，以及农奴为争取自由而不断进行的抗争。其间穿插叙述了庄园中各阶层农民的居住、饮食、服装等生活场景和风俗习惯，"勾画了英国庄园农民的物质生活与精神生活的立体型和全方位的景观"。由于作者对"小人物"描写的独特风格，使人读此书"会不知不觉中步入中世纪的某个乡村，与那里的村民生活在一起，体验他们的快乐与忧伤、希望与失望"。① 在史料运用上，贝内特不仅重视对传统史料的收集，如劳役惯例簿、庄园土地清册、庄园账簿、法庭案卷等原始材料，而且还格外注重家庭信函、农民日记、诗歌这些民间的、不为人所重视的材料。贝内特用生动的实例让人们对中世纪的农奴制和农民生活有了一个全新的认识，该书对研究中世纪英国农民日常生活史无疑具有重要的史料价值和思想启迪，是研究中世纪农民生活史必备的参考书。

J. E. C. 哈里森（J. E. C. Harrison）在其著作《普通民众：诺曼征服以来的历史》② 中考察了诺曼征服后大约900年间的英格兰普通民众的历史，其中包括普通民众日常生活的内容，分析了普通民众的劳动、家庭状况以及大众的心态。

可供借鉴的关于英国中世纪农村经济、社会和农民阶层的研究成果还有爱德华·米勒（Edward Miller）的《英格兰威尔士农业史（1348—1500年）》（第三卷），③《中古英格兰：1086—1348年的

---

① [英] 亨利·斯坦利·贝内特：《英国庄园生活：1150—1400年农民生活状况研究》，侯建新：《译者序》，第9、11页。
② J. E. C. Harrison, *The Common People: A History from the Norman Conquest to the Present*, London: Croom Helm, 1984.
③ E. Miller, *The Agrarian History of England and Wales*, Vol. III 1348—1500, Cambridge: Cambridge University Press, 1991.

乡村社会与经济变迁》,① S. H. 瑞格比（S. H. Rigby）的《中世纪晚期的英国社会》,② R. H. 希尔顿（R. H. Hilton）的《中世纪晚期的英国农民》,③ 等等。在这些著作的研究中涉及英国农民的生产和生活状况。值得一提的是 H. E. S. 费舍（H. E. S. Fisher）、A. R. J. 杰瑞卡（A. R. J. Jurica）的《英国经济史文献：1000—1760 年》,④ 收录了中世纪时期农民对土地的经营、与领主的博弈和生活场景的具体案例，为本领域的研究提供了参考价值较高的原始资料。

第三，关于中世纪日常生活史专题性研究成果。

随着日常生活史研究的不断深入，关于中世纪人们生活中的饮食习惯、居住方式、服饰装扮、教育文化等方面的研究成果涌现出来；也出现了从物质文化层面对日常生活用品的研究和探讨。

关于饮食方面的研究。J. C. 杜姆曼德（J. C. Drummond）、A. 维尔波汉姆（A. Wilbraham）的《英国人的食物》⑤ 一书，研究了从中世纪晚期到 20 世纪英国人五百多年中饮食结构的变迁。其中"中世纪与都铎王朝的饮食"一章，对中世纪，尤其是中世纪晚期人们的食物作了详细的介绍，包括食物（谷物、蔬菜水果、畜产品和啤酒）的生产、食品的质量、动物类食品、饮食与健康等内容。作者在介绍当时人们饮食结构的同时，还对英国当时社会经济的发展水平，不同社会阶层的饮食习惯进行了考察。使我们能够进一步了解到英国饮食风俗的源头和饮食文化的流变。马萨·卡琳（Martha Carlin）和琼·罗森索（Joel T. Rosenthal）主编的《中世纪欧洲的饮食和食物》,⑥ 是一部关于中世纪饮食的论文集。其中，"中世纪英国农民的确在忍

---

① E. Miller, *Medieval England—Rural Society and Economic Change* 1086—1348, London: Longman, 1978.
② S. H. Rigby, *English Society in the Later Middle Ages*, London: Macmillan Press, 1995.
③ R. H. Hilton, *The English Peasantry in the Later Middle Ages*, Oxford: Clarendon Press, 1975.
④ H. E. S. Fisher, A. R. J. Jurica, *Documents in English Economic History: England from 1000 to 1760*, London: G. Bell & Sons Ltd., 1977.
⑤ J. C. Drummond, A. Wilbraham, *The Englishman's Food, A History of Five Centuries of English Diet*, London: Jonathan Cape Ltd., 1957.
⑥ M. Carlin, J. T. Rosenthal, *Food and Eating in Medieval Europe*, London: The Hambledon Press, 1998.

受饥饿吗?"与"1300年至1400年间伦敦地区淡啤酒的消耗和农业经济的发展"等相关内容对中世纪的饮食状况和饮食结构,以及饮食与经济发展的相互作用作了介绍。瑞查德·W. 安泽(Richard W. Unger)的《中世纪的啤酒和文艺复兴》[①]一书讨论了啤酒花的传入、啤酒的酿造,以及啤酒的流行对英国新文化的影响。

关于居住状况的研究。简·格林维尔(Jane Grenville)的《中古住房》,[②] 是一部难得的关于中世纪英国普通民居研究的专著。该书根据大量考古证据、文献资料和建筑遗存的考证,对农村和城市居民住房的建筑材料、技术、结构、特征以及发展变化进行了系统的研究。对乡村住房进行了全方位的考察,作者考证了农民阶层的建筑是否牢固和永久,农民住房的建筑结构和功能,乡村住宅的内部设计和外观,居住家庭的人口和区域划分。该书还介绍了关于中世纪普通民众居住问题上存在争议的学术问题,如住房建筑质量、内部结构的复杂性等问题。经过作者对历史资料的认真梳理、详细分析,使一些学界有争议的问题,如"乡村重建运动"起源于何时?呈现出了清晰的线索。作者还论证了家庭成员结构和人们生活方式对住房建筑设计的影响,认为居住环境的不同反映了社会阶层经济状况的差异;普通民众居住质量的变化折射出了社会经济的进步和人们文明程度的提高。更为可贵的是,为了直观、形象地解释各类建筑的内部结构和外部特征,作者还配以大量的图示。该著作是研究中世纪英国建筑史不可多得的一部重要参考书。

关于日常用品的历史。玛乔里(Marjorie)、克温内尔(C. H. B. Quennell)的《英格兰日常用品和设施的历史》是一套多卷本的著作,时间跨度从诺曼征服到第一次世界大战,共分四册。[③] 该书以"世纪"为研究单位,以人们日常生活和劳动生产中的用品与设施为

[①] R. W. Unger, *Beer in the Middle Ages and the Renaissance*, Philadelphia: University of Pennsylvania Press, 2003.
[②] J. Grenville, *Medieval Housing*, Leicester: Leicester University Press, 1977.
[③] Marjorie, C. H. B. Quennell, *A History of Everyday Things in England*, Vol. I. 1066—1499; Vol. II. 1500—1799; Vol. III. 1733—1851; Vol. IV. 1851—1914; London: B. T. Basford Ltd., 1957.

研究内容，刻画了英国一千年中人们生活和劳动的历史。涉及的范围广泛，包括服装配饰、交通工具、城堡和住房、娱乐场所、宗教建筑、游戏玩具、装饰品，等等。作者明确指出，研究日常用品的历史，目的是远离复杂的政治背景，通过探寻和还原过去的人们怎样度过闲暇时光、怎样从事各种生产劳动、使用怎样的工具、生存的物质环境怎样，来塑造一个纯粹生动的人们生活的历史图景。该书的优点是研究的内容十分宽泛，通俗易懂，综合性强，但缺点是只对各项内容进行了具体性的描述，缺少对历史脉络和社会背景的探讨与分析。伊利萨白·柯伍福特（Elisabeth Crowfoot）等著的《纺织与服装（1150—1450）》，[①] 弗朗西丝·葛如（Francis Grew）和马格瑞斯·德·尼伽德（Margrethe de Neergaard）的《鞋与式样（1100—1450）》[②] 等著作是关于中世纪服装和配饰的重要作品，为研究中世纪晚期英国农民日常生活用品的使用和消费提供了重要的参考。

关于民众教育方面的研究。克里夫·亚历山大（Michael Van Cleave Alexander）的《英国教育的发展（1348—1648）》，[③] 主要论述了黑死病之后，随着人文主义思想的传播，英国教育出现了一系列的变化，教会教育危机，世俗教育兴起；分析了宗教改革至17世纪中期，新的教育机构尤其是文法学校建立起来，社会大众受教育的机会扩大，人们识字率水平发生了变化；在这一时期由于社会慈善投入的增加，大学教育也得到了相应发展。该书使我们比较全面地了解到英国世俗化教育兴起后，民众受教育的情况，阅读和写作水平的提高。阿·弗·里奇（A. F. Leach）的《中世纪英国的学校》[④] 以坎特伯雷大主教区为主要线索，结合大量例证详细介绍了中世纪各类学校的运作情况，其中涉及15世纪英国的农村教育与亨利八世时期宗教改

[①] E. Crwfoot, F. Pritchard, K. Staniland, *Textiles and Clothing*: 1150—1450, London: Her Majesty's Stationery Office, 1992.

[②] F. Grew, M. Neergaard, *Shoes and Pattens*: 1100—1450, London: Her Majesty's Stationery Office, 1988.

[③] Michael Van Cleave Alexander, *The Growth of English Education* 1348—1648, Philadelphia: The Pennsylvania State University Press, 1990.

[④] A. F. Leach, *The School of Medieval England*, London: Methuen and Co. Ltd., 1915.

革的关系问题。美国学者 G. F. 皮尔庞特（G. F. Pierrepont）所著的《中世纪与转型时期教育史》，① 论述了英国学校由中世纪的修道院学校到近代世俗学校的转型，从而满足了民众接受基础教育的需求。翻译为中文的奥尔德里奇（Richard Aldrich）的《简明英国教育史》② 论述了家庭、职业、社会阶层对于教育的影响，不同的教育阶段的表现形式，以及社会发展与教育变化的关系。在教育史料方面，翻译为中文的 E. P. 克伯雷（E. P. Cubbtrley）选编的《外国教育史料》，③ 作者依照时间顺序介绍了从古至今西欧主要国家教育的发展和相关的教育理论，为考察和研究英国乡村教育提供了丰富的材料。约翰·劳森（John Lawson）和哈罗德·西尔沃（Harold Silver）所著的《英格兰教育社会史》④ 主要论述了公元 600 年益格鲁—撒克逊人进入英格兰到 20 世纪 70 年代英国社会的发展和教育的变迁，涉及社会对教育的捐赠，城镇和乡村教育发展，不同阶段的教育理念，以及文法学校和大学教育为主的教育方式等内容，分析了随着社会的变革发展，英国大众教育的变化。尼古拉斯·奥姆（Nicholas Orme）的《中世纪及文艺复兴时期英国的教育与社会》⑤ 对中世纪晚期至宗教改革时期，在社会变革的影响下英国学校的发展、教育的内容、性质、种类的变化等方面进行了论述。

综上所述，随着传统史学向新史学的转变，历史学研究的内容日趋多元化，史学研究的对象、理论方法和范式结构发生了巨大变化。20 世纪 70、80 年代西方史学界对于日常生活史的研究愈加繁荣，各种学术流派繁衍更迭。由于研究时间长，国外学者关于中世纪日常生

---

① G. F. Pierrepont, *A History of Education: During the Middle Ages and the Transition to Modern Times*, London: The Macmillan Press, 1915.
② [英] 奥尔德里奇：《简明英国教育史》，诸惠芳、李洪绪、尹斌苗译，人民教育出版社 1987 年版。
③ [美] E. P. 克伯雷选编：《外国教育史料》，华中师范大学、西南师范大学、西北师范大学、福建师范大学教育系译，华中师范大学出版社 1991 年版。
④ J. Lawson and H. Sliver, *A Social History of Education in England*, London: Methuen and Co. Ltd., 1973.
⑤ Nicholas Orme, *Education and Society in Medieval and Renaissance England*, London and Rio Grande: The Hambledon Press, 1989.

活史的研究取得了丰硕成果,大致呈现出以下特点:首先,从社会的经济、政治、文化等层面来透视人们的生活世界,将日常生活视为长时段的、结构性的内容加以研究。其次,以"人"为历史活动的主体,对社会各阶层的生活状况进行了全面考察,既包括社会精英,也包括普通百姓;其中,开辟了"自下而上"的研究路径,将底层民众的历史置于合理的、平衡的框架中解构,扩大了历史研究的视野,丰富了研究内容。再次,在新文化史"物质转向"潮流的影响下,强化了对不同历史时期生活物品和设施的研究,如餐具食物、居住环境、衣装设计、生产工具等。最后,西方学者依据丰富的原始材料,通过缜密的研究方法,在个案研究和微观层面取得了较大的发展。因此,国外学者的研究值得我们学习和借鉴。

但是,纵观所能查阅的相关内容的各项成果,笔者发现,这些著作或者是时间跨度较大的关于社会各阶层生活状况的总体论述,或者是关于日常生活某一方面的专题研究,或者是分门别类地介绍人们的生活设施,而缺乏对某一历史时段普通民众日常生活消费状况全面综合的研究。具体来说,对于转型时期英国农民的生活状况和消费水平的研究尚未形成系统、完整的体系,说明该领域还存在进一步深入探索的空间。

二 国内研究状况

20世纪80年代,随着我国改革开放的发展,现代化进程的提速,国内学者的研究表现出强烈的现实关照。虽然目前国内学术著作中没有以中世纪晚期英国农民日常生活为专论的,但是围绕英国社会转型问题,涌现出一批关于英国社会变迁时期农业、农村和农民问题的研究成果。[1]

---

[1] 代表性的研究成果如:侯建新:《现代化第一基石:农民个人力量与中世纪晚期社会变迁》,天津社会科学出版社1991年版;《社会转型时期的西欧与中国》,高等教育出版社2005年版;《农民、市场与社会变迁——冀中11村透视并与英国乡村比较》,社会科学文献出版社2002年版;徐浩:《农民经济的历史变迁——中英乡村社会区域发展比较》,社会科学文献出版社2002年版;王晋新:《15—17世纪中英两国农村经济比较研究》,东北师范大学出版社1996年版;黄春高:《分化与突破:14—16世纪英国农民经济》,北京大学出版社2011年版,等等。

侯建新以英国资本主义起源为主题，对英国农村社会的发展进行了专门研究。《现代化第一基石：农民个人力量与中世纪晚期社会变迁》一书，虽然没有直接涉及农民日常生活消费的内容，但是，他建构起了由传统社会向近代社会转型过程中关于农民个人力量决定论的理论体系，考察了英国农民的物质生产能力和交换能力，论证了"农业是近代经济的基础"，社会转型的"基本动力来自农民个体力量的壮大"。该著论证了农民个人力量与社会结构的互动关系，系统考察了前近代英国和中国农民的生产能力，并为进一步研究农民消费问题提供了重要的理论前提。

侯建新《社会转型时期的西欧与中国》一书，深刻地剖析了西欧社会转型的政治、经济、社会、文化因素。其中围绕中世纪晚期西欧经济的增长，提出其社会转型的三个原因，即"社会财产和财富的积累机制、生产性活动的法律保障机制、产品和要素市场的流通机制"。这三个机制密不可分，相互依赖和影响。它们的发育和成长，推动中世纪西欧的生产者普遍实现了"前原始积累"。其中"法律保障机制"至关重要，蕴含着英国及西欧社会最深层、最典型的特征，它最终的体现是西欧中世纪社会中存在的"主体权利"。该著作进一步对中世纪晚期农民生产者个体的生产、消费、剩余和积累的状况进行了考察，阐明了"在资本主义将农民作为一个阶级吞噬掉之前，它是以个体农民物质力量和精神力量的普遍发展为其发展的基石"。"资本积累，主要取决于基本的生产者个体的生产、消费、剩余和积累的状况。"[①] 为了更为清晰地说明同为社会转型时期的中英两国的发展与不发展问题，该论著以衣、食、住和燃料作为考察的指标，对英国农民的日常生活与消费水平及其变化进行了评析，论述了英国农民基本的生活状况以及与社会发展的关系。在我国学术界该著第一次把英国农民日常物质生活消费问题纳入社会转型这一重要论题之中。

侯建新的《农民、市场与社会变迁——冀中11村透视并与英国乡村比较》，以研究中国现代化的历史进程为目的，"围绕20世纪上

[①] 侯建新：《社会转型时期的西欧与中国》，第12、7、9页。

半叶冀中个体农户的生产、消费、交换和盈余,作了较为详细和系统的个案分析与考察,并与英国中世纪晚期至工业革命前的个体农户的相应状况作了比较"。作者指出:"作为农业国的基本生产单位——个体农户的生产、消费、盈余和再生产投入的差异是前工业社会中英农村经济发展差异的基本指标,也是我们考察这一差异的基本依据。"① 再次申明了分析考察转型时期农民生活消费水准的重要意义。

黄春高的《分化与突破:14—16世纪英国农民经济》,"以14—16世纪的英国农民为研究对象,细致考察在这一变革时期农民经济所发生的历史变迁"②。作者细致考察了1348年黑死病之后英国不同类型的农民,尤其是契约租地农、公簿持有农和自由持有农;分析了农民家庭的规模、份地经营以及与市场的关系,提出中世纪英国的农业还是以种植业为主,农民进入市场更大程度上是为了谋生;"15、16世纪的租地农场的主体仍然是家庭农场,其特性也属于农民家庭经济的范畴"③。农村社会下层无地、少地的农民为了维持生存,以工资劳动为主,但从他们的生存手段和经济状况来看仍属于农民经济的范围之内。这一时期农民经济处于分化过程之中,"14、15世纪分化相对和缓且以中等农民的上升为主要特征;16世纪,分化相对剧烈且呈现出两极分化的特征"④。作者认为:"以农民经济为研究对象,是对资本主义起源研究的一种修正。""从农民经济出发来看资本主义,或许能够看到一些不同的东西。资本主义的产生与农民之间的直接关联,让我们看到,认识农民可以更好地认识资本主义的产生。"⑤

徐浩的《农民经济的历史变迁:中英乡村社会区域发展比较》

---

① 侯建新:《农民、市场与社会变迁——冀中11村透视并与英国乡村比较》,第316页。
② 黄春高:《分化与突破:14—16世纪英国农民经济》,第56页。
③ 黄春高:《分化与突破:14—16世纪英国农民经济》,第58页。
④ 黄春高:《分化与突破:14—16世纪英国农民经济》,第59页。
⑤ 作者认为:"农业资本主义起源的研究在相当大程度上扼杀了中世纪晚期和近代早期英国农业的历史。"该研究反其道而行之,"即从研究农业尤其是农民本身出发,进而讨论其中资本主义的问题"。黄春高:《分化与突破:14—16世纪英国农民经济》,第56页。

一书认为"农民实际生活过程是社会史研究最具开拓性的领域之一",①该论著在第五章"农民非生产性支出与消费的比较"内容中,考察了中世纪晚期和近代早期英国农民的物质生活消费和社会文化消费及其变化,揭示了农业经济的发展对消费水平的制约及其消费方式对经济发展的影响。

马克垚的《英国封建社会研究》、② 赵文洪的《私人财产权利体系的发展——西方市场经济和资本主义的起源问题研究》、③ 刘新成主编的《西欧中世纪社会史研究》、④ 沈汉和王建娥合著的《欧洲从封建社会向资本主义社会的过渡研究:形态学的考察》⑤ 等著作中关于农民经济、农民个人财产权利、农民社会地位的论述,为研究英国农民生活消费问题提供了社会背景的参考内容。

近年来也涌现出了一批关于中世纪或近代早期英国农民日常生活方面的研究论文。侯建新的《工业革命前英国农民的生活与消费水平》⑥ 一文,对15—18世纪英国农民的生活与消费水平进行了研究,通过对饮食、房屋、服装和燃料等有关资料的梳理,论述了这一时期英国农民的日常生活状况及其变化。《工业革命前英国农业生产与消费再评析》⑦ 一文,进一步详尽而透彻地论证了工业革命前英国农业生产的发展,农民消费水准的提高,以及对英国社会变迁产生的深刻影响。徐浩的《中世纪英国农村的封建负担及农民生活》⑧ 一文,分析了中世纪农村的封建负担,较为详尽地论述了农民的生产收入和饮食状况,以及宗教节日、风俗习惯和子女教育的消费情况。刘景华、

---

① 徐浩:《农民经济的历史变迁:中英乡村社会区域发展比较》,第380页。
② 马克垚:《英国封建社会研究》,北京大学出版社2005年版。
③ 赵文洪:《私人财产权利体系的发展——西方市场经济和资本主义的起源问题研究》,中国社会科学出版社1998年版。
④ 刘新成主编:《西欧中世纪社会史研究》,人民出版社2006年版。
⑤ 沈汉、王建娥:《欧洲从封建社会向资本主义社会的过渡研究:形态学的考察》,山东教育出版社2020年版。
⑥ 侯建新:《工业革命前英国农民的生活与消费水平》,《世界历史》2001年第1期。
⑦ 侯建新:《工业革命前英国农业生产与消费再评析》,《世界历史》2006年第4期。
⑧ 徐浩:《中世纪英国农村的封建负担及农民生活》,《贵州师范大学学报》2000年第2期。

张道全的《14—15世纪英国农民生活状况的初步探讨》[①]一文，通过对黑死病以后英国农业经济状况、农民的经济负担和生活态度，以及偶然的突发事件等方面的分析，对英国农民的生活状况进行了研究。郭华、刘伟的《中世纪晚期英国农村经济状况考察》、郭华的《中世纪晚期英国农民的财富积累与生活消费》两篇文章，[②]分析了中世纪晚期英国农村的经济状况，尤其在黑死病之后其恢复和发展主要表现在人均土地面积的增加、生产技术的提高、畜牧业的发展和经济结构的变化；在经济发展和传统法律习惯的基础上，农民个人财富积累持续增长，物质力量增强，生活水平不断提升，饮食结构、居住条件和受教育状况都得到改善。王向梅的《从居住角度看英国社会转型时期私人生活的变迁》、向荣的《移风易俗与英国资本主义的兴起》《啤酒馆问题与近代早期英国文化和价值观念的冲突》、郭华的《英国中世纪晚期农民饮食结构的变化》《英国中世纪晚期农民社会交往的拓展》《中世纪晚期英国农民居住状况的变迁》《中世纪晚期英国农民休闲生活考察》等文章，分别从饮食结构、居住状况、社会交往、休闲娱乐、风俗习惯和公众消费场所的角度，透视了普通民众生活条件的改善、私人权利的增长、文化的改造和价值观念的变化。[③] 侯建新的《富裕佃农：英国现代化的最早领头羊》《个人发展与英国农村阶级结构的变迁》、徐浩的《论中世纪晚期英国农村生产要素市场》、向荣的《茶杯里的风暴？——再论16世纪英国的土地

---

① 刘景华、张道全：《14—15世纪英国农民生活状况的初步探讨》，《长沙理工大学学报》2004年第3期。

② 郭华、刘伟：《中世纪晚期英国农村经济状况考察》，《历史教学》（下半月刊）2013年第1期；郭华：《中世纪晚期英国农民的财富积累与生活消费》，《史学理论研究》2015年第3期。

③ 王向梅：《从居住角度看英国社会转型时期私人生活的变迁》，《世界历史》2005年第2期；向荣：《移风易俗与英国资本主义的兴起》，《武汉大学学报》2000年第3期；向荣：《啤酒馆问题与近代早期英国文化和价值观念的冲突》，《世界历史》2005年第5期；郭华：《英国中世纪晚期农民饮食结构的变化》，《齐鲁学刊》2008年第3期；郭华：《英国中世纪晚期农民社会交往的拓展》，《历史教学》（高校版）2008年第3期；郭华：《中世纪晚期英国农民居住状况的变迁》，《首都师范大学学报》（社会科学版）2008年第4期；郭华：《中世纪晚期英国农民休闲生活考察》，《北方论丛》2009年第4期。

问题》、贾薇的《中世纪英国农奴个人物质力量的增长与资本主义的产生》等文章都涉及了中世纪晚期英国农民的社会生产与生活问题,具有重要的参考价值。① 以上各项具有开拓性的研究成果为笔者提供了了解中世纪晚期英国农民日常生活消费的窗口,是本研究的起点。

不过,国内史学界的相关研究,就其整体而言还是相对薄弱的。一是研究时间短:在国内相关的著作和论文中,对于转型时期英国农民日常生活史的关注开始于20世纪90年代,近些年来研究成果逐渐增加。二是成果不多:如前所述,对于该方面的研究多为论文,至今没有一部关于这部分内容的专门著述。三是缺乏系统、综括的研究:相关内容的研究多散见于经济史与社会史的著作之中,尚未形成独立的系统,全面整体的探讨相对欠缺。

因此,笔者尝试对中世纪晚期英国农民生活消费问题的研究作一努力,期望能起到补阙拾遗的作用。

第三节 研究内容与相关界定

一 立意与主要内容

农民作为农业生产的主体,是转型时期英国社会生产中起决定作用的重要力量,他们的社会生活状况是其生存状态的直接表现形式。农民生活水平的不断提升可以使其在社会经济发展中释放出旺盛的生产积极性,同时也使自身的文明程度大为提高。农民社会生活状况的不断改善,也使英国社会转型中最难以克服的障碍由此得到消解,因而迈出了由中世纪社会向近代社会转变中至关重要的一步。《国富论》讲道:"当绝大部分社会成员处于贫穷和困苦时,没有哪一个社

---

① 侯建新:《富裕佃农:英国现代化的最早领头羊》,《史学集刊》2006年第4期;侯建新:《个人发展与英国农村阶级结构的变迁》,《世界历史》1989年第1期;徐浩:《论中世纪晚期英国农村生产要素市场》,《历史研究》1994年第3期;向荣:《茶杯里的风暴?——再论16世纪英国的土地问题》,《江汉论坛》1999年第6期;贾薇:《中世纪英国农奴个人物质力量的增长与资本主义的产生》,《青海社会科学》2001年第3期。

会能够确实兴旺发达和美好。"①

中世纪晚期是英国近代化的孕育和启动时期。农民的生活消费水平在基本层面上体现着英国社会经济发展的水平，物质和精神文明的程度。本书旨在对中世纪晚期英国农民的衣、食、住、行、教育和娱乐及其变迁，以及它们与社会发展的关系进行考察，以便从一个角度深入地认识英国社会转型的动因和历史轨迹。

本书共9个部分，正文8章。②

影响中世纪晚期英国农民生活消费的社会因素。人们的生活状况受诸多社会因素的影响，14—15世纪英国人口、商品价格的变化，农业经营结构的调整，农业劳动生产率的提高，国内外商品贸易的发展，为农民各阶层生活状况的变化提供了物质条件；英国社会独特的传统习惯与法律机制，又为劳动者提供了相对有利的生存与发展空间。

中世纪晚期英国农民饮食结构的调整。法庭档案、遗嘱、庄园账簿等文献资料显示，这一时期农民的饮食结构逐渐以单一的碳水化合物为主转变为以动物蛋白质和碳水化合物相结合的新的结构。百姓的食物种类不断丰富，膳食搭配日渐合理，营养状况逐渐改善。但是富裕农民、佃农、雇工等不同阶层变化的速度和程度差别较大，反映了农村社会阶层的分化。

乡村"重建运动"中英国农民的住宅。居者有其屋，住宅是人们物质和精神文明的体现，也是经济与社会发展的表征。大量的历史资料、考古发掘和建筑遗存证明，经过几个世纪的发展，农民的居住形式、房屋结构、住房质量有了较大改观。富裕农民居住条件的变化最为突出。

中世纪晚期英国农民穿着的变化。随着英国乡村染织工业和服装

---

① [英]亚当·斯密：《国富论》，唐日松等译，华夏出版社2005年版，第61页。
② 相关说明：其一，对于中世纪晚期的具体时间范围，笔者采纳了为学术界广泛接受的观点，即14—15世纪。同时，为了清晰解释和深入探讨研究对象的来龙去脉，对相关内容的时间进行了一定延展。其二，本书所提到的"英国"这一名称为习惯性用法，主要指诺曼征服后建立的英格兰王国；从地理上看，它位于大不列颠岛的南部，以西为威尔士，面积最大。

加工工业的发展，农民的衣着逐渐发生着变化。尽管不同时期国家有种种法令限制社会普通民众的着装，但是农民各个阶层在着装中越来越追求舒适优质的面料、时尚得体的款式和美观新颖的配饰。服装变化成为他们彰显个性、突出自我的外在表现。

中世纪晚期英国农民社会交往的拓展。中世纪晚期与近代早期英国交通运输状况大为改观，尤其是乡村道路状况的改善，为劳动人口流动和商品流通提供了条件。劳动阶层以争取政治自由、外出谋生和商品交换为主要内容的社会交往更加活跃和频繁。

中世纪晚期英国农民受教育程度的提高。随着社会环境的变化，农民接受教育的意识和要求普遍提高。资料显示，英国村庄和教区中学校数量有了增加，农民家庭藏书的数量和品种逐渐增多；农民子弟的入学数人增加，识字率明显增长；接受高等教育的数量也在提高，其中不乏成功的案例。农民受教育状况的改善，对社会发展产生了深远的影响。

中世纪晚期英国农民的礼庆娱乐活动。娱乐是与人的精神解放和身心愉悦相关联的积极的生活方式，英国有丰富的节日和狂欢的传统，每逢婚丧嫁娶、岁时节令、宗教节日，乡村都举行各种欢庆活动。在这些大众文化的内涵和形式中近代化的元素日益丰富。

农民生活消费水平是社会发展的重要标志。农民阶层是英国成功实现社会转型的主体力量，其生活水准的不断提升反映了他们生活消费需求的不断扩大，而这恰恰是拉动社会经济发展的内在动力；同时生活水平的全面提高也使他们自身素质获得提升，使社会发展得到深层次的体现。

二 相关界定

对于本书研究和写作中涉及的几个概念，在梳理总结前人成果的基础上，进行相关的界定和阐释。

1. 消费

目前，消费经济学对于"消费"的定义有多个，为了明确本书的研究内容，有必要对此作一简单的梳理。

消费（consumption）。《大不列颠百科全书》对它的定义是"指物品和劳务的最终耗费"；《汉语词典》中对消费的解释是指"为了生产和生活需要消耗物质财富"。大量的经济学词典、消费经济学词典和教科书也对"消费"一词作出了界定。由尹世杰主编、西南财经大学出版社1991年出版的《当代消费经济学词典》对"消费"定义为："人们在物质资料和劳务的生产与生活中，对物质产品和劳动力的消耗过程。包括生产消费和生活消费。"由林白鹏等主编、经济科学出版社2000年出版的《消费经济学大辞典》中消费的定义是："人们通过对各种劳动产品（包括劳务和精神产品）的使用和消耗，满足其多方面的需要，以实现人本身的生产和再生产的过程和行为。广义的消费包括生产消费和生活消费。"杨圣明撰写的《中国消费结构研究》中将"消费"定义为"消耗"，认为："消费既是人们消耗各种消费资料（包括劳务）的生物、生理的自然过程，又是人们之间发生一定关系的社会过程。"按照马克思主义消费经济理论，消费包括生产消费和生活消费两种。前者指物质生产过程中发生的工具被磨损，原材料、燃料动力被消耗及劳动者的体力和脑力的支出过程。不过作为生产客体和主体的这种被使用和消耗属于生产行为和过程本身，因而通常包括在生产范畴中了。后者指人们把生产出来的生活资料或消费品（包括物质消费品、精神消费品、文化消费品和服务或劳务消费品）用于满足生活需要的行为和过程。因此，根据马克思主义理论，消费具有两重性，即经济属性和社会属性。社会消费经济学研究的对象是社会属性，而不是前者。所以对于消费，社会消费经济学给出的定义是：人们在一定社会关系中，并借这种社会经济关系而进行的用消费资料满足自己生活需要的行为和过程。[①]

尽管上述研究把消费划分为生产消费和生活消费，但是多数还是以生活消费为主要研究对象。所以，根据以上关于"消费"的定义，本书可以把生活消费理解为：人们消耗物质资料以满足物质和精神需要的过程，是人们生存和恢复劳动力必不可少的条件，是社会再生产

---

① 参见冯天才主编《社会消费经济学》，四川科学技术出版社1987年版，第3页。

过程中的一个环节。从现实生活层面上来说，人们最基本的衣食住行等物质消费需求和教育与文化等精神层面的需求，曾经是生活消费的全部内容。但是，随着社会经济文化的发展，人们的生活消费需求不断增多，消费水平也在不断提高。

2. 农民生活消费

本书的研究对象定位在对中世纪晚期英国农民生活消费问题的探讨上。农民生活水平的高低主要由生活消费水准和消费结构的变化来衡量；消费结构是反映人们消费水平和消费质量的重要指标，指在一定的社会经济条件下，人们在消费过程中所消费的各种不同类型的消费资料的比例关系。中世纪晚期的英国处于社会大变革时代，农奴制度的衰落与圈地运动的兴起，农民阶层发生了急剧的变化，农奴获得了自由，富裕农民阶层崛起。随着社会经济的发展，农民个体财富的普遍积累，其生活消费能力逐渐增强，生活资料的消费既有数量的增加，也有质量的提高。具体包括物质方面的消费和精神文化消费两大类型；涵盖了生存资料消费，享受资料消费和发展资料消费三个层次。本书的内容是体现在农民日常生活的基本物质和文化需求，即吃、穿、住、行、教育、礼庆娱乐方面的消费状况的变化和发展。通过对农民生活中主要项目消费水平的研究，我们可以了解当时的社会物质条件，个人财富的积累水平，以及生产和思想背后的推动力。

三 研究方法

任何一个研究领域都具有特定的研究方法和路径。实证是历史学基本的研究方法，历史研究需要真实具体的史实，需要各种大量的历史史料的支撑。因此，史料的收集、鉴别和考证就成为史学研究的基础。本书属于经济—社会史，实证分析自然是进行研究的主要方法。在研究中尽可能收集丰富的实证材料，包括原始资料和研究成果，力图通过对所掌握文献的梳理和分析，展现出中世纪晚期英国农民的生活状况，避免主观臆测。并通过对研究对象的客观性论述，同事实相关的分析判断，来说明社会经济的发展是消费水平提高的基础，普通民众消费需求的增长又反过来促进社会的进步与经济的发展。

经济—社会史具有跨学科交叉渗透的特点，本书采用经济—社会史的研究理念和方法，从经济、社会、政治、文化、法律诸因素的互动中展现出这一时期英国农民的生活水准及变化轨迹。借鉴社会学、消费经济学和文化人类学等学科的相关理论和知识，吸收其研究方法，作为研究的辅助手段。以挖掘资料的多层内涵，开阔研究视野。

笔者研究所依据的史料主要来自北京大学图书馆、国家图书馆、南开大学图书馆、天津师范大学欧洲文明研究院所藏英文原版书籍。另外，南开大学图书馆国外电子期刊（JSTOR）也是本书史料的重要来源。

第一章　影响中世纪晚期英国农民生活消费的社会因素

中世纪晚期是英国社会转型的孕育和启动时期，社会的变迁与发展必然反映在农民阶层的日常生活之中。他们的饮食结构、居住状况、穿着打扮、社会交往、教育程度和礼庆娱乐等物质和精神方面的消费状况与前期相比发生了明显变化。消费是社会再生产的一个重要过程，农民生活消费水平的发展与变化，受到多方面社会因素的影响。

第一节　农业生产力水平的提高

人们的生活消费水平如何取决于生产发展状况。马克思强调指出："没有生产，就没有消费。"① 社会生产的进步为农民生活水平改善提供了物质基础。中世纪晚期英国农业生产力水平在长期发展的基础上出现了明显的提高。"举世震惊的英国近代生产力源于中世纪晚期和近代早期的农业。""早在16世纪及其以前，英国农业已经进入了突破性发展的第一阶段。"②

一　农民土地占有面积的扩大

中世纪晚期，特别是黑死病以后，由于英国人口大量减少，土地

---

① ［德］马克思、恩格斯：《马克思恩格斯选集》第二卷，人民出版社1972年版，第94页。
② 侯建新：《工业革命前英国农业生产与消费再评析》，《世界历史》2006年第4期。

资源充裕;农奴制逐渐解体,庄园组织名存实亡;市场萎缩、价格下跌、货币波动,农民获得土地的条件变得相对有利。领主为了吸引更多的佃农耕种土地,放松了租赁条件,封建土地税明显减少。为了使农民重新租赁抛弃的土地,或避免他们逃离,领主不得不降低租金或延长租期——短则两三代,长则永久使用,并以当时滞涨条件下的价格水平来订立租价。同时,他们还降低了封建土地税,在15世纪中期的英国和意大利中部,土地租金只是一百年前租金水平的60%。① 如,伯克郡的领主以减少进入税招徕佃户;伍斯特主教地产由于进入税降低,租种土地的佃农增加。除租赁土地以外,农民还可以通过别的途径取得土地:从其他佃户手中购买,与拥有土地的寡妇结婚,直接获取死去领主的土地或者是佃户因为迁徙而放弃的土地等等。例如:达勒姆郡考普柏雷(Cowpen Bewley)的威廉姆·怀特,1480年从其父亲那里继承了30英亩土地,2处茅舍,1482年通过买进,他的土地数量从60英亩增加到80英亩。萨福克郡伯姆费尔德(Bramfield)的约翰·迈尔,1461年继承了48英亩土地,通过购买和租赁,1478年他的持有地增加到150英亩。②

许多学者对于13世纪农民的土地占有情况进行了判断与分析,希尔顿估计,虽然当时英国有的土地持有者拥有12—15英亩或更多土地,但大多数是在5英亩之下。③ 科斯敏斯基(E. A. Kosminsky)对大量的百户区卷档研究以后认为,如果我们把12—15英亩视为能够为一个家庭提供基本生活所需的土地数量,那么,1280年英格兰中东部地区至少有42%的农村家庭无法满足生活所需。④ 波斯坦(M. M. Postan)对12世纪末和13世纪中期的教俗大地产进行取样统

---

① [英]罗伯特·杜普莱西斯:《早期欧洲现代资本主义的形成过程》,朱智强、龚晓华等译,辽宁教育出版社2001年版,第27页。
② C. Dyer, *Making a Living in the Middle Ages*, New Have: Yale University Press, 1988, pp. 357, 361.
③ R. H. Hilton, *The Decline of Serfdom in Medieval England*, London: The Macmillan Press, 1983, p. 15.
④ E. A. Kosminsky, *Studies in the Agrarian History of England in the Thirteenth Century*, Oxford: The Blackwell Company, 1956, pp. 216 – 223.

计，得出的结果是占有 1 维尔格特（virgate）① 的农户为 22%；1/2 维尔格特的农户为 33%；1/4 维尔格特及以下的农户为 45%。② 在对 13 世纪南威尔特郡的个案考察中，他统计出达莫汉姆（Damerham）和马汀（Martin）两个庄园中有 209 个纳税佃户，其中持有 1 维尔格特以上土地的农户 66 个，约占纳税佃户的 30%。由于纳税佃户中不包括免于征收动产税的下层农户，因此，持有 1 维尔格特以上土地的佃户所占的比例将会低于 30%。③ 戴尔对 1299 年克里夫（Cleeve）教区的土地占有情况进行了调查，显示占地少于 15 英亩的农户平均在 42%—45% 之间，并估计人口稠密的东盎格利亚达到 80%，推测整个国家的持有小块土地（15 英亩以下）的农户平均是 50%。④ 以上研究结果大致相当。依此我们可以看出，13 世纪末持有 15 英亩左右及以下数量土地的农民属于乡村社会中占多数的中间阶层。

然而，随着农民占有土地数量的增加，14 世纪以后，持有 15 英亩以下土地的农民变成了乡村社会中相对贫穷的少数阶层。如，肯特郡的埃克汉姆（Ickham），在 13 世纪末持有 9 英亩或更少土地的农民家庭是 41—51 户，持有 30 英亩或更多土地的有 7 户，只有 2 户持有 150 英亩；到 1492 年，9 英亩以下的小土地持有农减少到 30 户以下，有的农户持有的土地多达 240 英亩、141 英亩和 80 英亩。⑤ 再如，米德兰的大部分村庄，1500 年多数农户至少持有 40—50 英亩的耕地，虽然小土地持有者仍然存在，但人数少多了。⑥ 另一个佐证——考古发掘也可以反映出中世纪晚期农民土地持有的规模，赫里福德郡的科德考特（Caldecote）发现了 15 世纪末一户农民的两个谷仓遗存，每

---

① 维尔格特：英国古时土地计量单位，1 维尔格特大约相当于 30 英亩。
② ［英］M. M. 波斯坦主编：《剑桥欧洲经济史：中世纪的农业生活》第一卷，郎丽华、黄云涛等译，经济科学出版社 2002 年版，第 530 页。
③ M. M. Postan, *Village Livestock in the Thirteenth Century*, The Economic History Review, New Series, Vol. 15, No. 2 (1962), pp. 225 – 226.
④ C. Dyer, *Standards of Living in the Later Middle Ages: Social Change in England c.*1200—1520, Cambridge: Cambridge University Press, 1989, p. 120.
⑤ C. Dyer, *Making a Living in the Middle Ages*, p. 357.
⑥ C. Dyer, *An Age of Transition? Economy and Society in England in the Later Middle Ages*, Oxford: Clarendon Press, 2005, p. 78.

一个都超过60英尺长，可以储存160英亩的谷物。① 戴尔研究了英国中东部地区两个村庄的土地持有情况，对13世纪中期和15世纪中期两个时段农户拥有土地的数量和比例进行了比较，通过此表，可以进一步了解农民持有土地数量的变化情况（表1-1）。

表 1-1　　　　　　　土地持有规模的长期变化②

亨廷顿郡赫勒威尔（Hilywell）：1252年自由持有农和习惯持有农 1451—1457年习惯佃农和租地农

	30英亩以上	26—29英亩	18—25英亩	11—17英亩	10英亩以下	总量
1252年	2（4%）	0	18（32%）	0	36（64%）	56（100%）
1451年	7（14%）	1（2%）	12（25%）	9（18%）	20（41%）	49（100%）

累斯特郡斯塔福顿（Stoughton）：自由农、习惯佃农和租地农

	31英亩以上	24—30英亩	12—23英亩	11英亩以下	总量
1341年	2（3%）	25（40%）	3（5%）	32（52%）	62（100%）
1477年	14（58%）	3（13%）	3（13%）	4（16%）	24（100%）

尽管这时英国农民持有土地数量的变化存在地方性的差异，但是多数农民土地面积扩大的趋势十分明显，户均占有土地的面积普遍增加，小土地持有者数量减少。波斯坦同样认为，在英格兰农耕区，平均半维尔格特惯例土地持有者可以满足一户农民家庭的生活之需，这是维持一个普通家庭最低生活标准的土地占有量。③ 经过史家反复考证，到1480年，在英格兰中部地区大约3/4的农户拥有足够数量的土地满足生活所需。④ 显然，中世纪晚期多数农民的土地拥有数量超过了这一标准。对于农民来说，土地是主要的生产资料，增加土地的

---

① D. Gaimster, P. Stamper, *The Age of Transition: The Archaeology of English Culture 1400—1600*, Oxford: The Short Run Press, 1997, p. 7.
② C. Dyer, *Standards of Living in the Later Middle Ages: Social Change in England c. 1200—1520*, p. 141.
③ ［英］M. M. 波斯坦主编：《剑桥欧洲经济史：中世纪的农业生活》第一卷，第532页。
④ C. Dyer, *An Age of Transition? Economy and Society in England in the Later Middle Ages*, p. 175.

拥有量是提高其生活能力最有效的方式。

二 农业生产技术的进步

如果没有土地，人们无以为生，而土地则需要农民的精心管理和利用才能更多地转化为人们所依赖的生产和生活资料。农业生产技术的进步是生产力提高的重要因素。

中世纪晚期是英国农耕制度发生重要变化的时期。"生产技术进步的核心是用'三圃制'（three-field）的土地耕作制代替了'两圃制'（two-field）。"在"两圃制"下，一半的土地是种植谷物——小麦、黑麦、大麦、燕麦，另一半的土地是休耕地。第二年，这两块地相互变换角色。[①] 12世纪，三圃制被引进到英格兰，到14世纪，在农业生产中得到广泛推广和实施。如，13—14世纪，伍斯特郡南部与格罗斯特郡相邻的地方，已经从两圃制转变为三圃制，扩大了饲料作物的种植面积。[②] 克拉潘（J. Clapham）强调"在公元1300年时，可以肯定地说差不多都采用了三圃制"。[③] 克莱顿·罗伯茨（Clayton Roberts）等人的《英国史：史前—1714年》也指出，14世纪中期，"三圃制"流行于英国大部分地区。[④] 所谓三圃制，就是将土地分为三部分：三分之一秋天播种小麦转年夏初收获，三分之一在暮春播种燕麦、大麦或豆类，秋季收获，还有三分之一为休耕地；耕地以三年为期轮作。与二圃制相比，三圃制的实施提高了土地利用率，谷物栽种面积扩大了50%；增加了谷物种植的种类，粮食产量提高了1/3至1/2，这是农耕制度的一大进步。

14—15世纪，英国的农耕制度进一步改革。东部和东南部地区

[①] [美]克莱顿·罗伯茨、戴维·罗伯茨、道格拉斯·R. 比松：《英国史：史前—1714年》上册，潘兴明等译，商务印书馆2013年版，第109页。

[②] C. Dyer, *An Age of Transition? Economy and Society in England in the Later Middle Ages*, p. 72.

[③] [英]约翰·克拉潘：《简明不列颠经济史》，范定九、王祖廉译，上海译文出版社1980年版，第115页。

[④] [美]克莱顿·罗伯茨、戴维·罗伯茨、道格拉斯·R. 比松：《英国史：史前—1714年》上册，第109页。

的休耕土地开始减少，逐渐由谷物轮种制代替了三圃制。原来的休耕地不再抛荒，或者减少休耕年限，将每3年休耕1次改为4—6年。利用原休耕地种植饲料作物，如豆类、苜蓿、芜菁等，① 充分利用地力，合理地进行各种农作物的轮作。尤其是豆类植物种植面积的扩大，既增加了人们饮食中植物蛋白的摄入量，又由于其固氮作用提高了地力，还为牲畜提供了优质饲料。牲畜也不再放养，或减少放养的数量，而是利用休耕地种植的饲料加以圈养，增加牲畜的饲养量，积累更多的粪肥以利种植。1268—1269年诺福克郡南沃什汉姆（South Walsham）伯爵地产上出现了废除休耕地的最早记录；从14世纪开始，其他各地减少或废除休耕地的记载逐渐增多。据考证，1350年后的80年中，诺福克郡的18个地产上休耕土地的平均面积只占全部耕地的13.5%。② 休耕地的减少进一步增加了土地的耕种面积，农民随之采取劳力密集投入的方式加强田间管理，例如多次耕作、大量施肥，除了自己羊圈里的粪肥以外甚至还用船从诺维奇（Norwich）运来肥料。③ 这种新的耕作方法在三圃制的基础上，又进一步提高了粮食和饲料的产量，而且比单一种植粮食产生了更大的经济效益。

14世纪中期之后，随着农民持有土地面积的扩大和粮食收获量的增加，米德兰和南部地区实行了农牧结合的土地轮作制，到16—17世纪这种方法成为大租地农场主采取的主要耕作制度。由于土地耕作面积扩大与利用率提高，肥料的使用变得日益突出。为了使土壤有足够的肥力而避免贫瘠，土地持有者往往将土地耕作几年之后改为牧场，用于放牧，过几年再变为耕地，畜牧与农耕依次轮换。由于生产技术的进步，15世纪30年代以后，当大陆上部分地区还存在食物

---

① B. H. Slither Van Bath, *The Agrarian History of Western Europe* 500—1850, London: Macmillan Pubishers Ltd., 1963, p. 178.
② B. M. S. Campbell, "Agricultural Progress in Medieval England: Some Evidence from Eastern Norfolk", *The Economic History Review*, New Series, Vol. 36, No. 1 (Feb., 1983), pp. 28 – 29.
③ C. Dyer, *Standards of Living in the Later Middle Ages: Social Change in England c.* 1200—1520, p. 127.

危机时，英格兰的饥荒基本消失了。① 轮换耕作制的实施，使英国从 15 世纪就开始了从以种植业为主的传统农业向农牧结合的近代农业过渡。

在新的耕作制度得到广泛推广的同时，中世纪晚期先进的生产工具——重犁代替了传统的轻犁在英国普遍使用。重犁是一种装有轮子的新型犁具，能够对付西欧黏稠的土壤，适于深耕土地，使土壤充分保持透气。它犁过的垄沟可以为低洼的涝地提供良好的排灌系统；在轻犁来回犁耕几次的土地上，重犁只需深耕一次反而翻地更加彻底；重犁的使用还为土地的精耕细作提供了条件。在中世纪晚期英国人口下降，劳动力缺乏的情况下，重犁的优势明显，提高了耕作质量，又节约了劳动力。

重犁的推广使用，提高了对畜力的要求。作为效率较高的挽畜——马被越来越多地运用到农耕生产之中。与传统的牛耕相比，马具备耕作速度更快，劳动时间更长的优势。据中世纪史学家朗顿考证，在末日审判书中，牛作为挽力具有绝对的优势，只有在领主自营地上，马作为挽畜平均数量略多于 5%，不会超过 10%；12 世纪上半期，马在庄园中用于耕地、驮运的比例逐渐上升；到 12 世纪末，役马在领主自营地的使用比例上升至 10%—15%，东盎格利亚的一些地区达到 30%。② 比起拥有大地产的领主，拥有小块土地的农民更加经常地使用马来耕地。拥有少于 10 英亩土地的农民特别喜欢使用马力，不仅因为他们较轻的犁头更适合用马来拖拉，也因为马不仅能用来耕地，它也能用来拖拉货物。③ 伴随着生产工具的改进，13、14 世纪以后马的使用数量有了引人注目的增长。东诺福克地区圣·贝内特（St. Benet）修道院的 6 处地产上分别拥有 5—8 匹马，显然这里已经

---

① C. Dyer, *An Age of Transition? Economy and Society in England in the Later Middle Ages*, p. 14.
② J. H. Langdon, *Horses, Oxen and Technological Innovation: Use of Draught Animals in English Farming from 1066 to 1500*, Cambridge: Cambridge University Press, 1986, pp. 26 – 33.
③ [美] 克莱顿·罗伯茨、戴维·罗伯茨、道格拉斯·R. 比松:《英国史：史前—1714 年》上册，第 110 页。

大量使用马进行农耕生产。① 在伍斯特的3个庄园，马在挽畜中的比例分别是17%、60%和70%。② 多塞特郡在黑死病以后普遍用马代替了牛作为农耕的牵引牲畜，如，斯塔布瑞兹（Stalbridge）的农民约翰·戴维这时饲养了8匹马和6头牛。③ 不少地区使用马、牛混合的犁队进行农耕，如，1291年，在圣·贝内特修道院的瑞德汉姆（Reedham）和劳恩德（Lound）地产上，有2头牛和2匹马组成的犁队；在阿克尔（Acle）地产上，3匹马、4头牛组成了两个犁队。在土质干燥和疏松的地区，耕牛已经比较少见，而专门用马进行农耕生产，如，1343年，在斯瑞特比（Scratby）庄园中，持有26.5英亩的农户拥有3匹马，其中2匹马犁耕土地，另一匹马则用来耙地，该庄园附近的地区也有类似的记载。④ 生产工具的改进极大地提高了农民的劳动效率。

农业生产技术的进步是生产力提高的重要手段，在先进的农耕制度普及推广和实施，以重犁为代表的生产工具广泛使用的同时，农民还采取了其他一些田间管理的先进方法：土地的精耕细作，多次深耕，一年中至少实行三次犁耕（春、秋、冬）；科学合理的施肥，充分利用植物肥料、牲畜的粪肥和富含矿物质的天然泥灰来提高地力；利用密集播种来抑制杂草生长等新的生产技术，⑤ 这一切极大地推动了英国农业的进步，提高了粮食产量。

三　粮食产量的提高

根据西方史学家对中世纪土地亩产量的估算，我们对比13—15世纪的土地产出率，可以清楚地看出中世纪晚期农作物产量变化的轨迹。

---

① B. M. S. Campbell, "Agricultural Progress in Medieval England: Some Evidence from Eastern Norfolk", *The Economic History Review*, p. 37.
② C. Dyer, *Lords and Peasants in a Changing Society*, Cambridge: Cambridge University Press, 1980, p. 327.
③ C. Dyer, *Making a Living in the Middle Ages*, p. 361.
④ B. M. S. Campbell, "Agricultural Progress in Medieval England: Some Evidence from Eastern Norfolk", *The Economic History Review*, pp. 37 (n. 34), 38.
⑤ R. Hopcroft, "The Social Origins Change in late Medieval England", *The American Journal of Sociology*, Vol. 99, No. 6 (May, 1994), p. 1562.

第一章　影响中世纪晚期英国农民生活消费的社会因素　35

　　关于13世纪英国的粮食产量，许多学者研究得出的结论大体一致。英国历史学家罗杰斯（J. E. Rogers）考察了英格兰大量的庄园账簿，估计13世纪小麦的亩产量是8—9蒲式耳（bushel）。① 贝弗里奇爵士（W. Beveridge）研究了温彻斯特主教账簿，获得了分属6个郡中的8个庄园的小麦亩产记录，结论是1200—1250年的亩产量大约是9.44（现代计量单位是7.5）蒲式耳。② 美国历史学家格拉斯（Gras）根据英格兰汉普郡一个庄园的记录，计算出1257年的小麦亩产量是8蒲式耳。③ 克拉克（G. Clark）计算出了13世纪英国小麦、大麦和燕麦的混合亩产量为9.12蒲式耳。④ 克拉克根据收获季节劳动力的投入量计算出，13世纪小麦亩产量为10.7蒲式耳。⑤ 卡洛·M. 奇波拉在《欧洲经济史》一书中估计，13—14世纪欧洲大部分地方的小麦收成是种子的3—4倍，也就是大约在7.2—9.6蒲式耳之间。⑥ 以上数据可以看出，英国13世纪的粮食亩产量大约是8—9蒲式耳，与欧洲大部分地区基本一致。

　　14—15世纪农作物产量逐渐提高。当代三位农业史专家对此进行了详细考证。伦纳德（R. Lennard）对15世纪英国农作物亩产量的研究表明，肯特郡的埃蒂萨姆（Adisham）：小麦12蒲式耳，大麦16蒲式耳，燕麦20蒲式耳；哈特福德郡的安斯蒂（Ansty）：小麦8.25—8.5蒲式耳，大麦26.5—26.7蒲式耳，燕麦9.25—9.5蒲式耳。⑦

---

① J. E. T. Rogers, *A History of Agriculture and Prices in England*, Vol. 1, Oxford: Oxford University Press, 1866, pp. 683 – 684.
② 中世纪的1蒲式耳等于现代同样重量的80%。［英］亨利·斯坦利·贝内特：《英国庄园生活：1150—1400年农民生活状况研究》，第67页。
③ N. S. Gras, E. C. Gras, *The Economic and Social History of an English Village*, Harvard: Harvard University Press, 1930, p. 69.
④ ［英］亨利·斯坦利·贝内特：《英国庄园生活：1150—1400年农民生活状况研究》，第67页注释6。
⑤ G. Clark, Yields Per Acre in England Agriculture, 1250—1860: Evidence from Labour Inputs, *The Economic History Review*, New Series, Vol. 44, No. 3（Aug., 1991），p. 456.
⑥ ［意］卡洛·M. 奇波拉主编：《欧洲经济史》第一卷《中世纪时期》，第54页。
⑦ R. Lennard, "The Alleged Exhaustion of the Soil in Medieval England", *The Economic Journal*, Vol. 32, No. 125（Mar., 1922），pp. 24 – 25.

坎布尔（B. M. Campbell）对诺福克郡进行了详细考证，得出的结论为，14世纪平均每粒种子的产出比例：小麦1:5.6，裸麦1:4.4，大麦1:3.4，燕麦1:2.8。粮食平均亩产量：1300—1324年，小麦14.9蒲式耳，裸麦10.0蒲式耳，大麦16.1蒲式耳，燕麦13.3蒲式耳；1325—1349年，以上各项分别为：15.6蒲式耳，10.5蒲式耳，17.2蒲式耳，15.0蒲式耳；1375—1399年分别是：12.9蒲式耳，10.0蒲式耳，17.3蒲式耳，14.0蒲式耳；1400—1424年分别是：12.7蒲式耳，9.9蒲式耳，14.9蒲式耳，13.9蒲式耳。[1] 克拉克对小麦的亩产量做出的估算是：1300—1349年，12.0蒲式耳；1350—1399年，12.5蒲式耳；1400—1449年，13.0蒲式耳；1450—1499年，13.6蒲式耳。根据各项统计数据计算，1450—1650年英国小麦亩产量增长了大约30%。[2] 虽然粮食产量存在地区性的差异，史家的统计数据不尽一致，但是，由于农民占有土地面积的扩大和农业生产技术的进步，中世纪晚期英国农作物产量的增长趋势还是比较明显的，而且高于同期欧洲其他国家。以小麦的亩产量为例，15世纪末期，英国为275市斤，法国为183市斤，意大利为207市斤。[3]

由于土地产出率提高，农民有节余，中世纪晚期英国的粮食市场一直比较活跃，全国中小集镇中都设有专门的粮食市场。除满足国内需求外，粮食大批出口，阿·莱·莫尔顿（A. L. Morton）在《人民的英国史》一书中描述，14、15世纪根特和布鲁日等佛兰德尔地区的城市人口依靠英国的小麦过活，否则，势必饿死。[4] 到16世纪英国已是重要的粮食出口国，伦敦也成为全国的粮食集散地。粮食产量

---

[1] B. M. S. Campbell, M. Overton, "A New Perspective on Medieval and Early Modern Agriculture: Six Centuries of Norfolk Farming c. 1250—1850", *Past and Present*, No. 141 (Nov., 1993), p. 30.

[2] G. Clark, "Yields Per Acre in England Agriculture, 1250—1860: Evidence from Labour Inputs", *The Economic History Review*, p. 456.

[3] 阿·索布尔：《从封建主义到资本主义》，《世界历史译丛》1979年第2期；参见自周广远《经济结构与英国封建主义向资本主义过渡的关系》，《世界历史》1982年第1期。

[4] [英] 阿·莱·莫尔顿：《人民的英国史》，谢琏造等译，生活·读书·新知三联书店1958年版，第119—120页。

的增长，提高了农民的收入和消费能力，为他们生活状况的改善提供了保障。同时，粮食的节余还可以释放出大量的劳动力，促进其他产业生产的发展。

四 农业经营结构的变化

土地持有面积的增加与粮食产量的提高，为农业经营结构的调整提供了条件。13世纪以后畜牧业在农村经济中的作用日趋突出。特别是养羊业逐渐成为农民重要的经营手段，而且在经济上的前景日益可观，发展成为这一时期英国封建经济的一个重要特征。英国因为拥有最好的牧畜地区，具有优越的放牧条件，而且羊毛质量优良，所以，农村中的各个阶层几乎都热衷于养羊。1225年，在格拉斯顿修道院（Glaston Abbey）的庄园里，领主饲养了570只羊，他的佃户饲养了3760只，是其领主的5—6倍。在威尔特郡3个修道院的地产上，一半以上的农户都有羊群，其中有一个较大的村庄平均每个佃户拥有20只羊，另一个村庄的10户农奴，他们虽然都是小土地所有者，却每户在公共牧场上平均放牧着50只羊。布劳顿（Broughton）、阿普伍德（Upwood）、沃博伊斯（Warboys）地区的佃农的羊群均超过了领主自营地上的羊群。① 可见，13世纪养羊业有了较为广泛的发展，同时，其他牲畜的种类和家禽的饲养也有增加。威尔特郡税收账册上记录，西海茨（West Hatch）的威廉姆·德·普特在1225年饲养的牲畜有1匹马、6头牛、4头奶牛、4头小牛、1头猪和52只羊。剑桥郡的低地地区在14世纪早期就有农民饲养200只家禽与300只羊的记录，据记载这里的茅舍农普遍养羊，其数量有10只、20只和50只不等。② 畜牧业的兴起与发展为农民增加了现金收入和食物来源，同时还可为耕地提供畜力和肥料，进一步推动农业生产的发展。波斯坦根据13世纪的税收评估账册、遗嘱人的财产清册和法庭档案，

---

① J. A. Raftis, *Peasants Economic Development Within the English Manorial System*, Sutton: Sutton Publishing, 1997, p. 26.
② C. Dyer, *Standards of Living in the Later Middle Ages: Social Change in the England, c.*1200—1500, pp. 130 – 131.

对英国村庄的牲畜饲养状况进行了详细考察，使我们能够较为清晰地了解到这一时期乡村纳税佃户的牲畜饲养情况。见下表：

表1-2　　　　　13世纪乡村纳税佃户的牲畜饲养情况①

	羊		马和耕牛		母牛和小牛		猪		纳税佃户
	总数	人均	总数	人均	总数	人均	总数	人均	
南威尔特郡 1225年 （23个村庄）	14987	15.6	1859	1.8	2645	2.8	382	0.3	960
布莱克伯恩百户区 1283年 （33个村庄）	14041	10.5	1432	1	4298	3.2	1842	1.4	1339
诺姆西 1291年 （5个村庄）	1102	6.2	416	2.35	790	4.5	679	3.8	177

14—15世纪畜牧业有了更进一步的发展。根据坎布尔对1250—1850年诺福克郡农业问题的研究，可以看出中世纪晚期英国农民牲畜饲养结构的变化、饲养能力的提高和牲畜数量的增加（见表1-3）。养羊业较之中世纪早期和中期规模越来越大，格罗斯特市的圣彼得大教堂到1300年已拥有1万多只羊，而当时英格兰羊的总数介于1500万到1800万只之间。② 1300—1500年，东诺福克地区的诺维奇修道院（Norwich Monastery）地产上的羊群数量提高了四倍；16世纪早期，曾有一个牧羊人放牧着上千只的羊群。③ 托尼对中西部地区12个庄园1443—1539年的调查确知，农民饲养的牲畜量也有了成倍的增长，平均每户拥有44只羊，还有马、牛、猪等其他牲畜，其中拥有1维尔格特土地的持有农，羊群大都超过60只。④ 黑死病之后，

---

① 此表依据波斯坦提供的数据绘制，详见 M. M. Postan, "Village Livestock in the Thirteenth Century", *The Economic History Review*, pp. 230, 232, 233.
② 钱乘旦、许洁明：《英国通史》，上海社会科学院出版社2019年版，第98页。
③ B. M. S. Campbell, M. Overton, "A New Perspective on Medieval and Early Modern Agriculture: Six Centuries of Norfolk Farming c. 1250—1850", *Past and Present*, p. 78.
④ R. H. Tawney, *The Agrarian Problem in the Sixteenth Century*, London and New York: Longmans, 1912, p. 113. 参见自侯建新《现代化第一基石：农民个人力量增长与中世纪晚期社会变迁》，第62页。

在米德兰一些村庄，拥有 300 只羊群的约曼（yeoman）极为平常，许多普通佃农平均拥有 30—60 只羊。15 世纪晚期昂莱西（Anglesey）的一户佃农，有 13 匹马和马驹，11 头牛，23 头奶牛，14 头小牛，176 只羊，2 头猪和 3 箱蜜蜂。有些农民只耕种少量的土地，把经营的重心转向畜牧业。例如，约克郡斯特伦塞尔（Strensall）的托马斯·维卡斯于 1451 年租种了两块土地用于耕种，但是他的主要利润则来自饲养的 799 只羊、198 头牛和 92 匹马；东埃塞克斯的约翰·塞迪勒耕种了 30 英亩土地，却饲养了大量的牲畜，包括 800 只山羊和 53 头牛。还有些农民专门从事畜牧业，以向市场出售为目的。如，理查德·斯科拉斯每年支付给教区 20 英镑的租金，以苏塞克斯郡被遗弃的村庄为牧场，饲养了多达 4366 只羊，获得了超出租金的高额利润。[①]

表 1–3　　　　1250—1449 年诺福克郡牲畜统计表[②]　　　（单位：%）

牲畜饲养比例	1250—1349 年	1350—1449 年
牛（cattle）	45.9	43.8
马（horses）	17.0	15.0
耕牛（oxen）	12.7	5.0
羊（sheep）	21.1	32.6
猪（swine）	3.4	3.8
牲畜饲养数量/100 英亩土地	1250—1349 年	1350—1449 年
牲畜总量（livestock）	35.0	40.7
牛（cattle）	14.7	16.3
马（horses）	5.4	5.3
耕牛（oxen）	4.1	2.2
羊（sheep）	68.4	113.7
猪（swine）	10.9	13.6

注：1. 此表不包括原表中 1584—1854 年部分；
　　2. 原文表中牲畜饲养比例 1250—1349 年部分的计算有 0.1 的误差。

农村畜牧业的发展加强了农民与市场的联系，不仅提高了农民的生产与生存能力，扩大了他们的收入来源，而且畜牧业在英国经济

---

① C. Dyer, *An Age of Transition? Economy and Society in England in the Later Middle Ages*, p. 206.
② B. M. S. Campbell, M. Overton, "A New Perspective on Medieval and Early Modern Agriculture: Six Centuries of Norfolk Farming c. 1250—1850", *Past and Present*, p. 79.

中的重要性也日益突出。牧羊业几乎一开始就与国外市场发生联系，英国的"金羊毛"源源不断运往意大利、佛兰德尔等地。据统计，1357—1360年，出口的羊毛多达45个品种；对英国人来说，13、14世纪的出口贸易跟羊毛是同义词。爱德华四世（1461—1483年在位）时期的法案也表明英国的羊毛生产构成这个王国的"主要的和基本的农产品"。①

从15世纪起，养羊业的高速发展带动了以呢布业为龙头的乡村工业广泛兴起。当时的一位法国作家描述，在英格兰，呢布商广泛居住于乡下的大农场里，在那里他们制造呢布而不失耕作，也饲养绵羊和牛。② 如，约克郡西莱丁区1/3的农民从事呢绒纺织业，并耕种自己的小块土地，在它的东部是农业地区，主要为呢绒生产区生产粮食。③ 同时，乡村工业的发展使英国工业重心呈现向农村转移的态势，为农民提供了从事非农业生产的机会，吸纳了大量的农村劳动力。农民利用农闲时节从事农副业生产，并且得到家人的帮助，以往在个体农民家庭，妻子与未成年的儿女仅仅是消费者，而今也成为生产者，作为劳动力甚至可以不计成本，对于家庭收入的贡献增大。在英格兰西部呢绒生产地区，纺纱一般是由妇女和儿童来担任，他们经常在露天里工作，在阳光明媚的时节，妇女和儿童带上纺车，选择一些合适的场所开始他们的劳动，纺织占据了他们所有的闲暇时间，尽管工作轻松，但时间却很长。④ 由于呢布纺织业深入农村，生产规模扩大，成为英国的民族工业，呢绒出口量上升，14世纪末呢绒出口量约每年4万匹，到1437—1447年间达6万匹，1499—1500年更达7万匹之数。⑤ 据统计，在1470—1510年间，纺织品的出口翻了3倍。

---

① E. Lipson, *The Economic History of England*, London: A. & C. Black, 1929, p.401.
② ［苏］波梁斯基：《外国经济史》（资本主义时代），郭吴新译，生活·读书·新知三联书店1963年版，第47页。
③ 陈曦文、王乃耀主编：《英国社会转型时期经济发展研究（16世纪至18世纪中叶）》，首都师范大学出版社2002年版，第6页。
④ E. Lipson, *The History of the Woolen and Worsted Industries*, London: A. and C. Black, 1921, p.63.
⑤ J. L. Bolton, *The Medieval English Economy*, 1150—1500, London: Dent, 1980, p.294.

1470年出口3万匹呢布,1510年上升为9万匹。……到16世纪初,羊毛及羊毛制品已占英格兰出口业的90%,其余10%的出口物品是煤、锡、铅、谷物和鱼类。① 14世纪中叶至15世纪末百余年间,农村织布业产量翻了14倍,不仅占领了国内市场,而且还衣披半个欧洲,成为英国产业和贸易的重要支柱。中世纪晚期,以纺织业为代表的乡村工业的兴起,使农民的产业经营方式由单一农业种植的"一元经济"转变为农业种植、畜牧业与乡村工业相结合的多元经济结构。

农业生产力水平的提高,创造出了更多的社会财富,促进了英国社会经济的繁荣,为农民生活消费水平的改善提供了基础和导向。戴尔统计,1300年英格兰国内生产总额的评估是500万英镑,这一数字大约是1086年的15倍。因为14—15世纪生产者与消费者的减少,GDP自然降低,1470年是350万英镑。但是,15世纪是一个个人相对繁荣的时代,人均GDP有了增加,统计显示的结果,1300年人均GDP是0.78英镑,而1470年是1.52英镑。② 但是,在封建社会中,农民既是生产资料和生活资料的生产者,同时也是封建剥削的对象。"假若剥削率极高,剩余产品全部被剥削阶级倾囊而尽,而且全部用于纯粹消耗性的消费,不仅生产者个人积累财富无望,而且整个社会将剩余产品转化为扩大再生产的努力也会化为乌有。"③ 那么,在超经济强制的社会条件下,中世纪晚期英国农民是否享有自己剩余劳动所创造的价值,是否存在用于扩大生产规模和提高生活质量的费用?社会财富的积累机制是否有利于农民的财富积累就成了极为关键性的问题。

第二节 传统习惯与法律保障

中世纪英国社会独特的传统习惯和法律机制,赋予了农民一种

---

① 钱乘旦、许洁明:《英国通史》,第121页。
② C. Dyer, *An Age of Transition? Economy and Society in England in the Later Middle Ages*, p. 43.
③ 侯建新:《现代化第一基石:农民个人力量与中世纪晚期社会变迁》,第77页。

"原始个人权利",或者称之为主体权利①,这种权利在一定程度上形成了对农民利益保护的屏障,使得英国社会底层的基本劳动群众能够在"静悄悄的劳动"中逐渐实现财富的积累。农民的个体权利体现在英国封建等级社会所包含的原始契约因素中,又在英国法律机制的保障下不断得到发展。

一 传统的原始契约因素

现在学者普遍承认,封君封臣关系中包含了一定的契约因素,即"在社会活动的主体之间,包括统治者和被统治者之间,尤其在王权和其他社会力量之间,存在着既紧张又合作的关系,或者说某种程度的契约关系"②。马克·布洛赫(Marc Bloch)认为:"附庸的臣服是名副其实的契约,而且是双向契约。"③ 梅因(Henry Maine)称这种契约为"原始契约"。④ 从逻辑关系上来说,原始契约关系必定迁延到庄园组织结构内部,即领主与农奴的关系中。在封建等级制度的社会结构中,原始契约关系虽然不能与现代意义上的契约关系相提并论,但它毕竟在人们社会活动的逻辑内涵和规则上,对权利和义务作了某些限定。

英国是西欧典型的庄园制国家。1066年诺曼征服后,英国庄园制兴起,13世纪,进入鼎盛时期。一般来说,庄园上的劳动者由三部分人构成:奴仆、雇工和佃户。佃户是庄园上的主要劳动者,他们的身份一般是农奴,但也有其他身份的依附者和自由农民。⑤ 庄园上的土地分为自营地、佃领地(或者保有地)和公地三种,自营地属于领主,主要由农奴以劳役的形式为其耕种;农奴从佃领地上领有份

---

① 主体权利(Subjective Rights)是"一种身份权利或等级权利,或者称之为潜在的原始个人权利",又叫自然权利,是"每个人最基本的或固有的"权利,"是人作为主体的本性,一种天赋的自由和行为能力"。侯建新:《社会转型时期的西欧与中国》,第128、28页。
② 侯建新:《社会转型时期的西欧与中国》,第156页。
③ [法]马克·布洛赫:《封建社会》(下),商务印书馆2004年版,第712页。
④ [英]梅因:《古代法》,商务印书馆1959年版,第195页。
⑤ 马克垚:《英国封建社会研究》,第164页。

地；公地则指荒地和牧场；农奴在法律上无人身自由，承担着相对于自由农民来说更为繁重的劳役。这样，庄园组织就以土地关系为纽带，把内部各阶层联系起来；以对土地占有关系的不同，规定着各自的等级和身份。

英国封建庄园的经营与管理、生产与劳动中存在的原始契约关系，在一定程度上规定着领主与农奴的权利与义务。一个维兰（villani）到庄园来定居，领主要为他提供一海得（hide）① 份地；一定数量的生产资料，包括犁地所需的两头牛、一匹马、部分大麦、燕麦和种子。这样，一个维兰就应承担双重的义务，为持有份地，他应向领主缴纳地租（货币地租或者实物地租）；因领主提供的生产资料，他应服周工（week works），即一周内为领主提供2—3天劳役。② 庄园最主要的特征之一，就是强调一个人为取得承租庄园份地的权利，必须为领主服劳役。因此，农奴又被称作"束缚在土地上的人（grebae adscriptae）"。"土地由住在单独'保有地'的佃农家庭长期保有，这是附有特殊条件的保有地产，虽然它通常也因社区组织的集体法规定而被利用，但是佃农有效地持有绝大部分的土地，只要他们履行对领主的义务，就可以世代享有土地的使用权。"③ 伯尔曼（Harold J. Berman）认为："这意味着，除非根据某些条件，他们不得离开土地；这也意味着，除非根据某些条件，也不能将他们驱赶出去。"④ 领主与农奴的关系本质上所涉及的是一种权利和义务。

对于劳役义务的数量和方式，庄园惯例规定得十分具体。农奴须根据持有份地的大小服劳役，包括每周在领主自营地上干几天活。例如，12世纪诺森伯兰郡的比彻利庄园规定：全份地维兰每周需为领主服役3天，在冬季的周工日里，每日要犁、耙1英亩；在春季，除

---

① 海得：古时英国土地单位，大约60—120英亩，可以养活一家人。
② 郑峰：《中世纪英国货币地租进程考察》，《河北师范大学学报》（哲学社会科学版）1985年第2期。
③ [英] 罗伯特·杜普莱西斯：《早期欧洲现代资本主义的形成过程》，第19页。
④ [美] 哈罗德·J. 伯尔曼：《法律与革命——西方法律传统的形成》，贺卫方等译，中国大百科全书出版社1993年版，第400页。

犁耙外还要按庄头的安排播种。半份地维兰也要以上述折算标准完成工作量。① 13世纪达勒姆郡的伯尔顿庄园规定：持有30英亩土地的22名农奴，每周要为领主劳动三天，每年在复活节、圣灵降临节和圣诞节期间可以休息13天。持有12英亩土地的农奴，每周劳动两天，在三节期间同样休息13天。② 其他庄园惯例簿中也有类似的规定，如，打谷一日之数为2蒲式耳小麦或1夸脱燕麦；割草一日为1英亩左右；割谷则为半英亩等，都已成为固定的惯例。③ 显然，封建主是出于对农奴劳动监督的目的，对劳役量进行严格的规定，但这是一种双向限定，在对农奴进行限制的同时，也限制了封建主权力的行使，所以任何想增加劳役量的企图都难以如愿，这就使农民的利益受到一定保护。

对于土地的使用权，也有明确的规定。在公地条田上，全体村民必须统一行动，对于耕作和种植不能擅自作出决定，要与领主自营地一样，种植同样的庄稼、饲养同样的牲畜、使用同样的工具、进行同样的轮栽轮种。但是在绝大部分地区，持有保有地也就拥有公共牧场和荒地的使用权，也就是说，同一领地的佃户们都可以使用它们。在这些牧场和荒地上可以放牧马群、羊群、母牛或耕牛。……佃户们同时还有权从公共草场上收集干草，从树林里获得建房材料、燃料、坚果和猎物，在林子里牧猪，还可以在领地的河道里捕鱼。④ 在公共土地上，农奴可以根据"公共权"的有关规定进行放牧，不仅可以使用没有耕种的牧场和四周蔓延的荒地，还可以使用栅栏拆除后的耕地和草地。"习惯佃农和自由佃农在村庄共同体中的利益，主要是公共放牧权和公共用地。"⑤ 对于新垦殖的土地，在向领主交纳一定的租

---

① J. F. C. Harrison, *The Common People：A History from the Norman Conquest to the Present*, London：Croom Helm, 1984, p. 35.
② B. W. Clapp; H. E. S. Fisher, ed., *Documents in English Economic History：England from 1000 to 1760*, London：G. Bell & Sonshd, 1977, pp. 84 - 85.
③ [英] 亨利·斯坦利·贝内特：《英国庄园生活：1150—1400年农民生活状况研究》，第82页。
④ [英] 罗伯特·杜普莱西斯：《早期欧洲现代资本主义的形成过程》，第21页。
⑤ C. Dyer, *Everyday Life in Medieval England*, p. 136.

金后，可以种植自己需要的作物。每年农奴只需缴纳少量的租金，就可获准开垦几英亩这样的处女地，这种土地被称为"新垦地"，许多农民就是通过持有这样的份地来弥补生计不足。在新垦的荒地上，他就是自己的主人，喜欢种什么和怎么种都由自己说了算。[①] 除土地使用权以外，还有财产继承权、遗嘱权、婚姻权、圈养权、狩猎权、饲养家禽权、伐木权、采枝权等。

可以说，在庄园内，封建主与农奴之间、农奴与农奴之间，从组织管理到日常活动，能做什么，不能做什么，享有怎样的权利，承担怎样的义务等，都作了明确的规定。这些以等级身份为基础的权利和义务具有双重作用：即在保证封建主利益的同时，又对其权力进行了限制；在确定农奴应承担义务的同时，也保障了其自身拥有的权利。虽然领主和农奴之间是统治与被统治、剥削与被剥削的关系，但是由于原始契约因素的存在，庄园农奴一方始终拥有一种主体意识和权利观念，换言之，庄园农奴虽然接受领主的统治和剥削，但固守着领主不能随意突破的一道权利底线。

二 庄园习惯法

对于农奴主体权利而言，原始契约因素的存在，首先体现在它得到法律制度中独具特色的庄园习惯法的保障。

英国具有独特的法律传统，其法律制度是建立在习惯法和判例法的基础之上。"权利观念""法律至上"及"民众性"是英国法律制度成长过程中表现出来的鲜明特色。11—12 世纪，随着封建庄园制度的兴起，传统习惯转变为一种法律制度。相传已久、自古已然的"习惯""惯例"作为特有的法律形式逐渐融入人们的法权观念之中。

庄园惯例的形成过程中充满了农奴与领主互相争夺权利的斗争。这种斗争通常是在日常生产活动中，以逐渐的、具体的、往往是有效

---

① ［英］亨利·斯坦利·贝内特：《英国庄园生活：1150—1400 年农民生活状况研究》，第 58 页。

的方式出现。自诺曼征服以后,每一个庄园都是领主与农奴之间为了各自利益而无休止争斗的舞台。庄园惯例中每项内容的确定似乎都烙有农奴与领主讨价还价的印记。庄园惯例是逐渐形成的,在很大程度上取决于农民一次又一次的裁定;农民做出的一次又一次的"判决"(doom)是形成庄园惯例的决定性因素。13世纪,领主为了保护自身的利益,遏制惯例被轻易更改,开始使庄园惯例形诸文字。在这一过程中,农民为了自身的权利,进行了长达几个世纪之抗争。正如有的学者指出:"如果我们能读懂这些账册字里行间的意思,就能发现每条惯例的改变,其背后都有一段故事,而每一项变化都是双方彼此施加压力的结果。"[1] 例如,农奴为了使"人头税(Tallage)"的征收形式具有确定性,与领主进行了长期的斗争。"人头税"是领主对农奴征收的任意税,它的不确定性被看作是农奴身份不自由的象征。农奴经过不断的斗争,使"人头税"征收的数额、征收的频率以及征收的原则逐渐被确定下来。这些原则一经确立,就很容易使人们把人头税视为仅仅是额外征收的一种税,而人头税的不确定性一旦被消除,它作为劳役负担的特殊标志也就不复存在了。[2] 13世纪后期,人头税最终被折算成按份地征收的额外常规税,农奴身份的又一个明显标记从身上消失了。

可以说,在庄园制度存在的几个世纪里,英国独特的法律体制,特别是庄园习惯法,为领主和农奴提供了一个较量的空间。双方之间既有对抗,也有妥协。领主与其农奴经常通过讨价还价达成这样的协议:农奴交纳一笔现金,领主则免除他们的劳役义务。例如,1316年,库克汉姆的管家在庄园账簿中记录,理查德冬季的劳役售价为2先令6便士;亚当·布雷冬季劳役的售价为2先令6便士;乔安那·布劳切奇冬季的劳役卖15便士。[3] 1304年,维尔伯顿(Wilburton)

---

[1] [英]亨利·斯坦利·贝内特:《英国庄园生活:1150—1400年农民生活状况研究》,第79页。

[2] [英]亨利·斯坦利·贝内特:《英国庄园生活:1150—1400年农民生活状况研究》,第118页。

[3] J. E. T. Rogers, *A History of Agriculture and Prices in England*, Vol. 2. Oxford: Oxford University Press, 1866, p.618.

的260项劳役以每项半便士出售。① 同时,"在如何分配佃农生产的劳动剩余问题上,领主和佃农始终存在着冲突"②。因此,惯例形成的过程,也是领主与农奴之间围绕各自的利益不断斗争和妥协的过程。劳役地租就这样折算为货币地租。由于大量约定俗成和法定的权利、有组织的村会以及佃农对土地和生产的直接控制,使佃农们不仅在日常生活中拥有很大的自主权,而且使他们拥有有力的武器,可以和领主们讨价还价,甚至敢于抵制领主的要求。③

庄园习惯法的另一特点是,其内容一旦确定,无论是对领主还是对农奴,都具有很强的约束力。习惯法使每一个佃户的负担量固定化,任何增加负担量的企图都会遭到佃户本人和同伙的强烈反对。就运输劳役来说,在拉姆西的某一庄园,农奴须履行距离为20里格(leagues)④ 的运输任务;在另一个庄园,农奴必须按照要求将货物送到拉姆西、伦敦、韦尔或剑桥,去伦敦或拉姆西的农奴可以得到饭食和免除其他一些劳役作为补偿。⑤ 对于农奴交纳的地租量,一个佃农的地租往往长达200年或者250年保持不变,并非罕见。⑥ 例如,斯坦顿庄园的地租额,1304—1305年为21英镑17先令3便士,1348—1349年为23英镑8便士,1373—1374年为23英镑2先令5便士;克兰费尔德庄园,1383—1384年为68英镑15先令2便士,1474—1475年为63英镑19先令10.25便士,1519—1520年为72英镑2先令1.75便士。⑦ 农奴封建负担量的确定性说明"领主和佃农双方都尽量不给对方的任意性留下余地,这对农奴的怠工是一种监督,但对领主的随意克扣或恣意盘剥无疑也是一种限制"⑧。

---

① F. Maitland, "The History of a Cambridge Shire Manor", *The English Historical Review*, 1849(9), p. 419.
② [英]罗伯特·杜普莱西斯:《早期欧洲现代资本主义的形成过程》,第19页。
③ [英]罗伯特·杜普莱西斯:《早期欧洲现代资本主义的形成过程》,第19页。
④ 里格:1里格约合3英里。
⑤ [英]亨利·斯坦利·贝内特:《英国庄园生活:1150—1400年农民生活状况研究》,第87页。
⑥ R. H. Tawney, *The Agrarian Problem in the Sixteenth Century*, p. 120.
⑦ R. H. Tawney, *The Agrarian Problem in the Sixteenth Century*, pp. 115 – 117.
⑧ 侯建新:《社会转型时期的西欧与中国》,第57页。

我们从另一个侧面也能看到庄园惯例对封建主的限制作用。领主为了增加剥削收入，只能绕过惯例的限制，通过制定新的租佃和税收规定来达到目的。在胡格霍，庄园主莱昂内尔·德·布雷登哈姆，将征收的惯例地租改为租佃地租，才使他在1325—1381年间的地租收入从169先令11便士增加为298先令5便士。① 说明领主总是千方百计力图缩小甚至消除惯例的限制。

农奴劳役量和赋税额在庄园法中的明确化和具体化，对于保护农奴的权利，在一定程度上来说是有益的。以法律的形式对领主获取利益的方式、途径和数量进行规范，限制了领主对农奴的无限度地剥削，这就给处于被动地位的农奴提供了保护自身权利，以至获取经济利益的相对稳定的空间。

中世纪中晚期，有些教区的农奴们团结起来依靠自己的力量以对抗领主的控制。农户的户主们由定期聚集开会产生的"村会"，直接对佃户进行管理，履行一些重要职责，比如收税、管理教区教堂的土地，以及在边界和人口稀少的地区把空旷的土地分配和出租给定居者等。这些职责赋予"村会"大量的权力，使他们在反抗地主、收税员和其他官吏以保护佃农的利益方面发挥了重要的作用。这些职责的履行，以及农户间的劳动交换和为了使用村庄共有的犁具而对各家耕牛所进行的调度都促进了村社的团结。②

对于领主来说，庄园惯例是他们管理经营庄园，特别是他们从佃户身上获取利益的工具；对于农奴来说，庄园惯例则是他们在承担相应义务的同时，抵御领主过分侵夺，保护自身权利的武器。从英国庄园存在的历史来看，农奴利用庄园习惯法所进行的斗争，其权利和利益空间逐渐扩大的趋势是比较明显的。

三　庄园法庭

在英国庄园制存在的历史上，庄园法庭在大部分时间中实际上是

---

① J. Hatcher, "English Serfdom and Villeinage: Towards a Reassessment", *Past and Present*, 1981 (2), pp. 17–18.

② ［英］罗伯特·杜普莱西斯：《早期欧洲现代资本主义的形成过程》，第22页。

庄园司法审理的中心。庄园法庭主要使用习惯法对庄园所有成员之间的纠纷进行审理和裁决。在封建庄园里,庄园法庭与庄园惯例一样,是与全体成员的日常活动融合在一起的。

毫无疑问,庄园法庭是领主权益意志的体现,是领主对庄园进行统治、管理和实现其权益的工具。如果认为农奴冒犯了领主的权威或者侵害了领主的利益,干扰了公共秩序和正常的生产与生活,将被送上法庭。领主可以通过庄园法庭审判,达到实现统治权力的目的。但是,庄园法庭的审判也使领主的权力受到限制,它"并不只是领主用来对农民进行罚款和惩治的工具,也是防止政策剧变的重要保证"[①]。这在一定程度上又为农奴争取自身权利提供了条件,成为农奴捍卫权利的阵地。从整个封建社会阶段来审视,它的意义是非凡的。农奴通过庄园法庭的审判以捍卫自己的权利,主要体现于以下三方面:

其一,农奴可以在庄园法庭的审判中利用庄园惯例保护自己的权利。例如,1300年,埃尔顿庄园法庭案卷载有19个茅舍农涉讼的记录。他们被指控没有给封建主的马车装草,但这些茅舍农认为:自己没有装草的义务,除非他们出于自愿,主动这样做。为此,法庭查阅了有关佃户劳役的惯例,然后确认:这些茅舍农有义务在草地里或领主庭院中将牧草垛起,但没有义务将牧草装上马车。[②] 农奴在接受庄园管理时,对于一些不公正、难以接受的行为,可以通过庄园法庭进行抵制。如1278年,农民在法庭上对他们的庄头提出了一连串的指控,说他贫富有别,收受贿赂,为捞钱而免除一些人的劳役。一些指控经陪审团认定属实,另一些则被驳回。[③] 再如,1371年,萨默塞特郡的奥德卡姆庄园的农奴威廉姆·布若德指控,领主不在庄园时,庄头收了他40便士的税金,以前只收20便士。法庭决定在该法庭成员

---

① [英]亨利·斯坦利·贝内特:《英国庄园生活:1150—1400年农民生活状况研究》,第195页。
② G. C. Homans, *English Villagers of the Thirteenth Century*, Boston: Harvard University Press, 1941, p.104.
③ [英]亨利·斯坦利·贝内特:《英国庄园生活:1150—1400年农民生活状况研究》,第148页。

到齐后进行审理,此前,不允许向威廉姆征收任何税金和物品。① 说明庄园法庭可以干预庄头肆无忌惮的行为。对于庄园内邻里之间的纠纷,佃户们也是通过庄园法庭来伸张自己的权利。例如:佃户住宅周围庭院里的蔬菜和水果受到损害,也是以法律诉讼来求得解决。② 除此之外,庄园中佃户所关心的事情,通常也在法庭上讨论,如,对使用公共地的限额、日常的农事安排等。③ 可见,庄园法庭是农奴保护自身权利的重要场所。

其二,庄园法庭体现了同侪审判的原则,即庄园法庭的裁决权属于参与法庭审判的全体佃户,这在很大程度上可以理解为,在法庭上,佃户的事情由佃户自己决定。13世纪的法庭案卷保存的法庭判决书中一再出现"全体库利亚的裁决如下"字样,可以为证。法庭的决定方式是由全体法庭出席人明确表态。如,一个人走失了一头母牛,后来在领主的牲畜栏里发现。他到法庭申请领回自己走失的那头母牛,并有六人可以作证。在场的全体库利亚经过审议,作出裁决:这头黑母牛是他的财产。"全体库利亚"(curia)是指所有在场的法庭出席人,不论是农奴还是自由人。梅特兰在《塞尔登学会〈庄园法庭诉讼选编〉导言》中也指出"我们或许可以认为,即使是习惯佃户,即使是天生的维兰,他们当时也有或者说原来就一直有作出判决的权利,有权作出判决的并不是领主的总管,而是庄园的库利亚"。还有一种情况,在法庭审理时,如果公诉人出庭人数太少,案件可暂停审理。1293年就有过这样一个例子:当时有四个人被指控曾缺席庄园法庭的审判,但这四人予以否认,并要求由法庭当场进行裁决。但是,当时出席审判的法庭公诉人太少,对这四人的判决被推迟到下一次开庭时作出。④ 庄园法庭在审理过程中对出席

---

① A. R. Myers, ed., *English Historical Documents* 1327—1485, London: Eyer (Spottiswoode, 1969, p. 1004.

② C. Dyer, *Everyday Life in Medieval England*, p. 121.

③ [英] 亨利·斯坦利·贝内特:《英国庄园生活:1150—1400年农民生活状况研究》,第176页。

④ [英] 亨利·斯坦利·贝内特:《英国庄园生活:1150—1400年农民生活状况研究》,第180、185、182页。

法庭的佃户人数的强调,在一定程度上保证了判决结果的公正性和有效性。

其三,庄园法庭实行陪审制度,陪审团的成员由庄园佃户担任。13世纪前后,庄园法庭从王室法庭引进了陪审制度。从职能上来看,有呈诉陪审团(juries of presentment)负责调查侵犯特权的案件;有调查陪审团(juries of inquisition)负责对本庄园的各种冒犯行为和日常工作进行调查。关于陪审员的身份,没有一定之规,既有自由人,也有非自由人。随着时间的推移,有些庄园出现了两种类型的陪审团——自由人陪审团和非自由人陪审团。陪审团面向全体出庭人陈述案例的调查结果,然后,由全体出庭人对案件作出最终的裁决。例如:1391年,在英格尔德梅尔斯庄园,自由人陪审团向法庭陈述有人违反面包和酒的法令的案件,非自由人陪审团向法庭陈述别的冒犯行为和选举庄园官员问题。佃户对于陪审团的作用是认可的,如果佃户想利用陪审团调查案件,他通常要向领主缴纳一部分费用,给领主6便士,或者1先令,甚至多达6先令8便士,才能取得这一特权。佃户这样做是值得的,因为他们得到的不仅仅是一种裁决,而且还要被载入法庭记录,一旦日后需要,可以提起上诉。[①] 尽管庄园法庭的陪审制度以及陪审员产生的方式,还比较简单,但这一制度的引进和后来的发展,以及与农奴身份地位相当的人作为裁判法官,使得庄园法庭的审判制度更趋公正,这对于农奴权利的保护作用是显而易见的。

庄园法庭虽然是领主管理庄园的工具,但是,"庄园法庭的管理权,事实上不在总管手里,而是由富裕村民控制的,他们解释惯例,解决争端,制定公共法规,颁布实施细则"[②]。"虽然他们在庄园法庭的工作是在领主管家的监督之下,但是,他们在庄园事务中的影响和权力是不能低估的。"[③] 因此,庄园法庭的司法审判,对领主的权力

---

① [英]亨利·斯坦利·贝内特:《英国庄园生活:1150—1400年农民生活状况研究》,第185、187页。
② 蒋孟引:《英国史》,中国社会科学出版社1988年版,第102页。
③ R. H. Hilton, *The English Peasantry in the Later Middle Age*, p. 54.

会产生一定的限制作用。农奴利用庄园法庭所进行的争取权利的斗争，其作用虽然不能夸大，但也不能无视农奴在庄园法庭上，为了自身的利益敢于同领主斤斤计较，据理力争，实现自身权利保护的可能。

毋庸置疑，封建主对庄园进行管理，是为了获得最大利益。但是，由于原始契约因素的存在，则使农奴的权利得到了一定程度地体现和保障。更为重要的是，封建主的权力被限定在"原始契约因素"的范围之内。这是一种限制统治者权力的因素，对于农奴来说，其政治、经济意义是不言而喻的。再者，恣意和贪婪是封建统治者普遍的本能，但是庄园惯例和庄园法庭为农奴自身权利提供了一道保护的屏障，使农奴在封建统治下，也能保持一些个人的基本权利，并且可以有效地抵制领主任意和过度的侵夺。正如伯尔曼所言："在所谓封建制度下的法律，不仅维护当时通行的领主与农民的权力结构，而且还对这种结构进行挑战；法律不仅是加强而且也是限制封建领主权力的一种工具。"[①] 伴随着农奴主体权利意识的扩大和经济力量的增长，中世纪晚期英国的农奴制度逐渐衰落，农奴便挣脱了封建依附关系的束缚，获得了自由。

延续了几百年的中古英国社会，在维护统治阶级利益的同时，也为众多劳动群众的生存和发展提供了一个相对合适的土壤，使处于社会底层的劳动者，在现实生产和生活中能够拥有一定的权利，尽管它是一种原始个人权利，一种等级权利。正是社会的基本劳动者普遍地实现了财富的积累，从而奠定了社会发展的坚实基础，推动了社会的进步。"这些权利很原始、很粗陋，可是，我们切不可忽视它们：观念上的要求，随时可因条件的变化转化为实际的权利和权力，原始的法定权利也可不断向近代权利转化。"[②] 中世纪英国底层群众权利观念的存在和发展，对近代权利概念的形成也产生了重要影响。马克·布洛赫强调："西欧封建主义的独创性在于，它强调一种可以约束统

---

① [美]哈罗德·J.伯尔曼：《法律与革命——西方法律传统的形成》，第647页。
② 侯建新：《社会转型时期的西欧与中国》，第295页。

治者的契约观念,因此,欧洲封建主义虽然压迫穷人,但它确实给我们的西欧文明留下了我们现在依然渴望拥有的某种东西。"① 这个判断是有根据、有道理的。

第三节 农民个人财富的普遍积累

历经几个世纪的发展,农民经济生活和社会生活逐步发生了变化。到中世纪晚期,"他们发现自己处于这样一种境况:领主对他们的控制大为放宽,旧庄园制度正在蜕变为一个空壳;事实上多数农民不再像一百年前他们的祖先那样贫困了"②。

14 世纪以来,封建农奴制逐渐衰落,贵族经济受到削弱,其财力、物力处于逐渐消耗而非增殖的过程之中。由于货币地租的实行和庄园领地的出租,庄园领主渐渐退出领地的直接经营,1300 年处于旧贵族直接管理的生产用地大约是 1/4—1/5 的话,那么,到 1500 年这个数量就可能远远低于 1/10—1/12,③ "到 16 世纪中期,每 100 座庄园中就有 99 座的自营地已经出租,并且,其中绝大部分可能是在更早时期出租的"④。例如,1450—1470 年间,处于困难之中的坎特伯雷主教庄园的领主,被迫把自营地分成小块出租给佃农,类似的事情也出现在诺福克地区。对于领主出租的土地,农民尽量争取提供更少的租金,租赁更长的时间,并且坚持让领主做更多的让步。⑤ 领主对土地管理权限的下降,意味着支撑其权力和地位的根基发生了动摇。这时不再直接经营土地的贵族,主要依靠固定租金生活。黑死病后,由于西欧粮价大跌和劳动力价格的上扬,对于举步维艰的领地经

---

① [法]马克·布洛赫:《封建社会》(下),第 714 页。
② 侯建新:《社会转型时期的西欧与中国》,第 115 页。
③ C. Dyer, *An Age of Transition? Economy and Society in England in the Later Middle Ages*, p. 111.
④ R. H. Tawney, *The Agrarian Problem in the Sixteenth Century*, p. 30.
⑤ F. R. H. Du Boulay, "Who were Farming the English Demesnes at the End of the Middle Ages?" *The Economic History Review*, New Series, Vol. 17, No. 3 (1965), p. 444.

济犹如雪上加霜,据估计,16世纪贵族从他的土地所得租金与同一块土地承租者所得收入之比为 1∶10,① 也就是说,贵族把土地长期出租要损失约 90% 的收入。克里德特统计所及的英格兰的 63 名贵族,平均收入降低了 26%。② 由于收入减少和奢侈成性、挥霍无度的生活方式,封建领主大都入不敷出,常年亏损,庄园领主及领主经济衰落了。

随着封建农奴制的瓦解和新的土地关系的确立,农民的实际收入不断增加。大多数人在取得土地的有效所有权以后,即使地租有所上浮,也是有限度的,而且地租的浮动赶不上农民收益的增长。托尼估计,"农民每给领主一个便士,就往自己的口袋里放进 6 个便士"。显然,地租的增长远远不能吞掉农民收入的全部。何况许多庄园的地租是长期稳定的。随着土地生产率的提高,地租在土地产出中所占的比例,从 1/3 到 1/5 到 1/8 逐渐减少,而留在农民手中的产品不断增加,他们可以送到市场上出售,还可以用于扩大再生产。③ 学者们估计,在中世纪后期,农民把总收成的 1/4—1/3 交给地主、教会和王室,剩下部分用于自身家庭消费和来年的种植和饲养。尽管如此,还是有越来越大的一部分流入了市场。④

封建负担的不断减少,降低了农民的非生产性支出。除了地租以外,对于大多数农民特别是农奴来说最大的负担也是最多的支出则是各种额外的费用,诸如土地继承捐、死手捐、结婚捐、人头税和法庭罚金,等等。而这些捐税既无定额也不定时,完全依照领主的意愿,比如在 13 世纪时萨默塞特郡的格拉斯托恩伯里(Glastonbur)修道院和温彻斯特主教庄园的地产上,习惯持有农要支付高额的地租和负担沉重的劳役,一雅兰(yardland)⑤ 土地的进入税竟达到 20 英镑以

---

① [苏] 施脱克马尔:《十六世纪英国简史》,上海外国语学院编译室译,上海人民出版社 1958 年版,第 48 页。
② P. Kriedte, *Peasants, Landlords and Merchant Capitalists: Europe and the World Economy*, Cambridge: Cambridge University Press, 1983, p. 56.
③ R. H. Tawney, *The Agrarian Problem in the Sixteenth Century*, p. 120.
④ [英] 罗伯特·杜普莱西斯:《早期欧洲现代资本主义的形成过程》,第 28 页。
⑤ 雅兰:英国古时土地计量单位,1 雅兰一般为 30 英亩。

上，这几乎是农民家庭几年甚至十几年的收入。① 14 世纪以后，随着封建领主超经济强制力量的削弱，农奴人身依附关系的松弛和身份地位的上升，上述封建捐税逐步削减甚至取消。② 根据伍斯特主教区地产上的一些庄园统计，农民所缴的地租、各种习惯捐税、遗产税等都在下降，有的庄园上缴地租下降了 50%，有的庄园一些捐纳被取消；沃里克郡的科维顿（Quinton）庄园，1430 年佃户支付的地租降至一雅兰土地每年大约 20 先令，每英亩在 6—8 便士之间；③ 有些庄园的农民持有 15—30 英亩的土地，只需缴纳几先令或者几只家禽作为进入税，有的庄园甚至取消了进入税。④ 总的说来，这一时期农民的负担大为减轻，贫农可以改善自己的消费水平，而上、中农则有盈余可扩大生产，农民的状况有所改善。

农民经济实力的发展改变了原有社会阶层之间划分的标准。此时，在正式的文献以及文学作品中，通常不再按照原来的自由与不自由的法律身份，而是按职业和经济标准来区分人们，英国民众的社会身份日益与货币经济相联系，拥有较高的经济地位意味着拥有与之相对应的较高的社会地位。1313 年，伯克利领主和圣彼得修道院院长共同签署了一份关于两个庄园佃户间公共事务的协议，其中对佃户统称为"农民"（peasants）。⑤ 乡下人也被称为农人（tillers），农夫（ploughmen）或者雇工，而不再冠以自由不自由身份的称谓。1363 年国王颁布的一项禁奢令中，以财产标准将农村居民分为两大类——一是拥有价值 40 先令以上动产的农夫；二是雇工，包括车把式、犁把式、牛倌、乳牛倌、猪倌、挤奶工、打谷工，等等。⑥

---

① C. Dyer, *An Age of Transition? Economy and Society in England in the Later Middle Ages*, p. 95.
② 朱寰主编：《亚欧封建经济形态比较研究》，东北师范大学出版社 1996 年版，第 164 页。
③ C. Dyer, *An Age of Transition? Economy and Society in England in the Later Middle Ages*, p. 79.
④ C. Dyer, *An Age of Transition? Economy and Society in England in the Later Middle Ages*, p. 181.
⑤ R. H. Hilton, *The English Peasants in the Later Middle Ages*, p. 3.
⑥ R. H. Hillon, *The English Peasants in the later Middle Ages*, pp. 31 – 38.

现代西方学者在研究中注意到中世纪晚期英国农民阶层划分标准的变化。杜普莱西斯以土地持有量为依据,将 14、15 世纪的英国农民划分为三个阶层:少数富裕的"自耕农",除完全拥有自身的财产之外,他们可以积聚大量的土地,在产粮区达 100 公顷或 100 多公顷,在牧场区面积更大;农村社会的底层,无地者、茅舍农和持有少量土地的佃农,占农村居民的 1/4 或 1/3;经营 10—30 公顷土地的占佃农家庭的大多数的中小农户。① 同时,希尔顿也是依据土地持有数量的差别,对中世纪晚期的农民进行了细致划分:中间阶层,他们的持有地在 15—30 英亩之间,附带有放牧和另外的权利,还包括村庄中的一处住宅和附近的一块小田地,这个阶层人数相对较多;大土地持有者,他们属于经济力量正在上升的群体,持有的土地在 30—100 英亩之间;小土地持有者和茅舍农,他们持有的土地较少,主要依靠工资收入生活。② 戴尔虽然对农民阶层的划分所依据的土地持有标准与希尔顿有所不同,但是也将中世纪晚期的农民划分为上层的约曼、中等农户和底层的雇工三个阶层。③

虽然由于经济力量的不同,中世纪晚期英国农民各阶层之间贫富分化日趋明显,但是,各阶层农民个人财富增长的趋势也十分显著。富裕农民逐渐崭露头角,作为一个经济力量较强的阶层正在稳步上升。萨福克郡沃萨姆德维勒(Walshan-le-Willows)庄园法庭详细记录了 14 世纪早期一位富裕农民的财产和生活情况。威廉姆·莱恩死于 1329 年 8 月 28 日,其财产情况为:持有 40 英亩土地,100 只羊,14 头牛,储存有 16 夸脱谷物。说明他生产的谷物、奶制品和肉食品要多于家庭食物的需要,至少粮食的一半和大部分的奶酪,还有产自 100 只羊的全部羊毛用于出售。生活用品有:价值 1 英镑以上的黄铜

---

① [英]罗伯特·杜普莱西斯:《早期欧洲现代资本主义的形成过程》,第 25—26 页。
② R. H. Hillon, *The English Peasants in the later Middle Ages*, p. 39.
③ "15 世纪英格兰农民一词的引用,代替了正变得不切题的自由和不自由的旧的区别,新的词汇建立在经济分层之上:有上层的约曼,他们一般持有 80 英亩以上的土地;中间阶层的农夫和处于底层的雇工,他们持有少量的土地,而且为工资劳动。" C. Dyer, *Making a Living in the Middle Ages? Economy and Society in England in the Later Middle Ages*, p. 358.

脸盆，一件价值9先令的黄褐色上衣和其他价值13先令的衣物，还有供其本人专用的亚麻毛巾、床单，另外还有桌布、一张桌子、三条长凳、一把椅子等生活必需品。厨具、农具和家庭装饰品一应俱全。同时还记录了这位农民曾向圣埃德孟德（St. Edmunds）近郊的巴沃尔（Babwell）的僧侣捐赠钱物，在他死前七年还捐钱资助一位朝圣者参观了伦敦的托马斯神殿。① 这一例子显示了富裕农民在兴起之初的经济实力和社会影响。14世纪末至15世纪，富裕农民的生产规模更加扩大，乡村中常有四五家经营着六十英亩或一百英亩耕地，饲养着几百头牲畜的农户；维尔夏的一户农奴由于兼营农业和家庭织布积聚了一些财富，封建主估计将近两千镑。这或者估计过高，然而他的继承人却被封建主征取了一百四十英镑才准他继承他父亲的遗产。② 剑桥郡色翰姆（Soham）的一户富裕农民，1400年的货物和现金清单记载，当时他拥有的财产（包括别人欠的债务11英镑10便士）是150英镑；同期，沃里克郡伯顿德塞特（Burton Dassett）的一户农民也有150英镑的资产。奇平开普顿（Chipping Campden）的威廉姆·布拉德韦拥有200英亩耕地、1000只羊和52头牛，1488年他去世时，有仨名伦敦人欠他的债务就达1925英镑。③ 所以，由于富裕农民经营管理土地得当，在商品货币经济自发发展的条件下，经济力量不断提升，其在乡村社会中生活殷实程度和实际收入状况甚为突出。伴随着庄园农奴制瓦解而崛起的乡村富裕农民，逐渐以其经济力量的强大成为英国社会发展中最具活力的阶层，被称为乡村社会的"领头羊"。

富裕农民的兴起是以英国农民群体物质和精神力量的普遍发展为基础的。侯建新教授在《现代化第一基石：农民个人力量与中世纪晚期社会变迁》一书中对13—16世纪英国中等农户的劳动生产率、储蓄率与商品率进行了详尽考察。从中可以直观地反映出多数农民的

---

① C. Dyer, *An Age of Transition? Economy and Society in England in the Later Middle Ages*, p. 26.
② ［英］希尔顿、法根：《1381年的英国人民起义》，瞿菊农译，生活·读书·新知三联书店1956年版，第36、38页。
③ C. Dyer, *An Age of Transition? Economy and Society in England in the Later Middle Ages*, pp. 130, 13, 208.

财富积累状况。13世纪中等农户一年可产粮100.3蒲式耳或2093公斤/户；经过几个世纪的发展，农民土地持有规模的扩大，生产技术的提高和土地产出率的增加，16世纪一般农户每年大约产粮240蒲式耳或5007公斤，16世纪的劳动生产率比13世纪提高了一倍以上。劳动生产率与储蓄率、商品率成正比，13世纪英国一个中等农户的农产商品率可以达50%左右，储蓄率达到20%左右，随后的两个世纪里地租在土地产值中所占的比例越来越小，留在农民手中的产品不断增加，农民的储蓄率也大为增长。16世纪，年产240蒲式耳的农户，除留足消费和再生产的投入外，还有将近1/3的余粮可出售。《泰晤士世界历史地图集》的编者也认为，1500年以后，西欧绝大多数农民每年大约有20%的剩余产品。① 美国学者格拉斯根据南汉普郡温切斯特主教区所属克劳利庄园的档案材料，对一个16英亩地的中等农民在13、14世纪的生活水平进行了估算。中等农民在一般年份全年净收入为2镑15先令7便士，在荒年也可结余1镑16先令8便士。这户农民的日常开支不仅有修葺房舍、购买农具、酒店花销、购买调料及药品等，而且还可以花钱修理耕犁和马车，为自己和妻子添置新衣服。② 贝内特对一个全份地的农民生活状况所作估计与上述情况比较一致。该农户全年可结余1镑15先令4.5便士作为日常生活用品的开支。从某些数据来看，14世纪后期到15世纪后期，英国小麦的平均价格大约在每夸脱5—7先令之间波动。可见，中世纪晚期英国乡村多数农户农产品有了相当比例的剩余，他们再生产投入和生活质量改善的费用还是不低的。1500年的一首诗歌赞美农夫们家产丰盈，描述他们储存有丰富的熏猪肉、腌牛肉、麦芽、洋葱。③ 反映了躬耕田亩的农民们生活水平的提高。

虽然小土地持有者和农村雇工属于农民社会的底层，多是依靠工

---

① 《泰晤士世界历史地图集》，生活·读书·新知三联书店1982年版，第178页；参见侯建新《社会转型时期的西欧与中国》，第46页。
② N. S. Gras, E. C. Gras, *The Economic and Social History of an English Village*, pp. 71–72.
③ C. Dyer, *An Age of Transition? Economy and Society in England in the Later Middle Ages*, p. 173.

资收入为生，但是，中世纪晚期他们收入的增长同样是引人注目的。14世纪，尤其是黑死病以后，由于人口下降，劳动力缺乏，雇工工资明显上升。13世纪末期，一个没有劳动技能的劳动力一天的工资不足1便士，15世纪末期上升为4便士；即是全天候从事重体力劳动的"长工"（famuli），在黑死病之前，每年获得的现金工资仅是2—5先令，加上4.5—6.5夸脱的廉价谷物，[1] 黑死病期间大约是每天1—2便士，到15世纪和16世纪早期升至为每天3—4便士。如果一年做工200天的话，加上耕种自家小块农田的收入，那么，这笔收入能够在支付一家4—5口人的基本生活消费后还有余裕。谷物价格的下降和相对稳定也使这一时期雇工实际工资的价值上升，与1300年相比，15世纪至少增加了3倍。1300年，收割雇工每人平均报酬约2先令，并有每人每天约2便士的食物津贴，到1420年，现金工资已经升至大约7先令，食物津贴大约1.5便士，现金工资增长了2.5倍，食物津贴中的花费虽然少了，但是其质量却提高了；1300—1480年，英国南部工匠的工资从每天低于3便士上升为6便士或者更多。据统计，1500年前后，在一个3口之家，父母是健康的劳动力和一个未成年孩子，他们一年中大部分时间的收入应该是每天8便士，而这时家庭食物的支出每天是3便士。[2] 格罗斯特郡克里夫主教区的小土地持有者约翰·戈麦尔，外出劳动每天4便士的工资，仅用75天的收入就可以买够补充家用的谷物，加上他妻子的收入，以及宅院里的收益，其生活状况比其祖先改善了许多。[3] 波斯坦指出：农业劳动的货币工资在1450年前达到最高点，并且在1470年前一直保持相似的水平或再高出一些。实际工资，即用他们所能购买的食物数量来表现的工资，可能一直增长到这个世纪的最后25年。据波斯坦考察，温切斯特和威斯敏斯特庄园中的工资，在14世纪20年代呈现

---

[1] C. Dyer, *Standards of Living in the Later Middle Ages: Social Change in the England c.*1200—1500, p.133.

[2] C. Dyer, *An Age of Transition? Economy and Society in England in the Later Middle Ages*, p.129.

[3] C. Dyer, *Standards of Living in the Later Middle Ages: Social Change in the England c.*1200—1500, p.149.

增长趋势，并且在之后的 120 年或 150 年中继续保持向上的势头。①以至于 15、16 世纪时，一个农业雇工的收入竟与一个拥有半维尔格特的中等农户收入不相上下。劳动力的短缺，促进了小土地持有者和农村雇工劳动待遇的改善，提高了他们的家庭收入，同时又吸引他们积极加入雇工行列之中。

中世纪晚期，英国农民普遍参与了"前原始积累"，各农民阶层在不同程度上实现了个人财富和财产的积累。普通民众经济力量的增长，使英国原有社会财富的分配格局发生了改变，社会统治阶层与普通百姓之间生活水平的差距缩小。"物质财富并不能自动满足每一个人的需要，财富如何在社会成员中分配，是关系到社会公正及繁荣稳定的大问题。"②旧贵族经济的衰落，抑制了社会非生产性消费或者是消耗性消费，而劳动群众财富积累的增加，使社会整体消费水平普遍提高，进一步促进了社会经济的发展，这是英国社会变迁的重要体现。

小　结

中世纪晚期，英国农业生产力水平的提高，社会经济的发展，为普通民众生活水平的提高奠定了物质基础；独特的传统习惯和法律体制，又为劳动群众提供了相对有利的生存和发展空间，"生产者个人财产和财富的有效积累，不仅由于劳动生产率的提高，还因其劳动成果受到一定程度的保护，从而减少或避免来自领主和封建政府的任意侵夺"③。随着农民经济收入增加，经济实力和社会地位进一步上升，他们手中有了更多的结余可以用于生活消费，吃、穿、住、行、教育、娱乐等基本生活消费水平得到普遍提高。同时，农村社会群体

---

① ［英］M. M. 波斯坦主编：《剑桥欧洲经济史：中世纪的农业生活》第一卷，第 485 页。
② 钱乘旦：《第一个工业化社会》，四川人民出版社 1988 年版，第 92 页。
③ 侯建新：《社会转型时期的西欧与中国》，第 51 页。

的职业分化、收入分层也使农民之间的生活消费水平和消费结构呈现差异性,存在明显的消费分层。这种消费分层作为一个与社会经济地位密切联系的替代指标,能够更加真实地反映了社会分层的实际情况。

第二章　中世纪晚期英国农民饮食结构的调整

饮食作为维持人类生存和再生产的必要条件,既是反映人们日常生活消费水平的重要指标,又是社会进步与经济发展的重要表现。"食物是每个人社会地位的标志,也是他周围的文明和文化的标志。"[①] 中世纪晚期,英国社会生产力的发展,普通民众社会地位的上升等因素,对农民的饮食状况产生了直接影响。普通民众的饮食状况是社会文明演进的标志要素之一。本章通过农民饮食结构变化的分析,说明这一时期农民营养状况的改善和饮食消费水平提高。

第一节　谷类食物的变化

自古以来粮食作物就是人们依赖的基本食物。它提供人体必需的碳水化合物,是人类饮食结构中的主要成分。中世纪晚期,伴随着农业生产的发展和农民个人收入的增长,英国农民饮食结构中谷物的种类和比例出现了明显变化。

14世纪黑死病之前,英国农民的食物种类单一,谷类食物在饮食结构中占了相当大的比例。多数农民的食物主要是由低质高产的春

---

① [法]费尔南·布罗代尔:《十五至十八世纪的物质文明、经济和资本主义》第一卷,第112页。

季谷物大麦和燕麦加工成的面包和麦糊。"谷物是下层阶级食物的基础,消费谷物是为了获得它的卡路里价值。虽然面包不是消费项目中的唯一食物,但它一直牢固地被认为是大宗食物。"① 乡村社会中只有农民中的上层,正常年景能获得一些小麦,但比例不大;中等农民吃得更多的是麦糊,而下层农民则难以得到足够数量的谷物。② "农民也种小麦,可用于自己消费的不多,大部分出卖换成货币以满足其他生活用品和交付地租的需要,所以农民的餐桌上除了又粗又黑、硬得像羊皮一样的面包外,很少发现用小麦制成的食品。"③

保存在庄园法庭中的农民赡养协议中反映了这一时期各阶层退休农民的食物构成非常简单,主要是由碳水化合物组成的少数几种食品。赡养协议是中世纪年老佃农将习惯持有地转让给后代或没有血缘关系的继承者时制定的。土地转让以后,退出生产领域的佃农仍然能保持以前的生活水平,所以协议中的生活水平能够代表一般农民的生活状况。如,1328年牛津郡的奥汀屯的农民理查德·瓦勒特斯把他所持有的15英亩土地转让给约翰,得到的食物补偿是米迦勒节时的2蒲式耳的小麦和2蒲式耳的黑麦、圣诞节时的4蒲式耳大麦和4蒲式耳黑麦,共12蒲式耳。④ 可见,主要是谷类食物。

我们把目光转向中世纪的收割雇工,他们是收获季节领主雇用的劳动力,属于农村社会中地位较低的群体。尽管农时紧迫,劳动强度大,收割雇工的膳食比其他行业的雇工在数量和质量上要好一些,但是他们的膳食还是以整个社会生活水平为基准,对于考察农民的饮食状况具有较高的研究价值。据庄园账簿记载,13—14世纪早期诺福克的塞吉福德庄园的收割雇工的饮食中面包比重很高,占到收割雇工消耗食物总量的半数以上,而且在1300年前后的几十年中有1/4—1/3是用大麦烘制的。小麦在谷类食品中的比例占8%还少,只有庄

---

① [意]卡洛·M. 奇波拉:《欧洲经济史》第一卷,第22页。
② T. H. Aston, P. R. Coss, *Social Relations and Ideas*, Cambridge: Cambridge University Press, 1983, p.209.
③ 侯建新:《社会转型时期的西欧与中国》,第222页。
④ M. Carlin, J. T. Rosenthal, eds., *Food and Eating in Medieval Europe*, p.64.

园里的差役和上层管理者才能食用小麦面包,对于收割雇工来说,它与新鲜的肉类食物一样是奢侈品。①

与此同时,庄园中的长工,包括耕夫、车夫、保管员的食物津贴多数也是谷物和豆类。分布在英格兰考恩沃尔伯爵领地上的10个庄园,据记载,1296—1297年,其中的4个庄园长工的实物工资中根本没有出现小麦,还有4个庄园仅出现了劣等小麦(currall),或者是燕麦和黑麦的混合物。②

"当糖类(简单地说是碳水化合物或者谷物)的比重超过卡路里(热值)的百分之六十时,饭菜必定很单调。"③ 很明显,这时谷类食物是农民的主食,而且优质粮食——小麦在食物中所占的数量很少。

14世纪中期至15世纪,由于农业和乡村手工业的发展,农民个体财富积累增加,生活条件得到改善,饮食结构中谷类食物的数量和质量变化明显。碳水化合物的比例降低,农民食物中面包和麦糊的消耗量减少。收割雇工的食物构成在一定程度上反映出这时英国农民饮食状况的改变。塞吉福德庄园收割雇工的食物中,面包和麦糊的消费量由14世纪早期的1/2,降到中期以后的不足1/5(表2-1)。

表2-1 诺福克塞吉福德庄园收割雇工各项食物消费比例的分析

(1256—1424年)④ (单位:%)

年份	1256年	1264年	1274年	1286年	1294年	1310年	1326年	1341年
面包	41	48	49	47	48	43	39	34
浓汤	1	1	2	2	1	1	1	1
淡啤酒	13	7	11	12	16	14	17	21
肉	4	4	7	14	8	8	11	9
鱼	13	16	12	12	9	10	10	17
奶制品	28	24	19	13	18	24	22	18

① C. Dyer, *Everyday Life in Medieval England*, pp. 85 – 86.
② T. H. Aston, P. R. Coss, *Social Relations and Ideas*, pp. 210 – 211.
③ [法]费尔南·布罗代尔:《十五至十八世纪的物质文明、经济和资本主义》第一卷,第149页。
④ C. Dyer, *Everyday Life in Medieval England*, p. 82.

续表

年	1353	1368	1378	1387	1407	1413	1424
面包	31	19	15	14	17	20	15
浓汤	1	1	1	1	1	1	1
淡啤酒	26	28	22	20	33	29	41
肉	15	25	24	30	28	50	28
鱼	14	13	15	23	10	50	6
奶制品	13	14	23	12	11	50	9

根据表中提供食物的营养价值分析，食物中谷类食物产生的热量已经大大降低。塞吉福德庄园收割雇工食物消费比例的变化并不是个例。诺福克的另一处庄园汉德威斯顿（Hindolveston），与塞吉福德庄园有同样的地产，13世纪早期收割雇工的面包消费，根据热值计算，合计为50%，1362年降至28%，1412年只占15%。诺福克东北方向的马萨姆（Martham），收割雇工的面包消费从1266年的48%降至1389年的16%。牛津郡的库克汉姆，面包食物的热值从1297年的69%，到1357年降至58%。同期林肯郡的情况也是如此。[①]

农民饮食结构中谷类食物比例下降的同时，质量却得到提高，农民能吃到更多的小麦食品。还是以塞吉福德庄园收割雇工为例，中世纪晚期，在这个庄园雇工的食物中小麦代替了大麦和裸麦。黑死病之前的1341年，小麦和裸麦在雇工谷类食物中的比例开始增加，1353年，就几乎占到了一半，至1387年大麦面包从雇工的食物津贴中最终消失，1407年小麦又完全代替了裸麦。14世纪末15世纪初，塞吉福德庄园以外的其他地区，小麦也成为雇工主要的，甚至是唯一的面包谷物，14世纪80年代有些地区已经完成了这一变化过程。在小麦比例增加的同时，面粉加工越来越精细，麸皮减少，面包师傅称小麦面包为"白"面包。小麦代替大麦成为主要面包谷物的时间，英国各地有所差异。汉普郡、牛津郡和苏塞克斯郡，14世纪早期收割雇工已经开始食用小麦面包。萨福克郡的圣埃德蒙德修道院的米德海尔

---

① C. Dyer, *Everyday Life in Medieval England*, p. 87.

庄园的雇工，食品改善虽然较为缓慢，至1324年，小麦也已占到谷类食物的1/3，到1382年更增加到1/2。①

除收割雇工以外，在长工的实物工资中，小麦比例也有增加。根据庄园账簿记载，林肯郡的纽伯修道院的耕夫，原来每年工资是2夸脱小麦和2夸脱豆类，1394年改为每周15条面包（至少7条是小麦面包）和7加仑麦酒，还有较高的现金工资和一头牛的饲料。沃里克郡的威伯福特的一个修道院为劳役农民提供的食物中，每天供应2磅小麦面包，还有肉食品、奶酪和麦酒。② 庄园中普通的家仆，14世纪晚期和15世纪，虽然没有全部食用小麦，但也占了较高的比例。如1394年林肯郡纽博修道院的院长雇佣一位农夫，这位农夫每周可以收到15条面包、7加仑的麦芽酒、奶牛的草料等实物津贴，还有优厚的现金工资，其中面包中至少有7条是小麦面包。③ 可见，无论是收获季节的雇工、长工还是家仆，每天都可以吃到细粮，食用小麦面包的雇工群体明显扩大。

1240—1458年英国中东部16个郡的83份赡养协议（其中70份属于1349年以后），可以反映出普通农民谷类食物构成的变化。83份协议的签订者分别是持有不足15英亩、半雅兰和一雅兰土地的习惯佃农，多数属于中下阶层的农民。赡养协议中涉及的谷物种类（表2-2），其中12份（14%）协议小麦是唯一的津贴谷物，38份（46%）协议是冬季谷物与春季谷物的组合，22份（27%）协议是冬季谷物、春季谷物和豆类的组合。说明多数被赡养农民的面包原料大部分是冬季谷物，主要是小麦。春季谷物也可以用来制作面包，也可以煮成麦粥，特别是燕麦和豆类，但更多的是被酿成淡啤酒。戴尔认为，中世纪晚期农民种植小麦并非仅仅为了出售，显然大部分是用于自己消费。④ 19世纪英国的历史学家罗杰斯在考察了中世纪晚期英国

---

① C. Dyer, *Everyday Life in Medieval England*, pp. 82–88.
② T. H. Aston, P. R. Coss, *Social Relations and Ideas*, p. 215.
③ C. Dyer, English Diet in the Later Middle Ages, in: T. H. Aston, P. R. Coss, C. Dyer, J. Thirsk, eds. *Social Relations and Ideas: Essays in Honour of R. H. Hilton*, Cambridge: Cambridge University Press, 1983, p. 213.
④ T. H. Aston, P. R. Coss, *Social Relations and Ideas*, p. 202.

东部和南部的庄园地产后,也认为农民食用的是小麦做成的白面包。①

表2-2　　　　　　　83份赡养协议中谷物的种类②

谷物种类	小麦	大麦	冬季谷物+大麦	冬季谷物+燕麦	冬季谷物+大麦和燕麦的混合物	冬季谷物+豆类	冬季谷+大麦+豆类
协议数量	12	5	20	9	3	6	12
谷物种类	冬季谷物+燕麦+豆类	冬季谷物+大麦和燕麦的混合物+豆类	冬季谷物+大麦+燕麦	冬季谷物+大麦+豆类+燕麦	大麦+燕麦	全部	
协议数量	6	3	2	1	1	3	

注:冬季谷物为小麦、裸麦,或者是两者的混合物。

中世纪晚期农民饮食结构中谷类食品比例的变化,各阶层存在一定差异。上述83份赡养协议的内容,一方面反映了小麦在农民食物中比例的增加;另一方面也体现出农民由于持有土地数量的不同,其食物质量的差异。退出生产领域的农民得到的谷物数量和质量在一定程度上是由他们转让土地数量的多少来决定(表2-3)。1330—1331年林肯郡朗特福特的两份赡养协议,比特斯·德·兰转让了24英亩土地,得到1.5夸脱小麦和裸麦与1.5夸脱的大麦和燕麦;萨拉·贝特曼转让4.5英亩土地,只得到1夸脱小麦和裸麦与4蒲式耳大麦。前者的生活比较富裕,既能吃到面包又能喝上淡啤酒;后者只能以面包和浓汤为食,生活显然较为清苦。协议中能得到12—16蒲式耳谷物的协议超过30份,他们多数是居于中间层次的农民,这些谷物基本上保证了每天所需的热量。12蒲式耳小麦和大麦,平均每天的食物是1.5—1.75磅,每人每天一磅谷物在现代饥荒救济中被认为足以维持生命,1.75磅面包每天即可获得2000卡路里的热量,能够满足

---

① J. E. T. Rogers, *A History of Agriculture and Prices in England*, Vol. 1, p. 155.
② T. H. Aston, P. R. Coss, *Social Relations and Ideas*, p. 201.

从事较轻劳动的老年人的需要。协议中的富裕阶层，如剑桥郡格屯的玛格瑞特·德·格林每年获得 2 夸脱小麦，可以加工大约 840 磅面包（2.3 磅/1 天），2 夸脱大麦，可酿制 120 加仑淡啤酒（2.6 品脱/1 天），每天可提供 3000 卡的热量，像她一样生活较为优越的农民在乡村社会中已不少见。① 谷物津贴不足 8 蒲式耳的农民，显然代表了乡村社会中的下层，他们必须有其他生活来源作补充，生活相对艰辛。

表 2－3　　　　　　83 份赡养协议中谷物的数量②

蒲式耳	1—8	10—14	16	12—24	25	总量
协议数量	25	16	9	11	22	83

农民饮食中谷类食物的变化还表现出一定的地区性差异。英国南部和东南部地区是重要的小麦产区，而北部地区则以燕麦居多，③ 埃塞克斯郡的农民以小麦为主；汉普郡和伍斯特郡小麦比例则较低；英国东部则以小麦和裸麦为主；北部和西北部以燕麦为主。不过总的看，即使在大麦仍然是主食的地区，小麦也占据了较高的比例，平均可达 41.7%。④

总之，中世纪晚期，在农民饮食结构中谷类食物所占比例逐渐降低；小麦作为质量好、营养价值高的优质粮食作物，在谷类食物中的比例不断增加，渐渐代替了燕麦和大麦，越来越多地被农民所食用。这一变化反映了农民饮食结构中食物种类更加丰富，饮食质量显著提高。

第二节　肉类食品的增加和奶制品的减少

肉类食品和奶制品含有丰富的优质蛋白、脂肪和脂溶性维生素，

---

① J. C. Drummond, A. Wilbraham, eds., *The Englishman's Food, A History of Five Centuries of English Diet*, p. 205.
② T. H. Aston, P. R. Coss, *Social Relations and Ideas*, p. 201.
③ J. C. Drummond, A. Wilbraham, eds., *The Englishman's Food, A History of Five Centuries of English Diet*, p. 19.
④ 侯建新：《工业革命前的农民消费》，《世界历史》2001 年第 1 期。

具有很高的营养价值,是饮食结构中的优质食品。因此,中世纪晚期英国农民饮食结构中肉类食品和奶制品的变化尤为值得注意。

14世纪之前,农民饮食结构中缺乏动物蛋白类食品。在日常饮食中,他们一年四季只能吃到少量自制的腌肉,很少见到新鲜肉食品,只有在人们捕猎成功,或庄园领主为庆祝丰收举行宴会,偶尔能吃到。《英国史:史前—1714年》一书中描述"(13世纪)普通农民的日常饮食单一,难得吃上一顿肉,除了在特殊的场合上才有鸡肉、腌制的牛肉或是熏肉上桌。一般来说,绝大多数人的早餐是一大块面包和一杯淡麦酒;午餐有一块奶酪和面包;晚餐主要是由豌豆和土豆煮的浓汤,配上面包、奶酪、麦酒"①。如前所述,农民饮食中基本的食物是粗糙的"黑面包"(混合面、大麦、裸麦或者豆面),少量的牛奶、奶酪、鸡蛋和偶尔的腌肉或者禽肉。所以农民主要靠豆制品和奶制品来补充蛋白质。中世纪豆制品常被称为"穷人的肉食",各种豌豆和蚕豆等豆类植物在欧洲大部分地区广泛种植,农民容易得到。牛奶和奶酪被中古农民誉为"白肉"(white meat),几乎是大部分农民家庭膳食中动物蛋白质的唯一来源。当然,对于这时农民奶制品的食用量不能有过高的估计,因为在中世纪许多农民家庭一般饲养1—2头母牛,每头每年产出的牛奶最多加工70—90磅黄油和奶酪,按家庭成员的最少数计算,如果是4口之家的话,每人一天只可得1盎司奶制品。14世纪早期,灾荒肆虐,牲畜缺少,奶制品的饮用更难以保证。② 13世纪晚期和14世纪早期,农民中的上层,一雅兰或更多土地的持有者,日常饮食中能得到肉和奶酪。中等农民只能吃到较少量的奶酪和肉。持有土地数量较少的下层农民甚至难以得到足量谷物,对于他们来说,消费动物类食品是罕见的奢华。

塞吉福德庄园收割雇工的饮食消费档案记录中,奶制品和肉类食品的供应很少。如表2-4所示,1256年秋季,塞吉福德庄园收割雇

---

① [美]克莱顿·罗伯茨、戴维·罗伯茨、道格拉斯·R. 比松:《英国史:史前—1714年》上册,第158页。

② T. H. Aston, P. R. Coss, *Social Relations and Ideas*, p. 202.

工的饮食结构中,肉、鱼两项食品产生的热量只占7%,如果加上奶制品,动物类食物也只占热量的20%,谷类食品产生的热量占绝对优势。黑死病之前的赡养协议中记载的情况与收割雇工大体一致,只有退休的富裕农民有肉食供应,多数农民只有少量的奶酪,而得不到或者较少得到肉类食物。

表2-4　诺福克塞吉福德庄园1256年收割雇工饮食结构[①]

(1443个工作日)

食物		量/人/天(英)	卡(热量)
面包	1夸脱7蒲式耳小麦 27夸脱2蒲式耳大麦	6.99磅	9602(74%)
浓汤	1夸脱2蒲式耳燕麦	2.49盎司	285(2%)
淡啤酒	8夸脱4蒲式耳麦芽	2.83品脱	513(4%)
肉	1只猪、20只家禽 消耗:6先令8便士	3.68盎司	243(2%)
鱼	170条木尾鱼 1050条鲱鱼	15.52盎司	694(5%)
奶制品	120个鸡蛋 602磅奶酪 518加仑牛奶	0.12盎司 6.67盎司 2.87品脱	1630(13%) 12967(100%)

中世纪晚期,动物类食品的增加是英国农民饮食结构变化的突出表现。14世纪中期以后,随着土地经营模式的改变和商品贸易的繁荣,农民饮食中动物类食品来源比以前丰富了。从塞吉福德庄园收割雇工的食物消费(表2-1)中可以看出,14世纪晚期收割雇工食物中肉类食品大量增加,从消费总量的1/10以下,上升至1/4—1/3,同时奶制品和鱼的食用量下降。根据营养价值计算,15世纪收割雇工的饮食中谷类食物消费产生的热量明显减少,两百年前可以忽略不计的肉类食品在食物消费中产生的热量增加到1/5,而且越来越多(表2-5)。

[①]　C. Dyer, *Everyday Life in Medieval England*, p. 82.

表 2-5　诺福克塞吉福德庄园 1424 年收割雇工饮食结构①

（906 个工作日）

	食物	量/人/天（英）	卡（热量）
面包	3 夸脱 4 蒲式耳小麦	1.97 磅	1994（40%）
浓汤	4 蒲式耳燕麦	1.59 盎司	180（4%）
淡啤酒	12 夸脱麦芽	6.36 品脱	1154（23%）
肉	3 头猪、1 头肉食牛 8 只羊、8 支鹅 消耗：10 先令	16.87 盎司	1169（23%）
鱼	30 条鳕鱼	3.46 盎司	135（3%）
奶制品	奶酪、牛奶、黄油、鸡蛋 折算为：224 磅奶酪	3.96 盎司	336（7%） 4968（100%）

13 世纪末，肉食品的消费量只有 4%—8%，收割雇工每食用 2 磅面包，可以得到 1—2 盎司的肉食品和 5 盎司鱼；到 15 世纪早期，肉食品的消费上升至 42%—47%，每食用 2 磅面包就可以得到 1 磅肉食品和 3—4 盎司的鱼。通过比较发现，诺福克郡、汉普郡、萨福克郡、萨塞克斯、亨廷顿郡、林肯郡、牛津郡和沃里克郡的共 17 个庄园与塞吉福德庄园的情况类似。② 所以，这一时期收割雇工食物构成中肉类食品的变化，日益增长的趋势并不是孤立的。

同时，乡村中其他雇工食物中肉类食品的数量也有增加。1439—1440 年多塞特郡车夫的谷物和动物类食品的比例是 62∶38；1420 年萨默塞特郡的建筑工匠是 63∶37；1377—1378 年伍斯特郡的建筑工匠是 58∶42。③ 可见，中世纪晚期这些雇工的生活水平大致相当。而且由于食物中肉食品比例增加，雇工阶层的饮食质量与乡村牧师和乡绅的差距正在缩小。④

农民饮食结构中肉食品增加的同时，新鲜肉逐渐取代了过去习惯

---

① C. Dyer, *Everyday Life in Medieval England*, p. 85.
② C. Dyer, *Everyday Life in Medieval England*, p. 87.
③ C. Dyer, *Everyday Life in Medieval England*, pp. 93-94.
④ C. Dyer, *An Age of Transition? Economy and Society in England in the Later Middle Ages*, p. 133.

食用的腌肉。与腌肉相比，新鲜肉的烹饪方法更加灵活多样，营养成分损失少，既提高了饮食过程的享受感，又增加了营养。13世纪塞吉福德庄园中供应的主要是腌肉。14世纪中期以后，新鲜牛、羊肉的食用比例上升。1400年的收割雇工的食物消费统计中，每天就有近1磅的新鲜畜肉；1387年在庄园账簿中还有雇工们食用处理干净的牲畜内脏的记录。沃里克郡的纳尼屯修道院每天为收割雇工提供的食物有2磅小麦面包、4品脱淡啤酒、2磅牛肉和羊肉、少量的鲱鱼、腌肉、奶酪和鸡蛋。[①] 1388年，亨廷顿郡曼宕庄园收割雇工的食物中羊肉已占有主要成分。14世纪末15世纪初，大量的法庭卷档显示，雇工向雇主要求的食品是上好的淡啤酒，热的新鲜的肉和鱼。林肯郡的法庭卷档记载，1353年一位耕夫坚持要求新鲜肉而非腌肉。[②]

中世纪晚期，禽肉尤其是鹅肉，在收割雇工的食物供应中占有了重要地位。鹅是靠秋季散落的谷物养肥的，为了节日庆宴才被宰杀，称为"杀鹅（ripgoos）节"。秋收时节，鹅肉是收割雇工餐桌上的肉食品。[③] 1384—1385年的记录显示美德汪蒂有一户农民炖煮了2只鹅。[④] 从一些消费和供给记录还可以看出，农民对其他家禽肉食品的消费。如拉姆齐修道院地契登记簿表明，佃户在庄园中饲养了大量家禽，而且把它们养肥。1421—1426年，霍顿、沃布伊斯、布劳顿和维斯奥四个庄园以腌鸡的形式征收的罚款占到84%。1383—1384年的阿宾顿，爱莉亚·布鲁特在房屋上建造了一个鸽舍，说明农民的食物中也消费鸽子。[⑤]

从赡养协议中可以发现，新鲜肉食品在富裕农民的日常生活中已

[①] J. C. Drummond, A. Wilbraham, eds., *The Englishman's Food, A History of Five Centuries of English Diet*, p. 214.

[②] S. A. C. Penn, C. Dyer, "Wages and Earnings in Later Medieval England: Evidence from the Enforcement of the Labour Laws", *The Economic History Review*, Vol. 43, No. 3 (Aug., 1990), p. 372.

[③] C. Dyer, *Everyday Life in Medieval England*, p. 89.

[④] C. M. Woolgar, D. Serjeantson, J. T. Waldron, *Food in Medieval England: Diet and Nutrition*, Oxford: Oxford University Press, 2006, p. 159.

[⑤] C. M. Woolgar, D. Serjeantson, J. T. Waldron, *Food in Medieval England: Diet and Nutrition*, p. 147.

经属于常见食品。前已提到,玛格瑞特·德·格林在得到大量的谷类津贴的同时,还能得到1头母牛、1头猪和6只家禽,可能还有少量牛奶、奶酪、咸肉和鸡蛋配以面包和淡啤酒。埃塞克斯郡的年老农民退休后,还常常饲养1头奶牛或2—3只羊,其中一例饲养了1头母牛、6只羊和2头猪。14世纪中期沃里克郡布莱克威尔的约翰·斯塔普,退休后除了能得到足够的谷类供应外,还有一年1头猪、1/4头牛的肉,因此,他每天能吃到8盎司的肉。[1] 16世纪后,由于富裕约曼、农场主和商人餐桌上出现的牛肉和羊肉食品特别引人注目,给外国人留下了深刻印象,使英格兰获得了吃肉民族的名声。

普通农民家庭日常膳食中肉食品的消费,还可以根据考古证据予以估量。在乡村遗址的考古发掘中,发现有许多牲畜在未成年之前即被宰杀。据估计乡村中等农户和富裕农民家庭每年至少有1—2头家畜以供消费;下层家庭一般是在自养的牲畜,如奶牛、羊和耕牛失去生产能力时才供以宰杀。乡村中具有一定规模的屠宰场遗址的发现,反映了肉食品买卖繁荣,这从另一个角度说明新鲜肉食品在农民食物中已非罕见之物;另外,有些农民家庭拥有一种石制的肉食品加工器(stone mortar),它原来只属于贵族,用来粉碎新鲜肉以利于烹饪,证明普通农民对肉食品的烹饪加工开始模仿贵族阶层,有了一定讲究。[2]

大量村庄遗址的考古证据显示了英国各地农民对肉食品消费的地区性偏好。考古证明,牛骨出现最多的是伯克郡和北汉普顿郡,而羊骨则大量地出现在格罗斯特郡、拉特兰郡、威尔特郡和约克郡的遗址中。在各地的村社遗址中发现的猪骨始终没有超过牛、羊骨,说明在人们肉食品的消费中,牛、羊肉的数量较大。这种情况应该是与中世纪晚期畜牧业的发展和农民饲养的牲畜种类相联系,牛、羊是作为畜力、牛奶和羊毛生产的经济性动物为农民大量饲养。[3]

---

[1] J. C. Drummond, A. Wilbraham, eds., *The Englishman's Food, A History of Five Centuries of English Diet*, pp. 205-206.

[2] C. Dyer, *An Age of Transition? Economy and Society in England in the Later Middle Ages*, p. 156.

[3] J. C. Drummond, A. Wilbraham, eds., *The Englishman's Food, A History of Five Centuries of English Diet*, p. 207.

居住在林区的农民还可以通过打猎来补充新鲜的肉食品。王室法庭和庄园法庭的档案，证明了有大量因偷猎而被惩罚的农民。考古发掘也发现了类似的证据，北汉普郡累威德村邻近王室森林，考古学家在这里发现了很多鹿骨，占所有发现动物骨骼的6%—23%，说明村民肉食消费中鹿肉占了较大部分。法律允许农民可以捕获一些小动物。伍斯特郡克莱斯的一位农民房舍遗址中发现了腌制过的"一桶小鸟"。[①] 虽然打猎和围捕不是农民获取肉食的主要途径，但围猎活动丰富了食物来源，对肉食品的补充起到了辅助作用。这时，约克郡的沃若姆珀西（Wharram Percy）遗址中发现了大量的鱼骨和贝壳，反映出这一带地区的农民有食用海鱼的饮食传统。[②]

"白肉"（奶制品）是农民食物中优质蛋白质的重要来源。奶制品具有较高的营养价值，包含了对于生长发育和维持生命必需的所有氨基酸。在肉食品缺乏时，有限的奶制品在普通民众的饮食结构中发挥了重要作用。但是，中世纪英国上层社会认为奶制品是乡下人的食物，新鲜肉则是上等人的食品，因此，贵族家庭中除了仆人以外几乎不食用奶酪和牛奶。在英国东南部地区的克劳利庄园，奶酪是作为固定的食物津贴提供给挤牛奶女工、牧羊人、铁匠和庄头。[③] 16世纪，维兰姆·哈瑞森的《英国概览》，也把"白肉"描述为低级食物，为下层人所食用。[④] 反映了英国不同社会等级之间的饮食习惯的差别，也反映了奶制品与农民日常生活的密切联系。中世纪晚期，随着富裕程度的提高和食物来源的丰富，农民逐渐有能力、有条件模仿上层阶级的饮食方式，改变自己的膳食习惯。在传统饮食观念的影响下，农民饮食结构中奶制品所占的比例逐渐下降。在收割雇工的饮食消费资料和赡养协议中都有体现，例如：1375年，埃塞克斯郡阿普尔泽姆（Appledram）庄园档案中记录了审计员对新鲜肉代替奶制品的解释说明："没有更多的

---

① T. H. Aston, P. R. Coss, *Social Relations and Ideas*, p. 209.
② C. Dyer, *Standards of Living in the Later Middle Ages: Social Change in the England c. 1200—1500*, pp. 156 – 157.
③ N. S. Gras, E. C. Gras, *The Economic and Social History of an English Village*, p. 61.
④ J. C. Drummond, A. Wilbraham, eds., *The Englishman's Food, A History of Five Centuries of English Diet*, p. 76.

黄油和干酪，因为有 6 只公羊和母羊供秋季消费，还有 3 只鹅的肉。"①农民的膳食结构中减少的奶制品的卡路里逐渐为肉类食物代替。

中世纪晚期，随着谷类食物比例的降低，肉类食品在农民食物中比例相应提高，并逐渐成为农民日常饮食的重要部分。1461 年流亡法国的约翰·福蒂斯丘在其书中形象地写道：在法国，无论男女都吃不上鲜肉，只能将少许猪油或咸肉放在粥汤之中，借以见点荤腥。至于烤肉和烩肉，则完全无缘品尝……较之法国，英格兰乡村居民的地位如在天上。② 从他的描述中可见，中世纪晚期，鲜肉食品已经是英国乡村居民饭桌上的常见之物。从营养学的角度来看，动物性食品对于人体健康具有至关重要的作用，所以，饮食结构中动物类食物的变化和增长，是这一时期农民膳食质量提高的重要内容。同时，在饮食结构中谷类食物向谷类食物与肉类食品相结合的食物构成的转变，是人们生活质量提高的显著体现，无疑也是人类进入文明社会以来普通民众饮食消费的重大进步；而不同阶层对于肉类食品和奶制品的不同态度，反映了饮食文化的社会性。

第三节　饮料和蔬菜数量的增加

饮料和蔬菜是人类饮食结构中必需的辅助食品。中世纪英国的饮食习惯中，酒作为饮料在日常饮食中占有重要地位。这时农民的饮料主要是淡啤酒（ale），还有少量的苹果酒（cider）和啤酒（beer，加入啤酒花和调味品）。虽然酒类只含有少量的氨基酸和维生素，但它属于一种享受性的食品，只有在食物有节余的情况下，人们才有条件酿造和饮用。蔬菜在饮食结构中可以配合主要食物成分，提供人体必需的微量元素、水溶性维生素和纤维素。中世纪晚期，英国农民的食物构成中饮料和蔬菜的食用数量都有增加。

---

① C. Dyer, *Everyday Life in Medieval England*, p. 88.
② [英] 艾伦·麦克法兰：《现代世界的诞生》，管可秾译，上海人民出版社 2013 年版，第 80—81 页。

13—14世纪早期的赡养协议中显示,并不是所有农民家庭都能经常饮用淡啤酒。一般来说,只有少数富裕农民能得到麦芽,例如,1330—1331年,林肯郡朗特福特的比特斯·德·兰得到的谷物为:1.5夸脱小麦和裸麦与1.5夸脱大麦和燕麦,这样的谷物供应量能够保证淡啤酒的饮用。但是,多数供应在12蒲式耳及以下的农民,不可能经常饮用淡啤酒。因为酿造啤酒需要消耗大量的大麦,农民必须保证正常食物的数量,把得到的谷物做成面包和煮成浓汤,以获得足够的卡路里,这意味着他们经常是伴水下饭,而没有足量的麦芽酿酒。例如,萨拉·巴特曼在赡养协议中得到1夸脱小麦和裸麦与4蒲式耳大麦,显然她的食物主要是面包和浓汤,而喝不到淡啤酒。① 对于少地无地的下层农民,淡啤酒与肉食品一样在膳食中同样罕见。

庄园账簿上显示13世纪收割雇工食物中的饮料有淡啤酒、牛奶和水(见表2-1),但是,淡啤酒仅占食物消费量的10%—20%。1256年塞吉福德庄园提供的8夸脱4蒲式耳麦芽,每天提供给雇工的淡啤酒是2.83品脱,啤酒产生的热值仅占4%。这种情况下,田野上汗流浃背地收割雇工喝到的更多的是牛奶和水。南部地区的庄园,1349年之前,苹果酒的供应超过了淡啤酒,是收割雇工饮料的主要成分。1321—1322年间伍斯特郡的贝若姆斯格伍庄园,收获季节雇工获得的面包占所获得食物总比重的一半,淡啤酒只占28%。②

14世纪以后,在农民饮食结构中淡啤酒的数量明显增加。赡养协议中,用于酿酒的麦芽有了增长。前面所提及的格兰费尔德的埃玛·德·若德在1437—1438年的赡养协议中被承诺除其他谷物外,每年供应1夸脱麦芽,平均每天可以喝到2.5品脱淡啤酒;诺丁汉郡的一位妇女,在1380年的协议中规定每三个礼拜可得到1蒲式耳小麦和2份麦芽,显然,她能经常喝到淡啤酒。这一时期,庄园长工的饮料数量也有增加。如,1394年,林肯郡纽波修道院雇用的耕夫,每周能得到7加仑的淡啤酒;14世纪晚期,纳尼屯修道院为庄园雇

---

① C. Dyer, *Standards of Living in the Later Middle Ages: Social Change in the England c.*1200—1500, p. 165.

② C. Dyer, *Everyday Life in Medieval England*, pp. 85 – 89.

工每天提供4品脱淡啤酒。①

庄园账簿关于收割雇工的食物消费中，淡啤酒增长的轨迹更加明晰。塞吉福德庄园，14世纪早期，当面包消耗的比重开始下降时，淡啤酒比重开始上升；1341年，淡啤酒的供应已很充足，每个雇工每天可得到5品脱淡啤酒；1349年以后，这一趋势更加明显，曾经构成收割雇工食物消耗量一半的面包，下降至1/5，淡啤酒从大约1/8上升到消费量的1/4。15世纪早期，提供的麦芽数量足够酿制6品脱优质啤酒或者稀释1加仑的低浓度啤酒。② 与塞吉福德庄园的变化趋势一样，英国其他庄园提供的谷物津贴也是大部分用来酿制啤酒，而不是制作面包。苏塞克斯郡的阿普尔泽姆庄园，1287年淡啤酒占食物提供卡路里的16%，到1341—1450年间超过了30%。14世纪晚期，具有饮用苹果酒传统的南部庄园阿普尔泽姆、卢灵屯、赞布尔屯，啤酒逐渐代替了苹果酒。

乡村啤酒酿造业的发展更为直接地反映出人们日常需求量的增加。14世纪以前，农民家庭在正常年景，一年中只酿造一两次，专供自己消费，遇到歉收年份酿造会停止。之后，上述状况发生了改变，乡村村镇中的专业酿造房已经极为普遍，有些酿造房获得了庄园主的许可证。酿造的淡啤酒一方面用于家庭消费，说明农民能经常喝到淡啤酒；另一方面，节余部分用于市场销售，或用于慈善目的。15世纪初，伯苏修道院一个村镇的啤酒酿造房多达60—70个，常年酿制，有20个农户经营啤酒生意。③ 反映了乡村淡啤酒制造已经成为专门的手工业行业。

中世纪晚期，农民食物中的蔬菜主要来自庭院种植。中世纪的英国，每户农民住宅周围都有一个小院落，农民往往把院落圈围成园圃，栽种果树和蔬菜。种植果树，如苹果树、梨树、樱桃树十分普遍；种些蔬菜，如卷心菜、韭菜、洋葱、大蒜、芥菜、豌豆和蚕豆，

---

① C. Dyer, *Standards of Living in the Later Middle Ages: Social Change in the England c.* 1200—1500, p. 165.
② C. Dyer, *Everyday Life in Medieval England*, p. 86.
③ R. H. Hilton, *The English Peasantry in the Later Middle Ages*, p. 90.

还有一些用于调味的植物，如芫荽和各种芳草。《农夫皮尔斯》就提到他在自家院子里收获的豌豆和蚕豆、韭菜、芫荽和青葱，还有"小洋葱、细叶芹和半熟的樱桃"①。作为主食的补充和调味品，他们很重视庭院里果树和蔬菜种植。1415年诺福克郡莫汉姆的约翰·若贝恩控告两个邻居进入了他封闭的庭院，偷了苹果，糟蹋了蔬菜，价值11先令8便士。赡养协议记载，埃塞克斯郡一位寡妇，把允许"庭院的一半归她使用"写进了协议；1457年，汉普郡沃尔萨姆修道院的一对夫妇放弃了半雅兰的持有地，他们被允许享有用庭院果树的果实生产的1/2的果子酒，共120加仑。② 新鲜蔬菜在农民的饮食中已经成为必需的食品。

显然，由于农民生活条件的改善，饮食消费已经不仅仅是为了填饱肚皮。中世纪晚期农民饮食结构中淡啤酒饮用数量和蔬菜比重的增加，反映出这一时期农民的饮食结构进一步趋于合理。

小　结

以上分析显示，中世纪晚期英国农民饮食结构中已经包含了现代食物构成中的多数种类，而且各种营养成分的比例日趋合理。在谷类食物中，人们主要食用的是面包而不是煮熟的浓汤，并且小麦烤制的面包渐渐取代了大麦和燕麦；肉食品在饮食结构中的比例已达到1/3—1/2，而且多是新鲜的肉食和鱼，而不是腌制的食品；淡啤酒饮用量增长，逐渐成为农民饮食中的日常饮料。14世纪晚期和15世纪的统计显示，一个成年劳动力一天的食物费用是1便士，大约比1300年高出了两倍。③

---

① [英] 亨利·斯坦利·贝内特：《英国庄园生活：1150—1400年农民生活状况研究》，第204页。
② T. H. Aston, P. R. Coss, *Social Relations and Ideas*, p. 208.
③ C. Dyer, *An Age of Transition? Economy and Society in England in the Later Middle Ages*, p. 131.

中世纪晚期英国农民饮食状况得到改善以后，其饮食水平达到了怎样的程度？有资料显示，在正常年景，农民家庭的食物标准接近于乡村中牧师和乡绅家庭。我们以乡村建筑工匠为例，因为农村中的建筑工匠通常是持有少量土地，具有建筑技术的农民，他们的饮食水平能够代表多数农民家庭。位于沃里克郡埃文河上游的斯塔福德（Stratford-upon-Avon）的农村建筑工匠 1431 年的食物构成比例是：面包 23%、啤酒 33%、鱼和肉 39%、蔬菜等辅助食品 5%，各项的费用分别是：10 先令 4 便士、14 先令 7 便士、17 先令 5.5 便士、2 先令 3.5 便士；多塞特郡舍布恩（Sherborne）的建筑工匠 1439—1440 年这几项食物的比例是：18%、29%、49%、9%；而多塞特郡布瑞德鲍特（Bridport）的牧师家庭 1456—1457 年各项食物的分配比例为：26%、27%、41%、6%，萨默塞特郡的卢特瑞尔斯（Luttrells）的骑士家庭 1425—1426 年的分配为：21%、29%、46%、4%。[①] 15 世纪上中期，乡村建筑工匠的食品和饮料消费与牧师和乡绅家庭基本相近。农民饮食质量的提高，反映出个体农民物质和精神力量的普遍增长，揭示了中世纪晚期英国社会经济的发展和进步。

当然我们在肯定中世纪晚期农民饮食质量有了较大提高的同时，也应该看到，就整体饮食质量的稳定性而言，农民群体与贵族阶层相比较，波动较大。季节的更替，年景的丰歉，对农民饮食质量的影响要大于贵族。

为了更加全面客观地理解中世纪晚期农民的饮食状况，笔者有必要交代一下，如何看待黑死病对农民饮食状况的影响。14 世纪中期以后的黑死病是英国历史上的重要事件，它对民众的生活产生了重要影响。黑死病于 1348—1349 年袭击英国，1361 年、1368 年、1369 年和 1375 年数度爆发，导致英国 1/3—1/2 的人口死亡，无疑疫病给英国带来了深重的灾难。但是，由于黑死病使英国的人口大量减少，导致劳动力市场缩小，反而使劳动者的工资水平提高和农产品价格下

[①] C. Dyer, *An Age of Transition? Economy and Society in England in the Later Middle Ages*, p. 133.

跌。这对于那些幸免于难的人来说，灾难之后使他们的生活得到了一定程度的改善，如同对经济变化的其他指标的影响一样，黑死病的爆发加快了饮食结构变化的速度。当然，这种影响我们不能夸大。从根本上来看，饮食结构的改变是一个长期的、逐渐的过程，不是一蹴而就的。农民饮食结构变化的趋势在 14 世纪初已经显现出来。塞吉福德庄园的资料表明，1341 年用于面包的比重已经有了明显下降的趋势，小麦和黑麦已经开始成为大麦的替代品。诺福克郡的另一个庄园考顿（Catton）有着关于 14 世纪早期更加丰富的资料，在黑死病之前很久，甚至早在 13 世纪 90 年代开始之时，面包的消费量便开始减少而肉类的消费量增加。14 世纪早期这个庄园上黑麦已经普遍代替了大麦，到 1339 年小麦和黑麦总计占到烘制面包谷物的一半以上。同样的，14 世纪早期新鲜肉类出现在各地。[①] 因此，黑死病对农民的饮食结构产生了一定程度的影响，但不是农民饮食结构变化趋势的开端。总体来说，中世纪晚期农民饮食结构的变化是随着农业生产力的发展和农民个体物质财富的增加，在原有饮食习惯基础上的延续和发展，15 世纪中期农民饮食状况的改善达到高峰。

---

① C. Dyer, *Everyday Life in Medieval England*, p. 91.

第三章 乡村"重建运动"中英国农民的住宅

住宅是日常生活中的大宗消费,不仅可以满足人们不断发展的生活需求,而且还是家庭财富和社会地位的象征。居者有其屋,居住状况既是衡量人们日常生活水平的重要指标,也是人们物质和精神文明程度的体现,还是经济与社会发展的表征。对于中世纪晚期英国农民阶层的居住状况,英国学者给予了长期的关注,但观点不一。[①] 中世纪晚期英国农民的居住状况发生了怎样的变迁?怎样理解英国乡村的"重建运动"?

第一节 早期农庄式住宅

根据村社旧址的发掘和文献资料记载,中世纪早期英格兰地区流行的是传统的长方形房屋(longhouse)建筑。这种建筑一般长是宽的2倍,长25—30英尺,有些可能更长一些,宽12—15英尺。长方

---

① 关于中世纪英国农民的居住状况,英国学者的观点主要有三种:第一,中世纪英国农民的住房简陋易损,使用寿命短暂;第二,中世纪英国农民的住房发生了较大的变化,多数地区农民的住房相对来说已是结构复杂、经久耐用的建筑;第三,1570—1640年间在英国乡村兴起的"重建运动"中,农民的居住条件得到了改善。以上分别见:J. Grenville, *Medieval Housing*, p. 123; C. Dyer, *Standards of Living in the Later Middle Ages: Social Change in the England c.* 1200—1520, pp. 160 - 169; W. G. Hoskins, The rebuilding of rural England 1570—1640, *Past and Present*, 1953 (4), pp. 44 - 59。

形房屋建筑分布较为广泛,在高地边缘地区,甚至到 16 世纪还保留着这种建筑传统。12、13 世纪,多数农民居住的是这种长方形房屋,占有小块土地的边农和不占有耕地的茅舍农,都是如此。

这种房屋的显著特点是集多种功能于一身。此时农民的经济活动主要是农耕生产,无论农奴还是自由农民大都依靠牲畜进行农业生产,因此,多数农户饲养耕牛,耕牛是人们生产和生活的重要依赖。据统计,在末日审判书时期,英国 32 个郡的 10733 户维兰中,63% 有两头以上,24% 有四头以上,28% 有两头以下。[①] 因此,多数居处都是人和牲畜共同生活在同一屋檐下。房屋内部象征性地划分为三个部分:居住区、活动区和牛栏,有时人们居住的空间中再分出一部分用于储藏谷物;大多长方形房屋在居住区与活动区之间隔以屏风;较好的房屋有时在活动区与牛栏之间建一矮墙,象征性地隔开;人居住的一侧地势较高,牛栏一侧地势偏低,以有利于处理牲畜产生的污物。

图 3-1 中世纪早期长方形房屋的切面图[②]

注:左边是生活区,中间有一个开放式炉膛;右边是牲畜栏。

这一时期,由于人口增长的压力和诸子继承制度的影响,农民份地一再缩小,一雅兰被再次划分为两份或者四份,小块土地持有农增

[①] R. Lennard, *Rural England* 1086—1135, Oxford: Clarendon Press, 1959, pp. 341 - 351.

[②] J. Grenville, *Medieval Housing*, p. 149, fig. 5.9.

加，人们居住的空间变得更加拥挤，在同一块宅基地上有两个乃至更多的独立家庭居住。据考古学家分析，长方形房屋一般居住一个核心家庭。但是，如果是一个大家庭，已经结婚的子女与退出劳动领域的老人一起生活，那么同一住宅上可能会建造另外的一个小房间以供居住。根据赡养协议，不再参加劳动的农户——通常是一对老夫妇或一个寡妇——会得到一间用于居住的房屋；这间房屋或是从原来住宅中分出来的，或是新建的，依情况而定。① 由于人们的生活标准普遍较低，新分离出来的家庭所拥有的居住条件更为简劣。农民一家生活在一个简单的木屋里，只有一个房间，面积为 10 英尺×18 英尺。屋里有一个开放的炉灶，烟从草苫的屋顶留下一个洞排除。这里完全没有任何隐私和舒适可言。村民家里用具很少，通过考古发掘只出土了一些铁质刀具和梳子、骨簪、牛铃和线砣。②

由于住房简陋，空间拥挤，人畜共住造成环境脏乱，以长方形房屋为主体的居住条件，仅仅为农民提供了一个用来遮风避雨的栖身之所，只能满足农民家庭生存的简单需要。

这种居住形式反映出农民生产和生活的单循环性，即生活的全部内容是进行生产，而生产仅是为了基本的生存。有限的经济承受能力，不足以用来建造多个可以满足生产和生活多方面需要的单一功能的建筑。

中世纪晚期，英国农民生产能力提高和生活水平改善，长方形房屋已经不能满足人们多方面的需求，它原来所具备的各种功能逐渐分离出来，由单一功能的建筑体承担。这种建筑群一般由两三个或更多建筑体构成，包括住房、畜棚和农用建筑物等，分别承担居住、饲养和贮存的功能。早期农庄式住宅开始出现。

由长方形房屋向农庄式住宅（farmstead）转变的轨迹，在英国各地村舍旧址的考古发掘中可以清楚地看到。格罗斯特郡的阿普顿（Upton）遗址是低地地区由长方形房屋向农庄变迁的典型例子。遗

---

① C. Dyer, *Everyday Life in Medieval England*, p. 141.
② ［美］克莱顿·罗伯茨、戴维·罗伯茨、道格拉斯·R. 比松：《英国史：史前—1714 年》上册，第 63 页。

址上的建筑物表明,这里由两代人共同居住,整个住宅建筑呈长条形,从中间一分为二,两代家庭分别居住其一。经年代学家断定,两部分建筑的年代分别是13世纪晚期和14世纪。两侧都有卧室、中间带炉子的厅堂和畜棚。不同的是,年轻夫妇一侧有储存谷物和农具的储物间。从遗址中已能够清楚地看出,这是多房间的建筑,每一区都是独立的,单独的进出口,各区之间有墙壁隔断。建筑的形式虽然还是长条形状,但是其内部结构已经发生了变化。

另一处遗址则清晰地反映了在一个多世纪里,农民住宅空间的布局由长方形房屋到农庄式住宅变化的全部过程。从12世纪到13世纪末期,威尔特郡的格姆尔顿(Gomeldon)遗址上的住宅,其空间布局变化了三次。12世纪时,遗址呈现的是典型的长方形的房屋;13世纪早期,原来房屋的对面又出现了一处长方形的建筑物;这个世纪的中期,院子里出现了三处建筑物,最早的长方形房屋成了牛栏,新建的建筑物供人们居住;13世纪末,这处遗址呈现出的景象是在人们住房的前面,牛栏、谷仓和农用建筑物组成了一个"U"形的宅院。①

除低地地区以外,苏塞克斯郡的汉格莱顿(Hangleton)是南部地区由长条形的房屋向农庄式住宅过渡的代表性遗址。在这一遗址上,有两处13世纪的长条形房屋的痕迹。14—15世纪,这一区域已经被一个拥有家庭住房和农用建筑物的农庄式住宅所代替。包括一处住房、一个谷仓、一个面包房和一处牛栏。② 从考古发掘来看,长方形的建筑式样是英国乡村古老的建筑风格,而农民住宅上由多个建筑物代替了单一的长方形房屋,则是农民居住形式变化的重要体现。15世纪末,多数农民的住宅已经不是单独一处的长方形房屋,而是有多个农用建筑物和专门用于人们居住的房屋建筑组成的农庄。

早期农庄式住宅建筑的基本结构大体有三部分:人们生活的空间:包括住房、食物加工室,如厨房、面包房等;牲畜的庇护所:通

---

① J. Grenville, *Medieval Housing*, pp. 144 – 145.

② J. Grenville, *Medieval Housing*, p. 147.

常是牛栏、猪圈或羊棚等；农用建筑间：粮食、其他农产品和生产工具储存室等。根据西米德兰地区有些庄园法庭记录，1348 年格罗斯特郡的考特斯科姆（Cottlescombe）的土地持有者的住宅，多数是带有门厅的三间或更多房间的住房、谷仓、面包房和牛栏的院落；1481 年沃里克郡的斯通里夫（Stoneleigh）的农民住宅也有多处建筑物组成，包括带门厅的住房、厨房、谷仓、牛栏和面包房。① 诺福克郡的休克斯顿（Thuxton）的村舍遗址，发现了一处 14—15 世纪的农民的院落，拥有两座住房，一个方形猪圈、两个羊棚和一个谷仓围成的矩形住宅，中间是一个庭院；整个住宅围以深沟和栅栏，在院子前面有一个通往村庄大街的通道。这显然是一个有两个家庭居住的住宅，其关系是父子，也可能是兄弟，共同持有土地，属于共同经营一个农场的有血缘关系的两个劳动单位。② 农庄式住宅使人们有了专用的住房，畜棚相对独立，其他的附属建筑物兼具多种功能，谷仓闲置时可以存放农用车辆，面包房可以酿酒等。农庄式住宅使人们的居住环境有了较大的改善，牲畜和粮食有了一个干燥的庇护所。

　　农庄式住宅最早出现在 13 世纪晚期，14 世纪中期以后和 15 世纪在英国各地已基本普及。这种居住形式的出现，与农业生产的发展和社会经济的进步有十分密切的关系。随着农业生产规模的扩大，为了安置日益增多的牲畜和家禽，牲畜饲养功能首先从长方形房屋中分离出来。根据传统习惯，各地用作饲养牲畜的建筑物也有区别，像约克郡的沃若姆珀西是用长方形房屋来饲养牲畜，这种建筑物与当时人们的住房差别不大，质量比较好，使用时间长久。③ 在东米德兰，牲畜是饲养在院子中的围栏里，这种建筑物只有部分棚顶，搭建容易，相对比较简易。由于牲畜的饲养并不复杂，只需要一个干燥的庇护所，畜棚的建造越来越简单。

---

① C. Dyer, *Standards of Living in the Later Middle Ages: Social Change in the England c.* 1200—1520, p. 141.
② J. Grenville, *Medieval Housing*, p. 144.
③ C. Dyer, *Standards of Living in the Later Middle Ages: Social Change in the England c.* 1200—1520, p. 101.

牲畜饲养功能分离出去后，人们拥有了专门居住的房屋。13 世纪晚期，在长方形房屋占支配地位的东部和南部地区，有些农户已把住宅中主要的建筑物作为专门居住的房屋。从格罗斯特郡和威尔特郡遗址中可以看出，同一时期用于人们居住的房屋代替了长方形的房屋。随后的两个世纪西米德兰地区继续延续和发展了这一趋势。15 世纪初，约克郡的农民住宅中住房与长方形的房屋也有了区别。这一时期，80% 农民的住房有 3 个房间。3 个房间的住房最普遍，1/4 雅兰的小土地持有农（7 英亩或 3 公顷）和一雅兰的大土地持有农（30 英亩或 12 公顷），甚至更多土地持有农的居住标准也是如此。4—5 个房间的住房有时是富裕农民所建，但也属于普通的住房。[①]

中世纪晚期农民个人物质力量的增长，用于储存农产品和生产工具的农用建筑物在农民住宅中渐渐增多，尤其是存放粮食的谷仓。多数农户的谷仓安置在住房的一端，利用一两个房间来储存粮食；较富裕的农户则专门建有谷仓。14 世纪中期以后，农民住宅中，农用建筑物的质量与住房不差上下。15 世纪赫里福德郡的科德考特，一个农户的两间大谷仓使其住房都相形见绌。[②] 对农用建筑物的重视，说明农民生产意识提高，保护谷物、牲畜和生产设备以增强农业生产效率的意识增强；同时也说明农业生产有了发展，农民的粮食储存量增加。

农民居住空间规模大小反映财富的差别。持有一雅兰或更多土地的富裕农民住宅上的建筑物比一般农户多，常常是一组建筑物绕庭院而建，功能划分细致。除了住房、谷仓和畜棚等一般功能的建筑物以外，有些农民住宅上建有酿酒坊、麦芽窑、鸽房、农用车房、货车房和铁匠炉。1428 年亨廷顿郡的小若维利（Little Raveley）的维修文献中记载，一个大土地持有农的住宅，在一场大火之后，有 4 间住房、4 间谷仓和 3 间面包房需要重建；在 1497 年肯特郡伍德（Wod）的遗嘱文献中，大土地持有农罗伯特留给继承人的建筑物中，有两层住

---

① C. Dyer, *Everyday Life in Medieval England*, p. 139.
② D. Gaimster, P. Stamper, *The Age of Transition: The Archaeology of English Culture 1400—1600*, p. 7.

房、厨房、店铺、面包房、谷仓和畜厩。①

多数小土地持有农和少数茅舍农的住宅通常有2—3处建筑物，包括住房、谷仓和牛栏，共有6间左右的房屋，往往是沿村社街道两旁比邻而居。1427年约克郡斯坦伯瑞（Stanbury）地方的法庭卷档，记录了一个小土地持有农有三处建筑物。诺福克、萨福克和埃塞克斯诸郡的几个村庄的记载，都表明众多小土地持有农的住宅包括三处建筑物。在1434年诺福克郡的舍德汉姆（Shouldham），一个茅舍农的住宅上有两处建筑物。② 多数茅舍农虽然仅有一处建筑物，但也有住房和谷仓的区分。农民住宅空间规模的大小，反映出中世纪晚期乡村农民之间经济力量和社会地位的差别。

历经中世纪晚期上百年的发展，英国各阶层农民的居住形式发生了重要的变革，基本上由复合型的早期农庄式住宅取代了单一的长方形房屋。农民宅院中承担不同功能的建筑体的外部特征越来越突出，形成了错落有致的生活和生产空间。

第二节 单、双层多房间住房

如前所述，12、13世纪，英国乡村农民的长方形房屋是集居住、饲养与贮藏等生活、生产多种功能于一身的综合建筑体。乔叟（Geoffrey Chaucer，1340—1400）笔下那位老寡妇的居住情况具有代表性，她那旧房子"只有一间茅舍，分为卧室和厅堂两部分，她与公牛、母牛、羊住在一起，过着一种烟熏火燎般的生活"③。物质力量的匮乏，使人们生活在简陋、拥挤、污浊的环境中，更没有私人化、个人化的生活空间，其舒适性与私密性处在一种比较原始的状态之中。

---

① C. Dyer, *Everyday Life in Medieval England*, p. 152.
② C. Dyer, *Everyday Life in Medieval England*, p. 151.
③ ［英］亨利·斯坦利·贝内特：《英国庄园生活：1150—1400年农民生活状况研究》，第198页。

中世纪晚期，脱胎于长方形房屋的农民住房，内部结构形式发生了明显的变化，形成了多房间的居室结构。这时在农民住房结构中有一个值得注意的现象，就是"开放式大厅"（the open hall）的出现。肯特郡的考古发掘中，379 处被确定为是有开放式大厅的房屋，其确定的时间段是 1370—1540 年间；考古学家于 1993 年在对苏利郡的小户型的民间建筑遗存的研究中，确定 1400 年之前的建筑有 67 处，1400—1500 年之间的建筑有 417 处是带有开放式大厅的房屋。[①] 约克郡的乡村住房也有类似的结构，那里的房屋有两种户型，即房屋的一端有侧房和两端有侧房的结构，这两种类型都设计有开放式大厅。[②] "开放式大厅"既是连接住房内外的进出口，又是住房内部各房间之间进出的通道，带有辅助的房间。

建有"开放式大厅"的住房类型的大量存在，说明中世纪晚期英国各地内部划分区域的农民住房已经相当普遍。这一时期英国各地农民住房的内部结构既具有相似性，又各具特色。多数农民居住的是单层的多个房间的住房，一般有 3—5 个房间，而且由一层向两层住房发展的趋势比较明显，有些地区的富裕农民居住的是两层的住房，至少是 5 个房间。在西米德兰地区农民大多居住的是单层的房屋，有 3—5 个房间；两层的住房也在增多，但数量不及东南部地区。"在西部，从德文郡到沃里克郡，农民两层的房屋在原来单层的房屋之中逐渐凸显出来。"[③] 英国东部和东南部地区有关农民住房的文献资料与考古发掘较为丰富。这一带地区普通农民居住的主要也是单层的住房，大多是 3—4 个房间。

富裕农民居住的则是双层结构的住房，当时流行一种著名的建筑，称作"韦尔德式房屋"（Wealden-type houses），又被称为"乡绅房屋"（gentry houses）和"约曼房屋"（yeoman houses）（见图 3-2）。

---

① J. Grenville, *Medieval Housing*, p. 154.
② E. Miller, *The Agrarian History of England and Wales* Vol. 3: 1348—1500, Cambridge: Cambridge University Press, 1991, p. 860.
③ C. Dyer, *Standards of Living in the Later Middle Ages: Social Change in the England c.* 1200—1520, p. 167.

这种建筑中间有一个直通房顶的开放式大厅、两端分别有通向上层房间的梯子；覆以直角的房顶。它的突出特点是第二层向前突出，使房屋的下层形成了一个走廊，同时又使房屋的上层扩大了可利用的空间。至今在英国东南部地区保留有多处中世纪晚期韦尔德式房屋的建筑遗存，肯特郡上哈敦斯（Upper Hardres）的一处中世纪晚期韦尔德式房屋的建筑遗存比较著名。

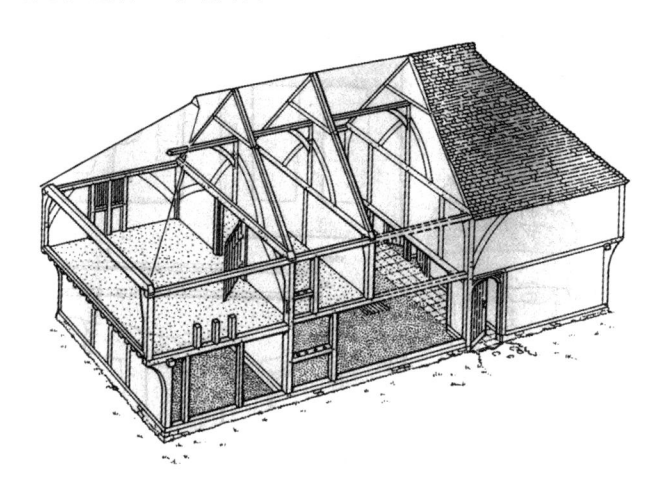

图 3-2 肯特郡上哈敦斯建于 1500—1530 年间的一处韦尔德式房屋结构图[①]

多房间的建筑结构扩大了人们的居住面积，农民的住房面积看起来是相对宽敞的，据估计，人均居住面积超过 200 平方英尺的情况并不少见；人均居住面积在 70—90 平方英尺（相当于 8—11 平方米）的情况似乎更为普遍。这样的人均居住面积超过了中世纪的南欧，也超过了现代的一些第三世界国家。[②]

居室内部空间结构的变化为人们日常生活中各种功能区域的划分提供了前提。沃里克郡的汉普顿路希（Hampton Lucy）的法庭案卷上记载，农民住房中最普通的安排是用墙壁或者屏风隔开的三开间的房

---

① C. Dyer, *An Age of Transition? Economy and Society in England in the Later Middle Ages*, p. 138, fig. 4.2.
② 侯建新：《社会转型时期的西欧与中国》，第 228 页。

屋，被划分为一个门厅和两个卧室，厨房有时是独立的建筑物，有时也占有住房末端的一个房间。① 在东英格兰的一个村庄温宁顿（Wennington）的考古发掘中，有一处单层多房间的建筑，其内部各功能区的设计已比较完备，房屋前面是一个完整的走廊，中间有一个过道将房间分成两边，每侧两个房间，一侧是起居室、卧室，另一侧有厅堂和配房；配房一侧通向面包烤房。②

富裕农民居住的两层住房，内部结构更加封闭和完善。以韦尔德式住房为例，其中间的开放式大厅是家庭内部公共活动的空间，卧室已移到上层，配房、储藏间与食品间安排在一层。此时，在整个房屋结构中，"厅堂"的重要地位逐渐显现出来，成为家庭内部公共活动的空间，被认为是农民住房中的"主房间"（the principal room），这一现象说明农民住房内部公共活动区域与私人活动区域有了相对明确的区分。

中世纪晚期，农民居住房屋的内部空间中已经形成了相对独立的功能区，内部设计日趋复杂，房间增多，在英国各地形成了单层或双层的多房间建筑类型；房间内部的功能划分更加细致，出现了相对独立的功能区，如：门厅（hall）、卧室（inner room）、走廊（aisle）、配房（serve room）和厨房（kitchen），等等。房内各个房间按照不同的位置承担了各种生活功能，使人们的日常生活在条理和方便的前提下，更增加了私密性和舒适性。

取暖和做饭是人类生活的必需，对火的利用和有效控制也是人类文明进步和发展的重要内容。中世纪晚期英国农民在日常生活中对烟雾排放控制的不断探索，反映了这一时段人们对文明进步的不懈追求。随着英国乡村建筑的发展和住房结构的改善，农民住房中对烟雾控制设施的改进大致经过了四个阶段：开放的炉膛，独立的壁炉，排烟罩，封闭的烟囱。③ 当人们居住的是长方形房屋时，取暖和做饭的炉具传统上是摆放在厅堂中央，没有任何的排烟措施，任其自然散

---

① C. Dyer, *Everyday Life in Medieval England*, p. 141.
② E. Miller, *The Agrarian History of England and Wales* Vol. 3: 1348—1500, p. 851.
③ J. Grenville, *Medieval Housing*, p. 146.

发，人们是生活在烟雾缭绕的房屋内。随着农民房屋结构变得日益复杂，住房的封闭性增强，人们开始设法控制取暖和做饭在室内所排放的烟雾。亨廷顿郡的瑞普屯（Ripton）的一处住房遗址中，已经有了放置炉具的专用小房间；东南部各郡也有类似的建筑遗存。到15世纪末，在开放式大厅中，用于取暖的炉膛上方的房顶上，已经建造有排烟孔或排烟天窗；排烟效果更佳的壁炉、烟囱和排烟罩等设施正渐渐地在条件更好的农民住房中出现。①

有学者对中世纪晚期农民住房中的排烟设施进行系统的研究后得出结论，黑死病之后的一个时期内，农民住房中封闭壁炉的引用，是房屋设计形式的具有重要意义的变革。② 到近代早期，农民住房中烟雾排放问题基本上得到解决。室内排烟设施的不断改进，净化了居室环境，使人们摆脱了乌烟瘴气，改善了家居条件，使农民生活得更加舒适。

显然，14、15世纪英国乡村建筑的重建，在变革了农民住宅空间布局的同时，对住房的内部结构也进行了改造，把功能低下的人畜共住的长方形房屋发展成为单层或双层的多房间、多功能的住房，更好地满足日常生活的需要，提升了人们的生活质量。由人畜共住到多房间、多功能居室结构的变化，使居住环境更加整洁、方便，增强了农民住房的生活功能；私人化活动空间的出现，使人们生活得更加舒适和隐秘。著名中世纪经济史学家波斯坦说过："纯粹物质的标准来考量个体家庭的富裕是不准确的。"③ 当农民有了一定的物质力量的积累，其对精神生活标准的追求也会相应提高。中世纪晚期英国农民住房结构的完善，使农民的物质生活与精神生活质量得到了双重提升。

---

① C. Dyer, *Standards of Living in the Later Middle Ages: Social Change in the England c.* 1200—1520, p. 167.
② J. Grenville, *Medieval Housing*, p. 154.
③ M. M. Postan, *The Medieval Economy and Society*, London: Weidenfeld & Nicolson, 1972, p. 135.

第三节 石木结构的建筑

中世纪早期，农民房屋的建造极为简单，通常利用直柱，每对直柱都与横梁连在一起，屋顶从横梁一直拖到地面。这种简单的建筑遗存，在林肯郡霍恩卡斯尔（Horncastle）附近的斯克里夫科斯比（Scrivelsby）可以见到，那儿的一间茅屋俗称"茶壶厅"（Teapot Hall）。[①] 另外一种将立柱做成弯曲的柱子，柱子两两相对放置，架以顶梁，顶梁横跨整个屋长，将每对柱子与横梁牢牢地固定在一起。这是一种比"茶壶厅"式的房屋有所改进的建筑结构，但刚开始出现时技术还比较粗糙。13 世纪，农民居住的结构是由屋顶的主梁——一对弯曲的大橡木组成，人们称为"曲木"，相互支撑。屋脊的长度决定了曲木的长度。整个屋架搭好后，就开始修筑墙壁，主要是由枝条和粘土构成。茅草盖成的屋顶能遮风挡雨，屋内的硬土上有个铁盘，主要是当作壁炉。由于没有烟囱，只有一两个狭小的窗户，房子里充满了烟熏味，并且昏暗、潮湿、寒冷。[②] 它是当时比较流行的原始曲木结构的建筑式样，以沿沃什湾（Wash）到布利斯托尔运河（Bristol Channel）为界的西部和北部地区更为常见。

这一时期原始曲木结构的房屋与"茶壶厅"式的茅棚交错并存。这两种建筑结构的屋内空间都十分有限，"茶壶厅"式的建筑尤其如此。而且建造比较简单，无须太高的技术：直接将主要的立柱固定在泥土中，底木或直接放在地上，或埋在浅沟里；屋架搭成以后，接下来的筑墙和盖顶相对容易。几乎每个地区都是篱笆墙，草泥、泥土和泥浆是屋墙的主要原料。使用石头筑墙的记载非常少，即使在盛产石头的地区也是如此。筑墙时先将大量的木棍在立柱之间笔直地插在地

[①] ［英］亨利·斯坦利·贝内特：《英国庄园生活：1150—1400 年农民生活状况研究》，第 198—199 页。

[②] ［美］克莱顿·罗伯茨、戴维·罗伯茨、道格拉斯·R. 比松：《英国史：史前—1714 年》上册，第 153 页。

上，然后穿梭编织枝条，形成粗糙的网状格栅，最后敷填泥土即成。绝大多数茅舍的屋顶都用茅草盖成，其材料几乎一直是麦秸一类：黑麦的秸秆以长而韧的特性成为首选材料，其次是小麦的秸秆。无论是"茶壶厅"式的茅棚还是原始曲木结构的房屋，其建筑材料主要是木料、秸秆和泥土，使用的木料较少，尤其是优质木料更少，因此这种房屋造价低廉，但易损、易燃、使用寿命短暂。因此，每一代农民都要根据继承协议对宅基上建筑物进行重建。

中世纪晚期英国农业生产的扩大提高了农民的经济力量，市场贸易的增长又为物资交流提供了便利，新材料和新技术不断注入传统的建筑形式之中，英国乡村建筑也因此开始了由木草结构阶段向石木结构阶段的过渡。

这一时期乡村建筑中使用的主要建筑材料发生了变化，在农民住房中更多地利用了优质木料和坚固的石材。木料是英国传统的建筑材料，这一时期的庄园账簿记录，农民房屋的横梁、立柱、窗台、门槛通常使用的是橡木、榆木、桤木和梣木等优质木料。[①] 农民建造房屋的材料主要有三个来源：一是利用旧房屋上拆除的木料，这样可以节省部分建筑费用；二是根据庄园惯例或建筑协议取自于天然林地；三是从市场上购得木料。

领主要求佃户维修房屋时，使用的木料取自庄园林地的树木。如果附近地区没有可利用的树木，可以到较远的地方采集。如伍斯特教会庄园的佃户要到9英里远的麦尔沃恩伍德（Malvern Wood）采伐木材。农民建造自己的房屋所需要的木料，来自持有地中生长的树木，农民是否有权决定使用树木的种类和数量，各地庄园惯例有所不同，有的庄园佃农要在领主的监督之下取用；有的则不然，佃农有砍伐树木的自主权。在产林区，像沃里克郡阿登（Arden）林区的农民，他们的持有地中包括一块林地，建筑木料相对充足；在树木较少的平原地区，如果佃农持有地上的树木不足以建造房屋，他们可以利用"林木采伐权"，在天然林地、荒地和公共用地上采伐建筑木材。亨

---

① C. Dyer, *Everyday Life in Medieval England*, p.142.

廷顿郡的瑞普屯修道院的记录中显示，相当多的树木可以利用，400多棵60年树龄的橡树提供给农场主和公簿持有农建造房屋，还有更多的小橡树、榆树和桤树被砍伐用于建筑。① 农民利用"林木采伐权"砍伐树木，当然要在领主或其属下的监督下进行，佃农无权决定采伐的数量。如果未经许可而采伐木料，被护林官发现后，在领主法庭上要处以罚款；有时对于违法砍伐者护林官有意不去阻止，而是通过处罚得到收入。当然，这种违法砍伐的数量一般较少，常常只有一棵树。

20世纪70年代初，有学者提出，中世纪晚期由于木料缺乏，限制了农民的高质量建筑；② 但是，到了20世纪80年代中期，有的学者经过考证则提出了相反的观点，认为中世纪晚期，农民已经更多地卷入到市场经济之中，环境决定论的观点对此已经没有说服力。③ 文献记载也有相关的证据，15世纪埃文河上游的斯塔福德圣十字公会购买了木料和其他的建筑材料，在公会账簿中提供了市场上木材价格的信息，小橡树每棵3便士。沃里克郡阿登的顿沃斯（Tanworth-in-Arden）的调查，在1500年，适合于作为主要建筑材料的大橡树每棵的价值是8便士。据估计，如果是3隔间的曲木结构的农民住房大概需要20棵大小不同的树木，买木料需要的费用大约是10先令以上。④ 另外，砍伐、加工和运输的劳动也要增加一些费用，即使是自由获得的树木，也要产生部分支出。当木料需要运送时，运费是昂贵的，有时要超过木料本身的价值。在老西瑞汀的迈色勒庄园（Methley in the Old West Riding），1471年庄园的马车为诺森伯兰郡一些村社的农户运送了128对建造房屋的曲木，它们的费用登录在账簿上，可以推断其中包括运输费用。⑤ 另外的建筑辅助材料如稻草、泥土和为编篱笆使用的柳枝或榛树枝，或在农民持有地上得到，或在公地上

---

① E. Miller, *The Agrarian History of England and Wales* Vol. 3：1348—1500, p. 845.
② M. Beresford, J. Hurst, *Deserted Medieval Villages*, London：Lutterworth Press, 1971, p. 93.
③ J. Grenville, *Medieval Housing*, p. 126.
④ C. Dyer, *Everyday Life in Medieval England*, p. 144.
⑤ E. Miller, *The Agrarian History of England and Wales* Vol. 3：1348—1500, p. 845.

得到。然而房子的铁制用品，铁钉、折页、锁和钥匙，全是在市场上购买。

从英国南部的德文郡和多塞特郡一直延伸到北部的达勒姆郡有一条沉积岩石带，都是较好的建筑石材，但是13世纪之前农民利用石料来建造房屋的文献记载和考古证明较少。《末日审判书》的统计中仅仅提到七个采石场；① 而且即使是贵族，除了军事城堡外，他们在建筑中也很少使用石料。14世纪以后，房屋建筑的质量在英国逐渐成为衡量声望的标准，一种财富和成功的外在符号，为了提高建筑物的质量，石材越来越多地被用于建筑之中。中世纪晚期石材成为农民建筑中利用的新型材料。由于石材运费昂贵，大约20公里的距离，运费将超过原材料的费用。② 这样，农民往往就地取材，在庄园内部或附近的采石场开采石料，有时能够开采到大块的方形石料，有时则是一些碎石。据村社遗址的发掘显示，英国西部和北部的一些高质量的建筑拥有石块地基，甚至是完整的石墙，同时使用了坚实的木料，屋顶覆以石板或瓦片。苏塞克斯郡的汉格莱顿（Hangleton）地方的中世纪晚期的建筑遗址证明，其房屋有用石英石建造的墙壁、精细的水平地面和郝塞姆（Horsham）石板瓦的房顶。③ 石材的利用极大地增强了房屋建筑的牢固性，延长了使用寿命，而且外形更加美观。

建筑材料的多样性为农民房屋建筑技术的发展提供了前提。这一时期英国乡村建筑技术的提高突出地表现在房屋建筑中的两个关键部位，即地基与支撑房顶的木质框架。13世纪农民在建筑中就已经开始用石头地基代替古老的柱基，14、15世纪新式地基技术更加得到广泛地运用。从考古发掘的情况看，采取新式地基形式的地区分布很广，从达特茅（Dartmoor）的花岗岩和考茨伍德（Cotswold）的石灰岩建造的石墙（现存的达4英尺，即1.2米），到苏塞克斯的汉格莱顿用泥灰黏合剂的石英石墙，还有威尔特郡和约克郡白垩石块；在石

---

① D. Parsons, *English Medieval Industries*, London: The Hambledon Press, 1991, p. 8.
② L. Salzman, *Building in England down to 1540*, Oxford: Clarendon Press, 1967, p. 119.
③ E. Miller, *The Agrarian History of England and Wales* Vol. 3: 1348—1500, p. 855.

头缺少的地区，房屋的承重墙——山墙也采用了石头地基，如北汉普顿郡的方克斯屯（Faxton），还有林肯郡的高尔瑟（Goltho）用承梁垫石（padstone）将木柱固定在地上几英尺；即使没有石头的地区，像诺福克郡是利用泥块建造墙壁。由原来把支撑房屋的木柱直接埋在地上，发展到把它提高、固定在石基或石墙上，这种地基形式能更好地保护上面的木柱免受潮湿的腐蚀，同时为顶部的建筑提供了一个稳定的基础，显然加强了房屋的牢固性和耐久性，增加了室内的空间。

房屋上部的木质构架，在英国主要流行两种不同的建筑风格，即曲木结构（cruck-frame）和立柱—桁架结构（post-and-truss construction）。前者多见于西部和北部地区；后者多见于东部和南部地区；中部地区是两种方法交汇使用的区域。中世纪晚期，这两种木制构架技术都得到了完善和发展，从力学的角度分析，其承重分散，受力均匀；从结构的角度上观察，榫卯结构，牢固结实，经久耐用。考茨伍德地区的一些文献资料记载，当地一些农民的建筑中，低矮的柱基已经少见，多数是石头地基，甚至是用石块建至屋檐的高墙；上层的木制构架基本是曲木结构，这是经常被农民使用的坚固的建筑技术；主体框架和其他部位的木料，如门槛、横梁和立柱，常常使用橡木、榆木和榉木。英国北部也有类似的建筑证据，15世纪中期居住在贝德尔（Bedale）的佃农的住房和谷仓是建造在石基墙或承梁垫石上的结实的木质结构的建筑。①

农民住房建筑遗存表明，这些房屋是由当时具有一定技术水平的专业工匠建造；保存下来的文献资料，也同样证明农民在建造各式建筑物时雇用了专业工匠。在西米德兰地区的一些庄园账簿和法庭卷档中，记录了农民雇主与工匠之间频繁的联系。那些服务质量差、损害了雇主利益的木匠受到起诉，沃里克郡的坦普巴塞尔（Temple Balsall）的木匠约翰·邦德于1415年被农民雇主起诉，原因是他违背了两人协议上规定的工作时间，"他有时到得很早，有时又很晚"。斯塔福德郡派廷汉姆（Pattingham）的一位佃农于1444年付给为他建造

---

① C. Dyer, *Everyday Life in Medieval England*, pp. 142–152.

房屋的木匠 9 先令 10 便士的工钱。这两个事例说明当时农民在建筑工程上雇用木匠已经比较常见。另外，在乡村中木匠的人数较多，1380—1381 年在斯塔福德郡南部的 60 个村庄和城镇的税收表中，登记有 32 个木匠；巴斯韦斯的布若科屯（Brocton in Baswich）是一个只有大约 23 户人家的小村庄，其中就有 3 位木匠。①

除大量的木匠之外，14 世纪晚期和 15 世纪在建筑协议与庄园账簿中还记载了一些被农民雇用的其他方面的建筑工匠，比如泥瓦匠、屋顶匠和涂抹匠。15 世纪，德比郡的布若兴顿（Brassington）的一位习惯佃农建造了一处 4 隔间的住房和一处 3 隔间谷仓，向木匠、泥水匠、涂抹匠、屋顶匠和一位没有技术的帮工支付了 8 英镑 9 先令 2.5 便士的工钱。② 虽然建造房屋的农民可能也利用农闲时间做一些准备工作，但是房屋建筑上技术性的劳动无疑是由专业建筑工匠来完成的。阿萨·勃里格斯（Asa Briggs）在《英国社会史》中肯定地说："从黑死病流行到阿金库尔战役这段时间，建筑业雇工的实际工资翻了一番，并且在整个 15 世纪始终都相当高。"③ 反映了当时建筑业包括乡村建筑对专业工匠的需求。

中世纪晚期英国农民以新建筑标准投入房屋建设，所需费用是多少呢？在西米德兰，斯塔福德郡特灵屯（Tillington）的庄园账簿中记录了约翰·博姆费尔德的持有地上一个房屋建筑费用的完整实例，1437—1438 年间修建一处 3 隔间的住房和一处 3 隔间的谷仓，旧木料拆除与运输的费用是 2 英镑 5 先令 4 便士，与其他的木料、板条和墙体的填实涂抹、房顶的搭建一起，加起来一共是 3 英镑 18 先令 2 便士，平均一处建筑大约 2 英镑。这是不包括门与其他设施的最少估计。如果再加上新木料的砍伐和加工的费用，每一处建筑的费用至少不会低于 3 英镑。陪审团的房屋损坏评估与领主和佃农之间签订的建筑协议中也有类似的记载。1400 年，格罗斯特郡儒尔（Roel）的亨

---

① C. Dyer, *Everyday Life in Medieval England*, p. 145.
② E. Miller, *The Agrarian History of England and Wales* Vol. 3: 1348—1500, p. 855.
③ ［英］阿萨·勃里格斯：《英国社会史》，陈叔平、刘城等译，中国人民大学出版社 1991 年版，第 100 页。

瑞查德勒（Henry Channdeler）的一处建筑物在损坏评估中，陪审团认为价值4英镑；还有1442年，在斯坦顿（Stanton）对一个茅屋农的房屋维修评估是2英镑。1351年海诺姆（Highnam）的一个新佃户同意一年内履行3英镑的建筑劳动。以上几例可以说明，在西米德兰地区新建一处3居室的住房或谷仓的费用至少是2英镑，如果需要购买新木料，则大约是4英镑。同期英国中部、东部和南部各郡普通农民住房的建筑费用与此大致相当，例如：15世纪中期，亨廷顿郡的汉明福德（Hanmingford）修道院的佃农建造一处谷仓，购买木料的费用是16先令，加工木料和覆盖房顶的费用是39先令4便士；建造一处住房的费用是4英镑6先令6便士。德文郡克里斯特（Clyst），15世纪早期建造的2隔间的佃农的住房，其建筑费用是3英镑4先令。整套住宅上所有建筑物的建筑费用也可以印证这个数目，1400年伍斯特郡的埃文斯汉姆（Evesham）的一个修道院记载重建一个完整的住宅（包括3—4处建筑物）支出13英镑6先令8便士。[①] 北部地区普通农民对住房的投入，虽然没有找到具体的参考数据，根据房屋的建筑质量和规模判断大概偏低一些。

此时，农村中的富裕农民的建筑费用明显地高于这个标准，1381年，埃塞克斯郡的东汉宁费尔德（East Hanningfield）一户富裕农民为建造住房仅购买木料的花费已达5英镑6先令8便士。[②] 大量的文献资料证明，中世纪晚期农民建造一处3隔间住房，其投入的费用是2—4英镑，这种建筑应是一般普通农民能够达到的居住标准，其建筑费用要远远高于茅草屋。

对于当时的普通农民来说，2—4英镑的建筑费用应是一笔相当可观的资金投入，不是一个小数目：14世纪中叶，10先令是12蒲式耳小麦的价格，10便士便可以买1蒲式耳小麦。[③] 1400年，3英镑相当于一个木匠一年的收入，或六头牛或30只羊的市场价格。[④] 这样

---

① C. Dyer, *Everyday Life in Medieval England*, pp. 146–150.
② C. Dyer, *Everyday Life in Medieval England*, p. 150.
③ ［英］亚当·斯密：《国富论》，第171页。
④ C. Dyer, *Everyday Life in Medieval England*, p. 148.

的建筑标准表明,中世纪住房是农民日常生活中最大宗的消费之一,同时反映出当时英国农民的生活水准。

建筑技术的进步与农民住房投入的增加,明显提高了农民住房的建筑质量。在西米德兰的一些地区保存下来一批中世纪晚期的建筑,这些住房建筑在石基之上,具有2—4个隔间,有着高水平木工技术的曲木结构。保存这些建筑物的地区,被一些考古学家称为"曲木村庄",如沃里克郡的斯通里夫。在某一个村庄中能够集中有大量的曲木结构的建筑物保存下来,一方面说明这些建筑物的质量上乘;另一方面说明它们不仅仅属于当时的少数精英,而是为多数普通农民所拥有。

对于当时在经济和社会地位上处于上升阶段的约曼农场主的房屋建筑,文献资料也有记载,他们为了显示其社会地位,房屋的建筑质量更为突出。诺丁汉郡克雷福屯（Clifton）一处属于约曼农的建筑遗存,房屋长约6米,利用了曲木与立柱—桁架相结合的复杂结构,把整个建筑隔成三部分:中间是一个开放式大厅,两端是带有走廊的侧房;房顶利用了顶部立柱（crown post）,室内空间宽敞明亮。这处建筑经年代学家鉴定,门厅的木料是1319/1320年,侧房的木料是1466年。[①]

从14世纪中期开始,两层的农民住房在英国东部地区建造起来,15世纪在英国的东部和东南部,双层建筑随处可见;在西部,从达尔文到沃里克郡,双层建筑正在取代旧式的农民住房,例如,1483年格罗斯特郡舍汉姆屯（Shirehampton）的一份赡养协议中,清楚地提到了带有上、下层房间的乡村建筑。1488年沃里克郡的勒克斯利（Loxley）的一处房屋备有通向阁楼活动门的梯子。我们还注意到,这一时期农用建筑物的建筑质量。在西米德兰,即使农民的谷仓通常也是曲木结构的建筑,1480年沃里克郡的萨姆伯恩（Sambourn）曾记载用陶瓷瓦覆盖房顶的谷仓。1405年格罗斯特郡斯坦顿的赡养协议中,记录了一个一雅兰持有农把一对退休的老夫妇安排在改造过的

---

① J. Grenville, *Medieval Housing*, p.130.

车棚里居住。这证明用于居住的农用建筑物不是劣等的建筑,其质量是可靠的。①

当然,在该时期农民住房的建造上,也还存在传统的建筑材料和落后的建筑方法,茅草的屋顶,枝条编的泥墙等,各地区之间还存在着差异,甚至某些地区还可以寻到长方形的茅棚式的建筑。这正是历史和文化发展过程中新旧因素相互交错,新的因素逐渐取代落后因素的现象在具体历史阶段的反映。承载农民住房建筑质量提高的主要建筑材料的优化和关键技术的改进已成为不争的事实,它深深地刻画出了农民在进步和致富道路上的运行轨迹。

英国民间建筑的发展,就其建筑结构而论,可划分为木草结构、石木结构和砖石结构三个阶段。显然,中世纪晚期英国农民的房屋建筑已由木草结构发展为石木结构,这是一个承上启下的重要发展阶段。在石木结构的建筑体上,既残存着早期传统建筑的印迹,又蕴含了近代早期建筑的一些必要成分。

小　结

中世纪晚期,伴随着英国社会进步与经济发展的脚步,农民的物质财富逐渐增加,多数农民对其住宅上的建筑进行了改造和重建。脆弱易损、使用寿命短暂不再是此时英国农民住房的普遍现象。多数农民变革了居住形式,改善了住房结构,提高了房屋质量,使居住状况得到了全面改观。在居住状况变迁过程中,农民既加强了对个人生活环境的重视,又提高了对居所舒适化、合理化的追求,体现了对人自身关注程度的日益加强。房屋和居家环境对他们来说,不再仅仅意味着一个单纯的居住场所,更多地展现了农民的个人品位和经济实力,展现了农民消费观念和消费水平的进步。法国人称赞当时英国人的建筑说,英格兰人建造房屋时带有一种味道,仿佛不可能对大地有比这

---

① C. Dyer, *Everyday Life in Medieval England*, pp. 140, 143.

更好的用法了,又好像不可能有比这更舒适的房屋了。[①] 所以,这一时期农民居住状况的变迁应同 1570—1640 年间的"伟大的乡村重建"一起,同样视为英国乡村建筑变迁的高潮,是相同内容的、不同时期出现的、又相互联系的两次变化过程。

[①] [英]艾伦·麦克法兰:《现代世界的诞生》,第 90 页。

第四章　中世纪晚期英国农民穿着的变化

　　服饰是中世纪晚期英国农民又一重要消费项目。服装是作用于人的"第二肌肤"，是表达人类物质和精神生活的特殊语言。它既是文明的表象，又是文化的载体，是人类物质文明和精神文明紧密结合的一面"镜子"。任何社会人们的服饰与文化的变化和发展都是同步的。因此，从服饰的演变中可以透视出一个国家经济与文化的发展轨迹；可以鲜明地反映出人们的价值观念和生活方式。所以，考察普通民众的衣着服饰对于加深认识中世纪晚期英国社会的变迁同样具有重要意义。

第一节　服装面料的改善

　　羊毛织物、亚麻布料和皮革是欧洲传统的服装面料，也是中世纪寻常百姓服装加工的主要材料，中世纪晚期的英国农民依然如此，但是加工技术和面料质地发生了变化。

　　12、13世纪时，由于受经济条件的限制和社会环境因素的影响，英国乡村的消费市场和农民的生活条件落后。农民衣饰布料的来源几乎全部是家庭手工纺织，属于自织自用。贝内特在《英国庄园生活：1150—1400年农民生活状况研究》中是这样描述的：他们的纺车、纱杆和针从来没有闲着的时候，女人把羊毛纺织成粗布，把大麻和荨麻纺织成亚麻布，男人将自家的畜皮鞣制成皮革。亚麻布可以做成桌布、床单、衬衫、外套和毛巾，家里纺织的羊毛和亚麻布料能满足一应所需。① 农夫们穿戴的主要是自制的质地粗糙低劣、表面很不平整的亚麻布和羊毛织物，且衣服的颜色多是单调呆板的自然色（纺织材料的本色：原白色）和灰、褐色，而绅士、商人和手工艺人们穿戴的亚麻和羊毛布料的质地和颜色明显好于农民，至于贵族的日常穿戴是质量更优、质地更软的亚麻和羊毛布料。这一时期，由于农民普遍地受到消费能力和生活条件的限制，服装消费处在较低的水平上，面料的单一化雷同化的特征很明显。由于纺织生产加工技术落后，这时普通百姓的衣着所用布料的质量与社会上层相比差别很大。衣饰作为社会分层消费的符号象征非常突出，贵族、神职人员、绅士和普通民众的社会身份特征通过服装面料表现得十分明显。

中世纪晚期，英国农村经济的发展和产业结构的优化，为农民服装面料改善提供了前提。英国的畜牧业，尤其是养羊业发展起来，羊毛产量的增长带动了乡村纺织工业的发展。毛纺织业中心从传统的中心城市向广大的农村转移和扩散，在喀斯特峡谷出现 50 多所新房屋，它们大多是在 1409—1454 年间由居住在此的呢绒商们建造的。米德兰的许多小定居点也发展起重要的鞣皮工业，在格罗斯特郡大约有 40 个这样的工业村庄或定居点。呢绒纺织业已经占据了全英国 1/4 农民的空余时间，在一些林区和农牧混合地区的比例更高。如，约克郡西莱丁区 1/3 的农牧民从事呢绒纺织加工。从 15 世纪开始，一种既不同于城市的行会手工业生产，又不同于现代工业制度的农村家庭工业迅速发展起来。这种类型的农村家庭工业由城镇资本控制，为本地区以外的市场生产，虽没有生产技术和生产规模的巨大变化，却为未来的资本主义工业化奠定了基础。②

这一时期，乡村毛纺工业规模的扩大推动了纺织生产技术的改进，初步的机械化生产和标准化程度有了提高。纺织生产技术从纺纱、织布、漂洗、晾晒到修整，各道工序不断革新。在中世纪的大部

---

① ［英］亨利·斯坦利·贝内特：《英国庄园生活：1150—1400 年农民生活状况研究》，第 201 页。
② 陈曦文、王乃耀主编：《英国社会转型时期经济发展研究（16 世纪至 18 世纪中叶）》，第 27、30 页。

分时间里,纺纱通常由妇女来完成。在纺纱时,女织工通常站着,纱线下面悬以纺锤。纺锤不但可拉直纱线,而且通过旋转,使羊毛纤维搓捻在一起,形成结实的纱线。① 14世纪早期,新式的纺纱工具纺轮出现,并开始逐步替代纺锤,纺纱女工可以坐着用脚踏驱动纺轮。②近代早期的脚踏纺纱机(手纺车)就是在这种纺轮的基础上发展而成的。中世纪晚期织布技术也逐渐机械化。早期的织机仅仅是一些巨大的方形木架。这些方形木架垂直安放,排列成经的织布纱线从上而下悬挂于木架织机上。织工站于织机前,将纬线前后穿过经线织成布匹。14世纪时,更复杂的织机出现了。这些织机虽然仍是木质框架,但用"水平悬挂布料的巨大装置"代替了简易垂直木架织机。织工是坐于这些织机上,用手和脚的协调分工控制纱线,织成布匹,节省了人力,提高了织布质量。不同类型的布匹幅宽不同,幅长相同,都是22码。③ 所有羊毛布料织成后,就要交给漂洗工进行漂洗。漂洗过程经过化学、机械两道程序,来改变羊毛布料的质地。首先是去除灰尘和油脂物。将布料浸泡于含有人尿或一种漂白土的溶液之中。浸泡过后,羊毛布料被冲洗。起初,漂洗工是用手工漂洗,费时费力。后来,水磨牵动的巨大木槌得以推广,这样既省时省力,又提高了漂洗质量,还使工人摆脱了繁重的体力劳动。"乡村工业的发展首先与水力漂洗磨的引入有直接联系,随着水力漂洗磨的广泛采用,这一时期农村工业的发展更具特色。"④ 经过这一过程使布料纤维更紧密且结实耐用,也使得布料变得更柔软。漂洗过后,为防止布料因晒干而过度收缩,将潮湿的布料用铁钩固定、平展于被称作"拉幅钩"或"拉幅架"的木质框架上,以控制布料的缩水程度。这道工序对布料的最终质量起着关键作用。为了防止呢绒制造商通过拉大布幅赚取最

---

① S. Thursfield, *The Medieval Tailor's Assistant*: *Making Common Garments* 1200—1500, Bedford: Ruth Bean Publishers, 2001, p. 63.
② [法] 罗贝尔·福西耶:《中世纪劳动史》,陈青瑶译,上海人民出版社2007年版,第209页。
③ [英] 露丝·古德曼:《百年都铎王朝:1485—1603年英国黄金时代生活实录》,杨泓、缪明珠、王淞华译,广东人民出版社2018年版,第38页。
④ G. D. Ramsay, *The Wiltshire Woolen Industry*, London, 1965, p. 12.

大利润，许多生产布料的乡村和城市都制定规则，每匹料子按照长约 20 米、宽约 5 米的要求，必须在公共场地晾晒，并接受检查。① 这样，一方面保护了布料购买者的利益；另一方面也保持了生产布料与从事交易的乡村和城市的信用度和良好声誉，保护了地方经济稳定发展。布料晾干后，工人通过修整起绒，使布料表面最终变得柔软光滑。

羊毛纺织技术的发展也影响到亚麻纺织技术的提高。相对而言，亚麻布比较粗糙，因为亚麻纤维需要更长的浸泡时间才能软化，随后需要不断的重击与敲打。最初对亚麻布的击打完全依靠人力，后来，类似于漂洗羊毛布料过程中所使用的机械水力驱动锤的出现，使人们从上述繁重的体力劳动中解脱出来。但相对于羊毛的漂洗，软化亚麻纤维所用的时间和人力多，成本高，使得质量好的柔软亚麻布料价格昂贵。14、15 世纪由于英国国内需求量的增加，亚麻布料更多地依赖于进口。

纺织生产技术的一系列革新，提高了纺织品的质量，生产出质地轻薄，价格低廉的"新织物"，丰富了优质面料的种类。13—15 世纪，布料一般由专业工匠加工，质量过关，即使便宜的布料也都纺得均匀，织得密实；价格高的布料织得更加细密，颜色更加鲜艳。14 世纪萨里郡的吉尔福德镇生产和出售的布料因其质量上乘，颇受到意大利商人的欢迎，被称为"吉尔福德布"（Gildeford），1391 年国王理查德二世将其质量标准以法令的形式确定下来。② 新的布料品种棉麻粗斜纹布、毛麻细哔叽布、羊毛与其他动物的毛混纺的毛毡等先后出现，扩大了民众对布料消费的需求和服装样式的更新。

在纺织技术全面革新的同时，布料的染色工艺也得以改进。中世纪时期布料的着色技术受到多重限制。因为当时的染料多取自植物、

---

① P. B. Newman, *Daily Life in the Middle Ages*, pp. 94 – 97.
② 理查二世：1391 年 11 月议会文件第 16 条。（"Richard II: Parliament of November 1391", item 16.）L. M. Sylvester, M. C. Chambers and G. R. Owen-Crocker eds., *Medieval Dress and Textiles in Britain: A Multilingual Sourcebook*, Suffolk: The Boydell Press, 2014, p. 254.

动物和矿物等有机材料,英国国内原生颜色配料稀少,得到它们需要依赖于进口,花费昂贵,所以色彩鲜艳的布料只有权贵们享有,而得不到普及。普通百姓的服装颜色单调、灰暗,且千篇一律。到中世纪晚期,伴随着英国农业经济结构的调整,各种经济作物开始大面积广泛种植,其中包括原来依靠进口的茜草、木樨草、靛青和菘蓝等纺织业所必不可少的染色原料。[1] 16 世纪初,仅菘蓝一种染色原料,在汉普、伯克、威尔特和苏塞克斯等郡的播种面积已达 4910 英亩。进口原料数量的减少,大大降低了染色成本,染色工艺迅速改进。例如:染工从茜草的根茎中提取红色染料,根据染料的配制浓度和布料在其中浸泡的时间,可以将布料分别染成桃红色、棕褐色、砖红色和褐色。黄木樨草可以生成黄色染料,将其加入茜草红色染料中去,便会使布料染成橙色和金黄色。木樨草染料与菘蓝结合,则会出现深浅不一的各种绿色布料。菘蓝本身还是提取蓝色的主要染料,而且它与茜草结合可以将布料染成紫色和黑色。后来,染色技术发展到皮革业,染工从树皮和坚果中获取褐色染料,将皮革染成棕褐色。[2] 但是,由于当地的染色原料没有解决深红色的配制,这种颜色的配料依赖于进口,属于稀缺染料。于是深红色布料一直属于贵族和上层神职人员,而没有在普通民众中普及,在中世纪晚期农民的衣装中,这种颜色的面料出现得依然较少。[3]

  乡村经济的发展促进了农民消费投入的增长,物质文明的进步使农民的生活消费水准得以提高。纺织生产技术和染色工艺的改进,使农民服装面料的质地和色彩有了明显变化。农民的服装并不总是使用便宜布料加工,一般来说一件成人长袍平均使用 3 码布料,多数农民外套使用的布料花费为 8 便士到 1 先令,平均每码 3 便士,这与一些乡绅家庭服装使用的布料差别不大。[4] 而这时 1 蒲式耳小麦的价格大

---

[1] R. L. Hopcroft, "The Social Origins of Agrarian Change in Late Medieval England", *The American Journal of Sociology*, Vol. 99, No. 6 (May., 1994), p. 1563.

[2] P. B. Newman, *Daily Life in the Middle Ages*, pp. 100–101.

[3] P. B. Newman, *Daily Life in the Middle Ages*, p. 99.

[4] C. Dyer, *Standards of Living in the Later Middle Ages: Social Change in England c.*1200—1520, p. 175.

约是 10 便士。① 1403 年，国王批准的一份赦免令显示，木匠理查德·贝利的妻子偷了邻居一些衣物，其中包括一件价值 12 便士的短外套和一件价值 6 便士的罩衫。② 赡养协议关于服装的条款中也有规定，例如，汉普郡的阿尼萨·德·赫兹，1313 年把持有地交给了女儿和女婿，她每年得到一件价值 8 便士的女式亚麻内衣，还有一双价值 6 便士的鞋，两年一件价值 3 先令的羊毛外套。富裕农民一般每年得到的服装价值为 4 先令 6 便士：包括价值 3 先令的长袍，6 便士的鞋和 1 先令的亚麻布。如果长袍隔年更新的话，则服装折价 3 先令。③ 从赡养协议中关于老年人的服装规定中我们可以推测出平常人的着装标准，可见契约因素已在人们日常生活中发挥作用。

　　从财产清单中也可以判断出农民服装面料的质量。1468 年，约克郡格姆斯顿（Grimston）的约翰·杰克森，一个持有中等土地的农民，他有 3 件衣服：包括 1 件束腰外衣，2 件长袍，价值 7 先令 4 便士，还有亚麻布料床单和床罩。1450 年，赫珀比（Helperby）的罗伯特·贝尔有 1 件爱尔兰式长袍，1 件黑色的束腰外衣，和 1 条红色的头巾。绝大多数家庭都配有亚麻的桌布和毛巾，还有被单、枕套和羊毛床罩。15 世纪以来，农场主、约曼和商人的消费需求有了更大提高，他们的财产清单中一般包括 3—9 件外套，质量好的长袍价值评估每件可达 4—10 先令，使用每码 3 先令的昂贵布料。说明生活水平提高了的富裕农民可以通过着装来显示自己的成功和财富，树立他们在群体中的优势和地位。这一时期，由于雇工和其他工资收入者的生活条件同样得到改善，他们的服装面料在一定程度上可比得上中等的农户。④

　　农民在讲究服装面料质量的同时，审美观念和消费品位也渐渐发

---

① ［英］亚当·斯密：《国富论》，第 186 页。
② 1403 年 8 月 16 日国王特赦卷宗记录了对阿格尼丝·贝利的赦免令（Record of pardon issued to Agnes Balle by the king on the Patent Rolls, 16 August 1403）. L. M. Sylvester, M. C. Chambers and G. R. Owen-Crocker eds., *Medieval Dress and Textiles in Britain: A Multilingual Sourcebook*, p. 253.
③ C. Dyer, *Standards of Living in the Later Middle Ages: Social Change in England c.1200—1520*, p. 174.
④ C. Dyer, *An Age of Transition? Economy and Society in England in the Later Middle Ages*, pp. 149 – 150.

生变化。他们的服装不再是单调、灰暗的原白色和灰、褐色，其着装色彩逐渐丰富、艳丽起来。这一变化给传统的男女老少皆宜的色彩格调注入了鲜活的因素，赋予农民新的精神风貌。《中世纪英国和法国的服装》一书收录了大英博物馆收藏的 13—15 世纪英国社会各阶层服装的手稿和图片，从中可以看出中世纪晚期各类普通农民服装色彩的变化。书中描述了牧羊人有趣的衣服颜色，13 世纪晚期的牧羊人头戴一顶蓝色的帽子，身穿浅黄色的斗篷，桃红色的宽大长袍，深蓝色的长袜，黑色的靴子；① 15 世纪早期的牧羊人的打扮是：灰色的斗篷，橘红色的长袍，浅黄色的长筒袜，深蓝色的马裤，黑色的靴子。15 世纪早期一位纺织女工身着深蓝色的外套，深红色的内衣，扎着白色的围裙。一位正在播种的农夫戴着一顶红色的帽子，身着深蓝色的长袍，绿色的紧身长裤，他的靴子、腰带和烟草袋都是黑色的，用白色的布袋盛着种子。著名的《贝德福德记事簿》(Bedford Book of Hours)中记载了两位屠夫着装的颜色，一位头戴红色的帽子，身着深蓝色的短袍，白色的围裙，深紫色的紧身裤，黑色的靴子；另一个戴黑色的帽子，身着桃红色的短袍，深蓝色的紧身裤，黑色的靴子。② 乡村中富裕农民优质面料的服装颜色则显得更为华贵，书中也收录了关于较为富裕的农夫的图片，其服装颜色的搭配相对比较协调，这是一位老者，他的帽子、鞋、腰带和烟草袋都是黑色的，深绿色的斗篷，宽松的黄褐色长袍，身后配以深蓝色的兜帽。③ 再如，库克汉姆的庄头罗伯特·奥德曼，他的黑紫色的长袍价值 6 先令 4 便士，深红色的长袍价值 5 先令 3 便士，还有稍微便宜些的蓝色短外套，他的服装价值为 34 先令，这种穿戴在普通村民中显得比较突出。④ 从服

---

① M. G. Houston, *Medieval Costume in England and France：The 13th, 14th and 15th Centuries*, Oxford：Oxford University Press, 1939, p. 51.
② M. G. Houston, *Medieval Costume in England and France：The 13th, 14th and 15th Centuries*, pp. 120 – 129.
③ M. G. Houston, *Medieval Costume in England and France：The 13th, 14th and 15th Centuries*, p. 132.
④ C. Dyer, *Standards of Living in the Later Middle Ages：Social Change in England c.* 1200—1520, p. 175.

装面料的质量和颜色上已经反映出富裕农民阶层的社会经济地位要优于一般普通的农民,同期乡村其他各阶层农民生活条件同样都得到改善,他们的服装面料材质已经相差不大。

从上述农民各阶层服装面料的变化趋势和质地、色彩以及价值上来判断,这些已远非家庭手工纺织的粗糙呢布。显然,随着乡村纺织工业的迅速发展,生产技术的革新,提高了生产效益,增加了产品积累,刺激了人们的物质需求。同时,农民财富积累的增长,购买力的提高,使他们的生活消费方式发生了改变,由自给自足性消费,渐渐增强了对市场的依赖感。由于市场上呢绒和亚麻布料质优价廉,适合普通民众的需求,农民们便失去了家庭自织自用的兴趣,他们的服装面料来源逐渐由家庭转移到市场。农民消费方式的变化带动了乡村布匹贸易的发展,中世纪晚期在乡村的小集镇中存在一些销售布料的店铺。肯特郡古德赫斯特(Goudhurst)的布料商哈瑞·博迪汉姆,死于1490年,财产清册中记录了他的小商店里存有硬衬布和大量从荷兰、佛兰德尔、布若邦特进口的亚麻布,都是1—6厄尔的小块布料,还有棉麻混纺布和帆布。[①]

农民服装消费需求的提高和数量的增加,还直接影响到英国国内服装贸易的形势。15世纪末,英国纺织服装的年出口量为8万—9万件,低于13世纪,原因主要是国内需求量的增长。因为这时国内的羊毛纺织品的数量和服装加工的数量仍然是可观的,比如,萨福克的巴伯福百户区(Babergh Hundred)是一个服装加工区,1522年登记的织工有120人,他们平均每人每年加工10件服装,或者是生产2.88万码布匹。在德文、埃塞克斯、格罗斯特郡、肯特、兰开斯特郡、诺福克、萨默塞特、萨福克、威尔特郡和西约克郡至少有30个在羊毛纺织与服装加工方面与巴伯福百户区相类似的村镇,其他地区还有一些纺织生产能力略低的乡村,因此,根据全国各地的生产能力来计算,英国每年的服装加工数量至少有

---

① C. Dyer, *An Age of Transition? Economy and Society in England in the Later Middle Ages*, p. 154.

20万件。① 戴尔的统计显示，1500年，如果占人口主体的农民和雇工以及其他的一些工资收入者每年更换一件外套，富有的精英阶层对服装的投资可以抵消无力购买衣服的贫困者，那么，125万成年人平均每年买3码布做一件外套，这就意味着英国国内呢布的需求量接近400万码，也就是16万套成衣，这已经是成品服装出口总量的两倍。这一时期，由于乡村毛纺织工业的发展，羊毛织品的生产能够满足国内的需求，但是，随着人们消费需求量的扩大，亚麻布料则不能满足英国家庭每年需要更新的床单、衬衣、内衣裤和头巾等，亚麻布料的进口数量显著增加。1384年，20万厄尔（ells）②的亚麻布（几乎是24万码）进入伦敦。到1480—1481年进口到伦敦的亚麻织品与亚麻原料的数量增加到420万厄尔（接近500万码）。平均每年消费的总量达到100万至200万码。③

　　农民更多地参与商品市场经济，不但扩大了消费范围，还开阔了眼界，消费欲望得到激发，消费层次也因此而提高。原来只有社会上层，像王室成员、贵族、富商等才能买得起的进口服装材料，于中世纪晚期出现在较为富裕的农民身上。例如，1400年之前，从北欧进口的松鼠毛皮因带有漂亮的天然条纹，具有装饰漂亮华贵，保暖性能好的特点，是富商和贵族们所喜爱的服装材料，也是他们炫耀优越身份和财富的服饰。但是，15世纪以后，许多工匠们的妻子也穿上了装饰有进口松鼠毛皮的亚麻外套，享受到了华丽的服饰。④ 农民对昂贵的新式面料的利用，反映了他们日常生活中新的消费理念和价值观。对于社会上层来说，这种服装材料作为显示身份特征的作用渐渐失去。

　　对于人们的日常服饰来说，社会地位的变化在衣服所用布料的质地、颜色和一些加工细节上体现得尤为明显，例如，身着柔软的亚麻

---

① C. Dyer, *An Age of Transition? Economy and Society in England in the Later Middle Ages*, pp. 148–149.
② 厄尔（ell）：英国长度单位，等于45英寸，或等于114厘米。
③ C. Dyer, *An Age of Transition? Economy and Society in England in the Later Middle Ages*, p. 150.
④ C. Dyer, *An Age of Transition? Economy and Society in England in the Later Middle Ages*, p. 134.

布料和高贵的深红色外套的农民，就比较充分地显示了农民的精神面貌和经济实力。所以，中世纪晚期，农民服装面料的改善，使服装作为社会阶层身份的符号特征开始变得模糊，社会各个等级之间的服装稳定性发生动摇。1337 年、1363 年爱德华三世颁布禁奢法令，通过法律限制私人花费，其中对传统社会等级的服饰，包括面料、款式和颜色等作出了详细而明确的限制。一个世纪以后，1463 年爱德华四世颁布了更为具体的法律规定，"凡农业雇工、普通劳动者，以及住在城镇之外的工匠，不得使用或穿着每宽码两先令以上的呢绒"。由于同一法律还规定，禁止最贫穷阶层的人们穿价格超过 14 便士的长袜。禁止自耕农和那些地位更低的人穿着带衬里的束身上衣。随后在 1483 年、1510 年、1514 年、1515 年、1533 年连续通过禁奢法令，对不同社会等级穿戴服饰的颜色和质地作出限制；[①] 而且法令颁布间隔的时间越来越短。显然，农民着装的变化引起了统治者的关注，说明了其服饰着装超越法律规定的标准已成为普遍现象，冲击了当时的社会等级秩序。[②] 历史事实证明，统治者颁布的限制农民着装的法令没有发挥作用。这在一定程度上反映了中世纪晚期农民的着装水平和消费能力是伴随着社会经济的发展而不断提高，是建立在物质文明进步的坚实基础上的。

第二节　服装样式的变革

服装样式随着时代的发展而变化，随着文明的进步而更新。在西

[①] L. M. Sylvester, M. C. Chambers and G. R. Owen-Crocker eds. , *Medieval Dress and Textiles in Britain: A Multilingual Sourcebook*, pp. 198–200.

[②] 爱德华三世，1363 年 10 月议会公告第 25 条（"Edward III, Parliament of October 1363", items 25.）："由于不同阶层的人穿着与其身份不相称的服装，造成王国内各种物品价格大幅上涨。即：马夫穿工匠的服装，工匠穿士绅的服装，士绅穿准骑士的服装，准骑士穿骑士的服装，一些人穿着只属于领主和骑士的毛皮衣服，底层的妇女打扮得像贵妇。因此，上述商品的价格高出实际应有的价格，导致土地的财富被摧毁，从而损害了领主和公众的利益。" L. M. Sylvester, M. C. Chambers and G. R. Owen-Crocker eds. , *Medieval Dress and Textiles in Britain: A Multilingual Sourcebook*, pp. 202–203.

方服装发展史上，中世纪晚期是一个重要的发展时段，是传统服饰向近代服饰转变的关键时期，主要标志在衣服的裁剪方法上出现了新的突破。原来受罗马艺术文化影响的宽衣时代的衣服构成有一种很强的平面性，属于古典式或"东方式的"的直线裁剪。而中世纪晚期新的裁剪方法则是从前、后、侧三个方向去掉了胸腰之差的多余部分，构成了一个过去的衣片上所不曾有过的侧面。正是由于这个侧面的形成，才把衣服的裁剪方法从古代平面的两维空间构成的宽衣基型中彻底分离出来，确立了受哥特式艺术造型影响的近代三维空间构成的窄衣基型。男子服装由短上衣和紧身裤组合，呈上重下轻型，富有机能性；女式服装上半身紧身合体，下半身的裙子宽大、拖裾，呈上轻下重型，更富装饰性。[1] 表现了西方服装突出个性，显示性别特征的文化理念。正因为如此，不仅形成了西方服装设计风格由古代到近代的分界线，而且也使东西方服装设计观念和形式彻底分道扬镳。此时的西方服装样式正在由罗马式的宽衣时代向哥特式的窄衣时代过渡，并随之确立了近代服装款式的基本要素。而且伴随着欧洲文明由南向北的移行，西欧逐渐成为引领西方服装文化潮流的重要舞台。

人们的消费观念和行为受一定的文化模式所影响，中世纪晚期英国农民服装样式的变化与西欧时代的发展和文明的进步相契合。作为通过艰辛的体力劳作来谋生的普通社会群体，虽然他们不像追求奢侈享乐的社会上层的人们一样，过分注重衣饰穿戴的精致和新潮，但是，伴随社会整体文明的推进和个人财富积累的增加，消费能力的提高，他们的着装风格也在悄悄发生着变化，特别是正在脱颖而出的富裕农民阶层，日益凸显出舒适美观和简洁得体的新式服装。从大量留存下来的中世纪晚期的手稿和绘画中可以看出，虽然宗教人物的穿戴时尚，但农民、士兵等小人物的服装也都是当时流行的样式。[2] 所以，受社会上层和城市居民新式服装款式的影响，农民的服装样式随之渐渐地发生着改变。

---

[1] 李当岐：《西洋服装史》，高等教育出版社2005年版，第147页。
[2] S. Thursfield, *The Medieval Tailor's Assistant: Making Common Garments* 1200—1500, p. 13.

第四章 中世纪晚期英国农民穿着的变化　113

中世纪晚期之前，上身着束腰外衣，下身穿长袜，男子还穿一种称为布莱（braies）的宽松短裤，天气寒冷外出或劳动时身披斗篷或披肩是农民的普通装束。束腰外衣（tunic）是当时人们最普通的外套。束腰外衣整体呈"T"形，一般使用羊毛布料。随着时代的发展，男女束腰外衣的样式都发生了较大的变化。11、12世纪英国的男式束腰外衣虽然已经开始出现紧身合体的征迹，但是其基本式样还是与西欧的服装潮流一样，以宽松肥大为主，衣服的袖子短且宽大，下摆的底边长及膝盖以下，甚至下垂到脚踝，略微收腰，腰部可系也可不系腰带。13世纪中期至14世纪，男人们的衣服开始变得合身。袖子长而合体，其手腕处经常有系带；衣服的上身更多地经过裁剪，前面开缝处也多是系带，偶尔出现扣子，使得衣服的上半部能够紧而合身，然后宽松张开于臀部；同时，衣服下摆的底边被抬高，仅裹住臀部和大腿上部。[①] 上述这些变化突出了穿衣者胸部的厚实，且创造了一种肩宽腰细的体形。（见图4-1）

图4-1　13世纪农民的穿着[②]

[①] P. B. Newman, *Daily Life in the Middle Ages*, p. 109.
[②] M. G. Houston, *Medieval Costume in England and France: The 13th, 14th and 15th Centuries*, p. 172, fig. 300, fig. 301.

14 世纪中叶以后，西方男式服装由传统的一体式筒形样式过渡到具有近代特征的上重下轻型的二部式，这种装束也使男女服装在穿着形式上分离，衣服的性别特征随之在造型上确立下来。男子的束腰外衣变得更短，仅及腰部或臀部。这种样式在中世纪晚期普通男子中非常普及，它紧身，前面用扣子固定，胸部用羊毛或麻屑填充，腰部收细，袖子为紧身长袖，从袖口到肘部用一排扣子收紧。用纽扣固定服装，据说是从亚洲引进的，此后，纽扣进入欧洲的历史。① 新式男子上装改称为紧身外衣（英语为 gypon 或 gipon，15 世纪又改称 doublet），型制利落可体，富于力量感，是中世纪晚期男子的普通上装。②

男式束腰外衣逐渐变短的风尚，也给下身服装样式带来了变化。直到 13 世纪，男人们的下身服装还是由布莱和长袜两部分组成，长袜一般都长及大腿中部或上部，有时长袜是用布条缠住固着于腿上，对于长及大腿上部的长袜，人们一般是把其上端的系带缠到布莱腰带上固定住。布莱是一种日耳曼人常穿的外衣，如果农民在夏季进行体力劳动时，收割或者打谷，往往仅穿一件布莱。此种衣服裤腿较宽松，看起来像缠于腰际的一块布料，无裆，两条腿像穿袜子一样分别穿，上口用绳子系在腰里，用料有麻、毛织物或皮革。这时由于束腰外衣变短，在束腰外衣的下边沿和长袜的上边沿之间，用以连接长袜与布莱系带的接口便暴露于外。为避免这一不雅观的接缝，制衣者便在束腰外衣下边沿四周留了许多圆孔，于是，人们能够将其长袜上的系带直接系到束腰外衣上，这样布莱就被套在里边，从外面完全看不到了，这种做法一直沿用到 14 世纪晚期。③

与此同时，13 世纪晚期到 15 世纪早期，男式长袜由分离的两只慢慢地演变成单一的新式服饰，即两只独立的长袜的上半部用与人体

---

① 李当岐：《西洋服装史》，第 156 页。
② L. M. Sylvester, M. C. Chambers and G. R. Owen-Crocker eds., *Medieval Dress and Textiles in Britain: A Multilingual Sourcebook*, p. 168.
③ S. Thursfield, *The Medieval Tailor's Assistant: Making Common Garments 1200—1500*, pp. 17, 68, 70.

臀部曲线相吻合的三角布料连缀起来，将其上端两角的系带扎于腰部，男式下身的长袜遂演变成为紧身长裤，与穿着者的体形曲线相称，舒适合体，活动自如，极富机能性。而布莱则退而演变成为西方的男式短内裤。紧身长裤与紧身上衣一起构成了中世纪晚期和近代早期男式服装的新式风格。保存在"埃特恩·谢瓦利埃记事簿"（Book of Hours of Etienne Chevalier）中的由画家吉恩·弗奎特（Jean Fouquet，1415—1481）绘制于1460年前的作品，描绘了两个正在做工的木匠，身着紧身上衣和紧身长裤，腰部用带子穿插于腰间将上衣与裤子连接在一起（见图4-2）。反映了这一时期普通民众较为流行的着装风格。

图4-2 15世纪工匠的着装[1]

最初女式束腰外衣与男式的基本一样，上部宽松合身而不定型，中间用腰带固定，下部底边通常垂至膝盖以下，甚至更长，劳动时为了行动方便人们常把下摆折起塞在腰带中。12世纪至中世纪晚期，女式束腰外衣的裁剪方法也发生了一些变化。为了更紧贴合身，衣服

---

[1] M. G. Houston, *Medieval Costume in England and France: The 13th, 14th and 15th Centuries*, p. 181, fig. 316.

的上半部出现了开缝,一般从领口开始,从前面或背部延伸至腰部,有时也在腋下前后两片的接缝处。无论开缝留在何处,都为穿衣提供了"空间"。衣服穿在身上后,将开缝用带子交叉系紧,袖子的下端从肘部开始也用同样的方法收紧。① 形成了上部紧身收腰,下部宽松飘逸的新式服装式样,使女性的独特风采开始得以显现。14 世纪末15 世纪初,西方服装造型越来越倾向于表现身体的体貌特征,女式服装更是朝着大胆裸露身体的方向发展。此时,束腰外衣演化为紧身长裙(英语为 cote-hardies,法语为 cotardie,意为"新奇的衣服"),紧身长裙从腰到臀部非常合体,在前中央或腋下用扣子固定或用带子系合,形成显露体形的优美外形轮廓;领口大的袒露双肩;臀部往下的裙子上插入很多三角形布,加大了裙子下摆的裙围长度,而且裙长拖地;袖子为紧身半袖或长袖;在臀围线附近有一条装饰性的腰带,这里也是合体的上半身与宽敞的下半身的分界线。② 这种上轻下重的女装造型,在整体的妩媚秀丽之中彰显出的气派,多少又与当时男式服装形象的雄壮相趋同,成为以后几个世纪的固定形态,直到 20 世纪初,当女子穿上裤装后才打破这种格式。在紧身长裙出现的同时,还演化出了一种新式的背心式长外套(surcote,萨科特),特点是上身的前后两个衣片完全一样,贴身合体,两侧从肩部至臀部都不缝合,也是裙围宽敞,衣长拖地。寒冷季节时上身的周边往往镶有毛皮,身份地位的差异,毛皮的质量会有所不同。这种服装常常穿在束腰外衣或紧身长裙的外面。在一些文献和图片中,记载了中世纪晚期英国下层劳动妇女,如,牧羊女、纺织女工的着装,尽管没有像贵族妇女一样长裙拖于地面,但已经是这一时期女式服装的典型风格了。③

在外衣样式变革的同时,人们的内衣也产生了变化。当然,详细完整地研究人们内衣的演变困难很大,这属于私人生活领域中私密性

---

① P. B. Newman, *Daily Life in the Middle Ages*, p. 115.
② 李当岐:《西洋服装史》,第 151 页。
③ M. G. Houston, *Medieval Costume in England and France: The 13th, 14th and 15th Centuries*, pp. 170, 182.

较强的一部分内容，图片材料和文字记载较少。在此仅就相对意义上的内衣作一粗略考察。中世纪早期的人们男女内衣样式相同（男式称 undertunic；女式称 chemise）。男式内衣为束腰样式，一般采用亚麻布料，长袖 T 型、衣长及膝部，有时，衣服下沿比束腰外衣还长。在暖和的季节，当男人劳动时，通常脱掉束腰外衣，仅穿着内衣。所以，这时男式束腰内衣又具有工作服的性质。14 世纪，随着外部衣装样式变得短而得体，促使内衣也由宽松变得紧贴合身。当紧身长裤出现时，束腰内衣的下摆随之变短，以至于能够束进紧身裤里面，变成了与现代衬衫样式大体相似的贴身上衣。①

与男式内衣的变化不同，虽然中世纪晚期的女性也崇尚衣着紧身合体，但是女式束腰内衣与外衣一样还依然保留了"长"的特征。这时由于无袖长外套（萨科特）的出现，束腰内衣从腋下部分到两只袖子能够暴露出来，于是制作内衣的布料发生了变化，起初与男式内衣一样使用平纹的单色亚麻布料，但后来逐渐用染色的多彩织物来替代。此时的名称也改为女衬裙。同一时期贵族妇女流行的紧身内衣也是由束腰内衣演变而来。男性能够在多数场合下可以只穿内衣，而女性不然，如果在公开场合或者是劳动时仅穿束腰内衣，则被视为不得体。反映出在中世纪人们的观念中对于男、女性着装标准的差别。

除了内衣和外衣之外，中世纪的人们还有披肩（capes）和斗篷（cloaks）用来抵御寒冷和潮湿的天气。这两种衣服通常是用既保暖又结实的厚羊毛布料加工制作，有时用毛皮作衬里或镶边。男人们更愿意身着呈半圆弧形的斗篷，带有兜帽，有的在周边，有的是衬里镶有毛皮，开缝往往在人的右胸，用饰针或带子固定。在男式外衣变短时，长期流行的短斗篷却变长了。② 一方面是为了实用，同时也表现出了当时人们服装搭配协调的着装理念。女性与男性的相异之处是更喜欢佩戴长披肩，这种打扮除了保暖之外，与拖地的长裙相搭配，更显现了女性的柔美和飘逸。装饰豪华的长斗篷多流行于贵族

---

① S. Thursfield, *The Medieval Tailor's Assistant: Making Common Garments* 1200—1500, pp. 67, 75.

② P. B. Newman, *Daily Life in the Middle Ages*, p. 112.

妇女之中。

　　14世纪晚期，时尚服装已经在英国农民中流行。1340年间开始流行的短的、紧身优雅的社会精英们的服装，几十年后在社会各阶层中已经普及。这种传播可能是由农民直接向当地的领主学来的，也可能是经常到集市上去的乡下人从城镇居民那里学来的。① 或者是精英的示范作用，或者是人际交往传播的结果，农民的服装款式有了明显的改变。男子的长袍变得短而合体，依旧穿长筒袜；妇女的衣服变得紧身了；男女宽松的外套一般都包括带兜帽的斗篷。新的服装样式使道德家大为震惊，部分原因是新的服装样式显示了身体的曲线，另外还因为服装更加昂贵。改进了的男式紧身上衣是一种加衬的外衣，尽管比老式的长袍短，但是使用的布料却是原来衣服的两倍。如，萨福克郡的法姆林翰（Framlingham）的约翰·赫福瑞，1389年交出了持有地，其赡养协议中包括一件黄褐色紧身上衣，用羊毛布料作衬里，带帽子，还有褶皱，两双长筒袜和三双鞋；他的妻子也得到了一件双层的外套和头巾，一双长筒袜和一双鞋。另外的赡养协议详细说明了布料的数量，做一件加衬的亚麻布料的短外套用4码布。② 男子的长筒袜、斗篷、兜帽、衬衣的消费和女人的腰带的消费，明显地增加了。

　　在劳动场合农民也身着新式服装的现象，说明新的服装款式已经普及。1500年农村雇工的装束是身穿斗篷状衣领的羊毛束腰外衣，脚穿高筒靴，头戴翻边帽。乡下妇女劳作时往往穿一条带套衫的紧身长裙，外面的围裙塞在腰带下面，戴着一条普通的围巾，腰带上挂着劳动时使用的刀和一个皮包。③ 紧身长裙是劳动妇女很好的工作服，由质优、结实、耐磨的羊毛布料制成，穿上它可以防止篱笆和树篱上的尖片和荆棘扎伤自己，也耐得住工具、犁和推车的摩擦。他们在日常劳作时身着实用的衣装，而休闲时则换上漂亮时尚的服饰。1485

---

① C. Dyer, *An Age of Transition? Economy and Society in England in the Later Middle Ages*, p. 136.
② C. Dyer, *Standards of Living in the Later Middle Ages: Social Change in England c.* 1200—1520, p. 177.
③ Tom Tierney, *Tudor and Elizabethan Fashions*, New York: Dover publications, Inc., 2000, pp. 13, 14.

年都铎王朝时期，女人们会在长裙外边再穿一件礼服，礼服的面料一般要比长裙好，领子开得较低，通常是在去教堂、市场或接待客人的正式场合穿。[①] 中世纪晚期，时尚元素在农民服装中的流行，反映出西方传统服饰向近代的转变，也体现出农民的生活方式、行为举止和精神面貌正在发生着变化。

这些都是接受新式服装的结果。英国的农民较高的购买力使他们有条件能够享受到更加舒适的衬里，而且穿着的颜色更加艳丽。上层农民的妻子的穿着似乎更加奢侈，下层农民也纷纷效仿，一时引起社会上层人士的议论和抱怨。可见英国农民服装质量和样式的改进曾在社会上引起了一定的冲击。

适应大众日益增长的社会需求，服装加工技术的革新，服装业的工种日益被细分化，出现了裁剪，缝制，做裘皮，绲边，刺绣，做皮带扣，做首饰，染色，鞣制皮革，制鞋，做手套等许多工种和专业性独立作坊。新式服装的普及，使裁缝的数量大为增加。英国在1350年前已经有了相当数量的裁缝，中世纪晚期从事这一行业的人数更加突出。由于裁缝职业满足了人们追求时尚的心理需求，大量赞誉裁缝的歌谣（Song upon the Tailors）在社会上流行。[②] 前面提到的巴伯福百户区，大约有一万人口，在这里的城镇和村庄中分布着46个裁缝；北汉普顿（Northampton）的大约20位裁缝，为城镇及周边的3000—4000居民服务；伍斯特郡的布若姆格如（Bromsgrove），是一个有400左右人口生活的一个小城镇，据记载1358年有6位裁缝被雇佣。显然，城镇中的裁缝既要为城镇居民服务，又要为周围的乡村人口服务。到16世纪早期，裁缝的从业人数在当时的各手工业行业中居第二三位。据文献记载，在一些小城镇中已经存在一定数量的用雇主名字登记的裁缝店铺，其中雇佣助手和学徒。据估计，当时平均每200

[①] ［英］露丝·古德曼：《百年都铎王朝：1485—1603年英国黄金时代生活实录》，第58—59页。

[②] 该作品收录了上百首歌颂裁缝的民谣。详见 L. M. Sylvester, M. C. Chambers and G. R. Owen-Crocker eds., *Medieval Dress and Textiles in Britain: A Multilingual Sourcebook*, pp. 156–161。

个成年人中就有一个裁缝,说明有较高比例的人口依靠裁缝技术谋生。从考古发掘的服装残片中,反映出当时的裁剪和缝纫技术已经比较规范和精细。① 农民消费需求的提高,拉动了国内服装工业的发展,从而刺激了国内外服装市场的扩张,其后的一个半世纪里英国的服装出口得到强有力的发展。

服装工业的发展拓宽了农民服装的来源。毋庸置疑,在中世纪甚至到工业革命前,无论英国还是欧洲其他国家,普通民众的服装多数是家庭自制,这应是农民服装来源的主要渠道。但是,英国中世纪晚期,由于服装样式的革新,裁剪缝纫技术的复杂,使农民有更多数量的服装要依赖于专业裁缝的加工制作和市场贸易。像我们前面提到的富裕农民穿着的服装,华丽新颖的款式、繁复的裁剪技术,显然已超出了家庭自制的能力范围,而是由专业裁缝加工定制。15 世纪末大量服装加工商的存在也可以为证,如,肯特郡的村镇色瑞(Surrey)的托马斯·皮克瑞恩,1500 年他的商店中服装加工用品有亚麻布、漂白亚麻布和硬衬布,少量的丝绸、蕾丝,还有一些成衣,仅仅是帽子就有六个品种。托马斯的店铺财产评估为 28 英镑,还有一个财产评估不足 20 英镑的服装店铺与其为邻。反映了在乡村集镇中存在一定数量的能够满足普通民众中等档次服饰需求的店铺。② 收入较少和不稳定的雇工,他们的服装多是来自二手服装市场。中世纪时期,整个欧洲的二手服装交易市场都非常繁荣,买卖二手衣服司空见惯。二手市场上的货品来源主要是富有的乡绅和贵族家庭多余的服装,或者他们为偿还债务或作抵押担保而典当的服装。考古学家在累斯特郡考勒屯(Coleorton)一处 15 世纪的煤矿遗址中发现了一件做工考究、面料上乘的男式束腰外衣,据历史学家分析,对于一个日工资 6 便士的矿工来说,这件豪华的外衣应该取自二手服装市场。③ 再者,一些

---

① C. Dyer, *An Age of Transition? Economy and Society in England in the Later Middle Ages*, p. 151.
② C. Dyer, *An Age of Transition? Economy and Society in England in the Later Middle Ages*, p. 154.
③ C. Dyer, *An Age of Transition? Economy and Society in England in the Later Middle Ages*, p. 145.

工匠和雇工也可以从其工酬中得到衣服，在手工工匠的契约中经常见到这样的规定，雇主必须每年给被雇佣者提供一套衣服或足以制作一套衣服的布料作为报酬的一部分，协议甚至对衣料的质地和颜色、服装的款式都有明确的规定。例如，斯塔福德郡赫尔斯温（Halesowen）的农民威廉姆·肯特尔于1458年起诉另一户农民，原因是其为后者做工的女儿，没有得到协议上所规定的两件束身外衣。[1] 另外，为贵族家庭服务的仆人通常每年还可以得到一套印有贵族家族徽章标记的服装，也是其所隶属的贵族家庭的外在标志。与此同时，按照传统习惯，衣服也是遗嘱和赡养协议中的重要条款。1454年神父斯特金·尼古拉斯的遗嘱中给贴身仆人留下一张床及整套床上用品，外加一件长袍；送给另外三位仆人每人一件长袍，其中一件带有兜帽。[2] 遗嘱中所赠衣服的受益者既可以自己穿戴，也可以将其卖掉。赡养协议中的服装条款则保证了年老农民余生的穿着标准。对于没有收入或者无力购买衣物的穷人，按照惯例可通过施赈人员获得由贵族家庭捐献的旧衣服。显而易见，中世纪晚期英国乡村市场经济的发展和传统的社会习俗，使得农民可以根据劳动性质的不同和贫富的差别通过不同的方式获取衣物，消费环境的相对完善满足了各个层次农民的不同需求。

第三节　配饰品的增加

配饰品是指除衣服以外与服装相关的所有饰物，也是装扮人体的手段之一。对于服装来说，配饰品是一种细节，细节的考究和精致，被现代人誉为穿着打扮中"最经济的奢华"。无论过去与现在，配饰品又是整套服装的必要构件，它可以为服装增光添彩，又与服装相映成趣。配饰品之于人就如绿叶之于树，虽不顶天立地，但没有了它们

---

[1] R. H. Hilton, *The English Peasantry in the Later Middle Ages*, p. 52.
[2] L. M. Sylvester, M. C. Chambers and G. R. Owen-Crocker eds., *Medieval Dress and Textiles in Britain: A Multilingual Sourcebook*, pp. 47, 54.

就缺少了生动。因而配饰品是人们消费品位的标签。中世纪晚期随着英国农民服装的发展演变,配饰品的种类日益繁多。

头饰包括男女佩戴的帽子和饰巾,是常用的服饰品。12、13世纪英国乃至欧洲流行的男式帽子是弗里吉亚帽(Phrygian,图4-3)和考夫帽(Coif)。前者用料主要是羊毛毡,戴于头的顶部,御寒保暖性能较好。考夫帽出现于13世纪,用亚麻布制作。由于该帽型非常实用,尤为劳动群众所喜欢。如,建筑工匠为了使头部保洁,劳动时经常佩戴;忙于收割和打谷的农民,衣服脱得仅剩下布莱,却还头戴考夫帽。[①] 中世纪晚期,这两种帽型为更为时尚新颖的样式取代。宽檐帽(wide brimmed hats):高帽顶、前部帽檐突出。一般用毛毡和植物的茎秆制作,是朝圣者和田间劳作者,包括女性经常佩戴的头饰(图4-3)。贝雷帽(Berets):类似于现代的贝雷帽,但比现在得更加紧贴。还有一种低顶帽(hats with very low crowns):15世纪下半叶流行于社会的各个阶层,无帽檐,或者拥有向上翘起的窄帽檐,顶部略微呈穹形(图4-3)。后两种帽子一般都用毛毡制作,为适应各种消费者的不同需要,制帽商也用海狸皮作为制帽材料,使帽子显得华贵,极具装饰性。除了帽子之外,中世纪普通阶层的男人们还佩戴一种由兜帽演变的皱褶饰巾。大英博物馆保存的中世纪图片上描绘

弗吉尼亚帽　　　　　宽檐帽　　　　　低顶帽

图4-3　13—15世纪农民佩戴的三种帽型[②]

[①] P. B. Newman, *Daily Life in the Middle Ages*, p. 104.
[②] P. B. Newman, *Daily Life in the Middle Ages*, p. 107, fig. 20; M. G. Houston, *Medieval Costume in England and France: The 13th, 14th and 15th Centuries*, p. 120, fig. 225; p. 103, fig. 186.

了一位仆人的装束，戴着 14 世纪典型的兜帽，兜帽上有下垂的管状窄条装饰物。① 这种长条式垂摆有时拖到地面，后来，为行动方便人们将帽子的管条状下摆缠绕于头上，看起来像是缠绕的头巾。15 世纪中期，独具匠心的制帽者就将管状兜帽改造为男式皱褶饰巾，成为时尚头饰。

中世纪时期的道德规范要求女性在公共场合要将头发遮盖起来，否则就会被视为风月女子，有失体统。所以，头饰是女性的必备饰品。最初的饰巾是一种应用广泛的普通头巾（veils，维尔），呈长方形，脑后将头发遮住，前面要触及眉毛。较大的头巾围在女性头上，仅露出面部，整个头部和脖颈都被包起来。这种头巾一般是亚麻布料。13 世纪以后，维尔演变成略微简约的新式头巾巴白特（barbette）和维普（wimple）。中世纪晚期，还出现了一种多为镀铜，也有镀金、镀银的发网。戴上后头部两侧耸起，常与头巾相搭配，头发卷曲罩于发网内。虽然透过发网从外面可看到佩戴者的头发，但是似乎已被道德规范所接受。由于佩戴方便，装饰性强，这种头饰普及得很快。巴白特、维普和发网是中世纪晚期女性头饰的主流。除此之外，15 世纪最具特色的女式帽子是"蝶式帽"（butterflies）和汉宁（hennin）。前者顾名思义成蝴蝶状，由发网改造而来，两侧耸起成锥状，配以下垂的头巾或者加以宽沿。汉宁帽即锥形帽，是由较薄布料和金属构架组成，像哥特式尖塔。帽子的高度视身份来定，据说在贵族妇女中流行的最高可达一米以上。普通妇女的帽子高度适中，在 12—18 英寸（大约 30—45 厘米）之间。② 中世纪晚期，时尚的头饰已经流行于普通民众之中，1485 年，既便宜又时尚，尖尖的山形或墙状的头饰风靡乡村地区。在乔叟的作品中，虽然是带有讽刺意味地描述纺织工匠巴斯（Bath）夫人夸张的头饰，③ 但是反映出上述时尚

---

① M. G. Houston, *Medieval Costume in England and France*: *The 13th, 14th and 15th Centuries*, pp. 170, 120.
② P. B. Newman, *Daily Life in the Middle Ages*, p. 120.
③ ［英］杰弗雷·乔叟：《坎特伯雷故事》，方重译，人民文学出版社 2004 年版，第 97 页。

的装扮已非达官贵妇所独享。

　　手套在日常生活中既是防护用品,又是装饰品。中世纪欧洲大部分地区,各个阶层的人似乎都非常习惯于佩戴手套。早至8世纪,在文学和艺术作品中就有关于手套的记载和描绘;考古发掘的日耳曼人的墓穴中的手套也可追溯到8世纪,其历史非常悠久。普通百姓佩戴手套,其主要功能是保暖和防护。通常极为简易,多以粗糙的皮革为制作材料,有五指手套和合指手套。随着皮革鞣制和染色技术的进步,手套加工技术的提高和人们审美观念的增强,中世纪晚期,流行于上层社会的具有装饰性的手套在普通民众中普及开来,出现了毛皮镶边手套,高档的为白鼬皮或其他珍贵毛皮,普通的是猫皮或野兔的皮毛;手套的袖口加长,有的几乎长及肘部,① 佩戴起来既实用又好看,使佩戴者表现出了一份尊贵和自信。

　　鞋为服装中的"足衣",其设计风格随服装的流行、社会观念、审美倾向和艺术形式而变化。英国考古学家在伦敦泰晤士河中发现了数百件丢弃的鞋和靴子,时间可追溯到1100年到1450年,为中世纪鞋的研究提供了绝好的原型。中世纪早期的鞋,足尖部位呈圆形,鞋统较低,鞋帮高出脚踝几英寸。常见的是使用羊皮、牛皮或鹿皮等皮革材料,鞋底使用的是比鞋帮厚的硬皮。13世纪尖头鞋开始出现,而低统的鞋和靴子由于其实用性一直流行于社会各阶层。14世纪期间,与紧身的服装和圆锥形的帽子相呼应,鞋的式样变得也越来越尖,穿长而尖的低统鞋渐渐成为社会的一种时尚。1363年,英国颁布法令,规定了不同阶层的人所穿的鞋,其尖头长度应有所区别:普通老百姓的鞋子尖头限定在15厘米左右;绅士的鞋子可以延伸至37.5厘米,而贵族的鞋子就特别长,可达60厘米。② 由于鞋的长度与社会地位相联系,14世纪末鞋尖的长度达到高峰,最长的可达1米左右。过长的鞋因为不实用,穿着者多为贵族和富有者,他们为了行走方便,当时流行把鞋尖向上弯曲,用金属链把鞋尖拴回到膝下或

---

① P. B. Newman, *Daily Life in the Middle Ages*, p. 126.
② [英]大卫·尼科尔:《中世纪生活》,曾玲玲等译,希望出版社2007年版,第135页。

脚踝处。从留存下来的一些图示看,这一时期牧羊人、工匠、农夫和纺织女的鞋都是流行的尖头样式,但长度适中。① 对于这种款式的鞋,法国人称为波兰那(poulaines),而英语的名称为克拉科夫(crakows),据说这种尖头鞋始于当时的波兰首都克拉科夫城。② 15世纪末尖头鞋为新式的方头鞋所取代,时尚的变化很快波及乡村,约在 1500 年前后,方头鞋已在各阶层农民中普及。③ 在中世纪时期,鞋子款式的性别特征还不明显,考古发现也证明,男性所穿的鞋与女性的样式和设计方面没有区别。

除以上的配饰品之外,中世纪晚期的农民为了使服装显得漂亮与精致,还尤为注意装饰服装中的小细节。典型的是包头的丝巾和衣裙上的腰带,富裕农民的妻子用银扣环,普通农民则用铜质扣环来装饰。在村庄遗址的考古发掘中发现了一些中世纪晚期的铜质扣环、胸针和戒指。④ 乔叟作品中描写的工匠的形象是身穿高质量的束腰地带有口袋的外套,佩戴的不是镀铜的,而是镀银的扣钩的刀鞘。前述木匠理查德·贝利的妻子盗窃案中的衣物还包括一枚价值 12 便士的镶银胸针、价值 12 便士的两件头饰、价值 12 便士的一件兜帽。⑤ 这种小饰品可以在乡村市场和村庄的流动交易中获得,满足农民衣饰中彰显生活品质的心理需求,如金属装饰品像胸针、头饰等服装配饰物。瑟瑞村庄的一个小商店里经营蕾丝、丝绸,各种各样的帽子和小饰品等,他们的生意能够为方圆几英里内的两个村镇的消费者提供较为奢华的饰品。⑥ 以至于社会上层对于低层次农民穿着贵重的衣服,佩戴

---

① M. G. Houston, *Medieval Costume in England and France: The 13th, 14th and 15th Centuries*, pp. 102, 170, 182.
② 李当岐:《西洋服装史》,第 165 页。
③ C. Dyer, *An Age of Transition? Economy and Society in England in the Later Middle Ages*, p. 144.
④ C. Dyer, *Standards of Living in the Later Middle Ages: Social Change in England c. 1200—1520*, p. 177.
⑤ L. M. Sylvester, M. C. Chambers and G. R. Owen-Crocker eds., *Medieval Dress and Textiles in Britain: A Multilingual Sourcebook*, p. 255.
⑥ C. Dyer, *An Age of Transition? Economy and Society in England in the Later Middle Ages*, p. 154.

奢华的饰品产生了一些抱怨,更认为乡下人到城镇里去,不是为了做工,而是为了炫耀自己的华丽衣装。这反映出农民消费方式正在发生改变,随着乡村社会经济的发展,商品性消费在农民日常生活中所占的比重不断扩大。

细节上的改变在一定程度上昭示了服装时尚的发展对普通民众的影响,这种变化曾引起了社会上层一些抱怨。他们认为农民身着优质面料,佩戴漂亮的饰品是一种僭越。但是透过普通民众服饰装扮的变化给贵族阶层带来的冲击,也可以折射出这一时期农民阶层经济收入的增长,生活质量的改善以及积极向上、从容自信的生活态度。

小　结

尽管中世纪晚期英国农民的服饰装扮繁芜复杂,但是其变化的趋势非常清晰。中世纪晚期英国农民服饰的变革,体现出当时英国社会由传统向近代转变的时代特征。第一,农民作为传统社会的主体力量和基本的劳动群众,其服饰的变革体现出了他们整体财富力量的提升和精神面貌的改变。"因为在西方,社会地位最细微的上升都要反映在服装上。"[①] 着装风格的变化反映出这一时期农民的思想逐渐由封闭、保守走向开放和自由,服装对他们来说不再仅仅是为了御寒蔽体,而是一种能够体现个人审美情趣,彰显个性,突出自我意识和价值的载体。第二,农村社会群体中经济实力的分层使农民之间的着装呈现出差异性,尤其是富裕农民阶层把服装作为展现其成功的重要标签。上层农民妻子的穿着似乎更加奢侈,新式服装显示了身体的曲线,服装造价更加昂贵,下层农民也纷纷效仿,一时引起社会上层人士的议论和抱怨。富裕农民是新兴的社会力量,被称为乡村社会的"领头羊"。他们伴随着庄园农奴制瓦解而崛起,其中不少人发展成

---

① [法]费尔南·布罗代尔:《十五至十八世纪的物质文明、经济和资本主义》第一卷,第367页。

为资本主义的大农场主，跻身于社会的上层，日益成为国家政治生活的重要力量。第三，中世纪晚期，时尚和奢华服装的引领者依然是贵族阶层，他们服装的面料、款式以及配饰品明显地优于农民，但是，农民服饰装扮的变化也使服装作为社会等级身份的符号特征变得更加模糊，所以15世纪卡克斯顿（William Caxton）印行的《不列颠概况》一书抱怨："自耕农装扮成乡绅，乡绅装扮成骑士。"① 农民整体素质的提高，缩小了与其他社会阶层的差距，推动了英国社会阶层结构的改变和整合。第四，农民服饰的变革和消费需求的增长，进一步拉动了乡村毛纺织业和服装加工业的大规模发展，促进了英国乡村产业结构的优化，形成了乡村社会新的经济增长点；同时农民以生产者和消费者双重身份进入市场，推动了乡村市场贸易的繁荣，对农村经济的产业化和市场化发挥了积极作用。在普通民众日常生活悄然发生的变革中，正在孕育着工业革命的重要基础。

---

① ［英］阿萨·勃里格斯：《英国社会史》，第120页。

第五章　中世纪晚期英国农民社会交往的拓展

无论何时，社会交往都是人们生活的重要内容。在人类历史发展过程中，伴随着物质生产的发展和扩大，也发展和扩大着人们对交往本身的需要。中世纪晚期英国交通运输的发展和交通设施的改善，为农村人口的流动和商品的流通提供了基础，促进了农民社会交往能力的提高和交往范围的扩大。而农民社会交往的拓展，又增强了农民的自主活动能力，推动了商品经济的发展，从而改善了农民的消费环境，提高了消费能力。农民社会交往体系的构建，是社会发展的重要推动力。

第一节　交通设施的修建和改善

交通是人类历史的横向活动，是人类交流、交往的先导。交通运输为特殊而重要的物质生产部门，它生产的不是产品，而是场所的变动，在它的生产过程中，消费也伴随进行。

一　道路交通网的形成与设施的改善

过去关于中世纪英国道路交通状况的研究一直较为薄弱，即使英国学者的研究也多散见于一般的历史与经济史的著述和文章中，或者只是见于针对罗马时期的道路和道路税收的研究中，专门系统的研究还比较少见。[1] 而在这些研究中学者认为，中世纪晚期的英国道路状

---

[1] B. P. Hindle, "The Road Network of Medieval England and Wales", *Journal of Historical Geography*, 2, 3 (1976), p. 207.

况相当落后，所使用的道路是罗马帝国时期遗留的产物。英国14世纪时的主干道与10个世纪前没有多大差别，与4个世纪后的18世纪也差别不大，都是罗马时期的道路系统。①

近几年的研究资料表明，中世纪晚期英国的道路修建和交通设施改善较以前有了明显的进步。

伴随着英国这一时期政治、经济和文化的发展，对于交通运输的社会需求提高。国王及国王随从要定期移动，要么访问王室地产和城堡，要么派驻官员，要么发布各种文告、令状和特许状等，需要进行王国的正常管理；国王军队的调遣则对交通提出了战略性的要求；英国的大贵族和修道院对他们分布各地的大地产进行管理，也需要流动；商品贸易的发展更加有赖于道路交通状况的改善，海外贸易的兴盛必须依赖于英国内部的交换网络，那些来自遥远大陆、具有异国情调的商品要进入英国，其前提必须是英国自己有一套交换设施，以便使它们能够及时找到接近英国消费者的途径；那些要出口的货物，特别是那些由生产者提供的产品，必须在它们出海以前首先收集起来，以便积少成多。② 国内农牧产品的买卖，市场的增加，城市的繁荣，城市之间、城乡之间的沟通，集市贸易，还有人们日常的交往和宗教朝拜等方面，这一切都推动了英国道路的建设。

现代史地学家B.P. 亨德尔（B. P. Hindle）根据绘制于1360年的著名的"高夫地图"，③ 结合14世纪王室巡游的路线，重构了13、14世纪英国的交通地理情况。从他的研究中反映出中世纪晚期英国已经形成了以伦敦为中心辐射全国的道路体系。伦敦成为全国的交通枢纽，在当时从国内的任何一个地方骑马出发，两周内都可以到达伦敦；北方形成了以"北方大道"（the Great North Road）为主体的交

---

① M. M. Postan, *The Cambridge Economic History of Europe*, Vol. II. Cambridge: Cambridge University Press, p. 194.
② E. Miller, *Medieval England: Towns, Commerce and Crafts* 1086—1349, London and New York: Longmans, 1995, p. 143.
③ "高夫地图"：绘制于1360年的一幅匿名地图，于1780年被古董商理查德·高夫（Richard Gough）发现，故而命名。参见 B. P. Hindle, "The Road Network of Medieval England and Wales", *Journal of Historical Geography*, p. 209。

通网络，连接北方各郡；① 南方有从埃塞克斯到林肯的"福斯大道"（Fosse Way）。② 东南部道路分布稠密，西南和西部相对偏少。中世纪晚期，英国道路网络是在继承了罗马古干道的基础上，修建了一些新的道路而形成的。

"高夫地图"显示中世纪晚期的英国道路大约有40%源自罗马古干道，同时出现了新修建的道路。③ 这一时期修建的道路多数是用碎石铺设路面，而且不仅仅局限在大城市或重要城镇周围繁忙道路的路面，小集镇周边道路的路面也是如此。如，从德文郡的奥克汉普顿（Okehampton）到康沃尔郡的劳恩斯顿（Launceston）的道路铺设的标准可以与以前罗马的道路④相比。同时，道路修建得比较集中，相距几英里的城镇一般有新道路连接，例如，在亨廷顿郡北部主要道路上，阿尔考伯里（Alconbury）和旺斯福德（Wansford）之间12英里的距离，延伸出三条相互交错的道路。

这一时期留存有较为丰富的关于道路修建费用的史料，可以说明交通道路的建设情况。史料记载，1396年修建从南沃克（Southwark）到罗切斯特的道路，材料费用每英里12便士，从罗切斯特到坎特伯雷每英里12便士，从坎特伯雷到多佛每英里6便士，城镇之间每英里12便士。⑤ 一些城镇留存有大量用于修建道路的个人捐赠和遗赠的记录。如，萨福克的勒温汉姆（Lavenham），在15世纪和16世纪早期，由于各阶层的共同努力，改善了周围地区的公路建筑，许多遗嘱中都包括了对于道路改善的遗赠条款。在1485—1540年的18份遗

---

① B. P. Hindle, "The Road Network of Medieval England and Wales", *Journal of Historical Geography*, pp. 207 – 209.

② [美]克莱顿·罗伯茨、戴维·罗伯茨、道格拉斯·R. 比松：《英国史：史前—1714年》上册，潘兴明等译，商务印书馆2013年版，第22页。

③ B. P. Hindle, "The Road Network of Medieval England and Wales", *Journal of Historical Geography*, pp. 207 – 210.

④ 罗马不列颠的主要道路，连接各军团驻地之间和驻地与伦敦之间的是又直又宽（20—25英尺）的道路，路面用石料铺成，常年均可通行。[美]克莱顿·罗伯茨、戴维·罗伯茨、道格拉斯·R. 比松：《英国史：史前—1714年》上册，第26页。

⑤ H. S. Ward, *The Canterbury Pilgrimages*, London: Adam and Charles Black, 1904, p. 126.

第五章　中世纪晚期英国农民社会交往的拓展　131

嘱中,用于道路改善的资金平均是 25 英镑。① 再如,北安普顿郡的亨利·格曼,在 1486 年留下遗嘱,把钱遗赠给通向赫德福德郡的罗斯顿(Royston)道路上的教堂,为运送牲畜便利,来修复这条线路;萨福克郡的萨德伯里(Sudbury)曾有一人于 1496 年在遗嘱中留下 10 英镑用于维修到达服装加工村镇内兰德(Nayland)的道路。② 这些用于道路建设的捐赠,无论是为了个人经济利益,还是为了公共利益,其性质大部分是属于个人自愿募捐,与教堂修缮和维护所使用的教区征集的款项不同,在一定程度上反映了人们发展本地交通的强烈愿望。

在跨越河流的交通要道上,14 世纪早期桥梁建设就已展开。其中多数属于重建,用石桥代替木桥,或用堤道(caustways)改进桥梁两端的道路,提高桥梁的通行质量,结束在湿软泥泞道路上上桥的交通状况。据当时的旅行者约翰·莱兰德(John Leland)的旅行记录记载,他沿途看到了许多新的或者是近来正在维修的桥梁。③ 如,1415 年阿宾顿(Abingdon)行会修建的横跨泰晤士河上的桥梁;1490 年伦敦的商人用当地的木材改造了埃文河上游的斯塔福德河上的克劳普顿桥(Clopton),取代了先前的小木桥。除此以外,还有一些位于远离城镇的较为偏远道路上的桥梁,如,贝德福德郡的巴福德(Barford)于 15 世纪 20 年代修建了一座造价昂贵的石桥,在奥斯(Ouse)建起了连接北汉普郡北部和"北方大道"之间的交通,避免了从巴福德绕道圣乃奇(St Neots)的麻烦。这些桥梁不是处于主要的道路上,进一步显示出英国整个的交通系统不只是由主要干道组成,还有地方道路。

通过文献资料和现存的建筑对能够确定时间的桥梁作一不完整的统计,英格兰北部各郡到 1350 年至少已建起了 36 座道路桥梁,在随后的两个世纪中,几条河流的交叉口全部建起了新的桥梁。约克郡东

---

① C. Dyer, *An Age of Transition? Economy and Society in England in the Later Middle Ages*, pp. 21–22.
② C. Dyer, *An Age of Transition? Economy and Society in England in the Later Middle Ages*, p. 120.
③ C. Dyer, *An Age of Transition? Economy and Society in England in the Later Middle Ages*, p. 170.

部的凯克斯比（Kexby），1396 年的档案记录这里还是渡口，1539 年也建起了桥梁。在 1400—1540 年间，这一地区或是重建，或者是维修了至少 22 座石制结构的桥梁。在塞文河上，普瑞斯顿·蒙特福德（Preston Montford，索普郡的上游）和格罗斯特之间，到 1300 年有 8 座桥梁，1530 年有 10 座，1700 年仍然是 10 座。大量桥梁的修建方便了穿行于河流两岸的货物运输和人员通行。据统计，直到 18 世纪工业革命的前夜，仍在使用的道路桥梁多数修建于中世纪晚期。[1] 而且这一时期修建的桥梁，更多的是路面较宽的石质建筑，对于当时的运输车辆来说有足够的宽度，桥梁两端的路面也是有石子铺就的堤道，与以前的相比较既方便又安全。

　　中世纪晚期英国已经开始重视道路的维护和管理工作。如 1247 年颁发的一张王室特许状，曾授权多勒卡斯特（Donecastre）的居民，允许他们用石头修建到达该城的桥梁，并同意他们从"复活节"开始，对装运货物经过桥梁的车辆每次征收 1 便士的关税。1315 年 8 月 18 日的王室特许状，授权威廉·德·尼耶尔（William de Leyre）、理查德·阿伯特（Richard Abbot）、威廉·洛·鲁斯（William le Rous）和汤姆斯·西蒙（Thomas Seman）等人，允许他们在柴戎（Charrying）征收 3 年的"过路税"，用于维修从伦敦到达威斯敏斯特王宫大门之间的通路，以保证该地区所有货物的销售和通行。[2] 1343 年的一份文件记载了罗切斯特桥梁管理权案件：这里的桥梁管理权由肯特郡的几个行会分别承担。[3] 根据都铎和斯图亚特王朝的立法，每一个教区负责维护其自己区域的道路，住户每年义务工作 6 天，或提供代理服务。1555 年和 1563 年，王国确立了由教区劳动力维护道路的法案。教区作为道路修建的责任者和养护者、将收取的地方税务的部分资金用来养护道路。[4]

---

[1] C. Dyer, *An Age of Transition? Economy and Society in England in the Later Middle Ages*, p. 21.

[2] H. Rothwell, ed., *English Historical Documents* 1189—1327, p. 802.

[3] H. S. Ward, *The Canterbury Pilgrimages*, p. 125.

[4] B. R. Duckham, *The Transport Revolution* 1750—1830, London: Rontledge, 1972, p. 2.

作为全国道路系统组成部分的乡村道路,此时已不全是"能走就行"的乡间小道,文献记载表明其道路状况已经改善。

第一,从货物运输量来看,良好的乡村道路已经存在。这时的乡村道路的质量已经能够保证城镇之间以及城乡之间人口和货物的流动,包括庞大的马车和相对便宜的货物,如,谷物、干草、饲料、燃料和建筑材料等等。奢华物品的运输也有大量的记载,像装载着120—240加仑的桶装葡萄酒的马车,在乡村道路上频繁进行的长距离运输。一则来自柴郡的资料记载也可引以为证,13世纪威尔(Vale)的王家西妥派修道院进行建筑施工时,曾征用农民马车从8英里外的埃迪斯伯里(Eddisbury)码头运输石头,一天内来回两趟,运程约30英里,工程前后进行了两个月的时间,包括冬季的寒冷潮湿天气都没有停歇。如果没有良好的道路,这样的运输是不可能进行的。

当时在英国东南部的低洼和湿沼地区,为了便于通行常常修有"堤道",如牛津南面的"黏土堤道"、萨默塞特郡的"兰格伯特堤道"和威尔特郡的"摩德黑斯堤道"等。其中"摩德黑斯堤道"将一个位于黏土带、积水难以流出的村庄与奇平汉姆的市场连接起来,使村民在一年之中的任何时间都可以进入市场。[①] 戴尔以为,一些学者之所以认为17—18世纪工业革命前英国的道路崎岖不平、泥泞不堪,是由于几个世纪以来道路没有随着运输量的增大而改善,或者是税收者夸大其词,中世纪晚期的乡村道路状况并非如此。[②]

第二,频繁的运输往来显示,乡村道路的通行已经较为便捷。据庄园档案记载,农奴有义务提供庄园以内或以外的运输劳役。在许多庄园,农奴必须将谷物和其他产品或者运送到领主的居住地(领主的居住地常常位于另一处庄园或该郡的某个地方),或者运送到距离

[①] Michael Aston, *Interpreting the Landscape: Landscape Archaeology and local History*, London: Routledge Press, 1985, p. 144. 谢丰斋:《中古时期英国的水陆交通》,《东南文化》2006年第6期。

[②] C. Dyer, *An Age of Transition? Economy and Society in England in the Later Middle Ages*, p. 21.

庄园最近的市镇上以备出售。例如，德文郡的陶顿（Taunton）庄园和斯托坎伯（Stogumber）庄园的一些习惯佃农经常将一部分谷物运到埃克塞特销售，又从埃克塞特购买酒、鲱鱼和盐带回。像圣·保罗修士团（Canons of St. Pauls）和巴特尔修士（the monks of Battle）所属的庄园，对外运输义务相当沉重，因为那里依然流行着每个庄园都有义务将其产品不时地送到领主住地的旧制。例如，在圣保罗所属的庄园，这一运输义务有农民按照持有地的多少履行，而且一年之中要用车，有时用船，往伦敦运送好几次食品。即使那些持有小份地的人也不能蠲免运输的义务，他们必须帮着装船，或把猪赶到伦敦去。在巴特尔修士所属庄园、达勒姆（Durham）主教所属庄园及其他一些地方，也存在着类似的情况，那里的农民总是来来回回不停地运送食品或谷物。①

　　第三，道路沿线建设有交通服务设施，为通行者提供方便。位于主要道路上的村镇、村庄里建有客栈，通行者能得到休息、储存货物的便利，而且还可以补充给养。例如，在通往阿尔顿，一个繁华小镇的道路上，有一个清洁的客栈，可以为旅行者提供食物和清洁的住宿条件，住宿的花费也便宜，住一夜只需要半个便士。如果是骑马，旅行者就需要为马的饲料和招待多提供一个便士，之后，他们自己就不用操心了。除了客栈以外，还有为通行者提供酒水和食物的酒屋。这种酒屋在道路交叉点上很多，几乎每隔半英里就有一个。一般情况下，这样的酒屋都是一些不起眼的小房子，屋后面有一个小酿酒棚。有些是由身体虚弱的老妇人来经营的，收入很微薄。也有些酒屋很繁华，除酒水以外，还经营蛋糕、面包、奶酪、冻烤肉、熏鱼和其他的一些必需品。除了没有为人和马提供住宿的地方以外，这里几乎一切都具备。② 这些设施有一些是由公共团体投资修建，更多的是个人投资。但是，除了在租册、契约和法庭档案中有一些记录外，多数投资

---

① ［英］亨利·斯坦利·贝内特：《英国庄园生活：1150—1400 年农民生活状况研究》，第 87—88 页。
② D. Webb, *Pilgrims and Pilgrimage in the Medieval West*, London: Palgrave Macmillan, 1999, pp. 199 – 200.

人没有留下修建的文献记录。

　　道路状况改善的同时，马车取代了传统的牛车成为主要的交通运输工具。13、14 世纪，普通农民普遍养得起马，一般来说，份地农有马一两匹，有的还有马车，甚至有的茅舍农也有马匹。虽然饲养马的费用明显高于牛，但是，这时以马为运输动力带来的收益足以抵消成本的上升，农民的日常生活已经离不开马。同时，12 世纪时有效的套马方法已经从东方传到西欧，固定的轭用车杆或挽带系在载荷车辆上的新马具的使用，使大型的马拉运货车的制造成为可能。13 世纪中叶，马拉运输已经在英国农田运输中居于重要地位。无论是领主自营地还是农民份地的田间运输都以马拉为主。在农村地区马拉运输的比例超过 3/4，在某些地区，尤其是东盎格里亚、近畿诸郡以及东米德兰，马拉运输完全取代了牛拉。例如，1260 年萨默塞特的皮尔顿修道院的罗伯特被责令用自己的马车运送六天领主的干草和谷物。① 到 14 世纪，马车成为陆路运输的主要交通工具，而牛车和驮马只起补充作用。中世纪的马车虽然样子笨拙但效率并不低。马车有多种类型：短马车一般由一两匹马牵引，长马车由六匹甚至八匹马牵引，如果是载运重货的跨郡长途运输，可能还会用铁皮包住木制的车轮。14 世纪跨郡的长途运输已不少见，大多数这样的马车由三匹马牵引。② 又据 1327 年的一份资料记载，两轮马车一次可运载 13 匹布料，四轮马车的载运量是双轮马车的 2—3 倍。③ 15 世纪，交通运输进一步发展，职业运输人定期往返于米德兰、伦敦、牛津、布里斯托尔、索尔兹伯里、南安普敦等地。据估计，每年进出南安普敦城门有 1600 辆马车，大多数运送的是纺织品，还有麦芽、猪或其他产品。④

　　中世纪晚期英国的城乡道路经过改造和新建发生了明显的变化，

---

① T. H. Aston, *Landlord, Peasants and Politics in Medieval England*, Cambridge: Cambridge University Press, 1987, p. 42.

② J. F. Willard, "Inland Transportation in England During the 14th Century", *Speculum*, Vol. 1, No. 4 (1926), p. 363.

③ M. M. Postan, *The Cambridge Economic History of Europe*, Vol. II, Cambridge: Cambridge University Press, 1987, p. 2.

④ E. Miller, *The Agrarian History of England and Wales* Vol. 3: 1348—1500, p. 352.

形成了相对完整的陆路交通运输体系；良好的路况足以承载大型商品货物的运输，即使在条件恶劣的冬季，也能够较充分地满足全国交通运输量的需要。

二 水路交通与设施的改善

中世纪晚期英国的水路运输网也发展起来。英国作为一个岛国，四面环海。在东边和西边，北海沿岸和爱尔兰沿岸，深入内陆的海湾和港口，彼此相连。内陆河流密布，布里斯托尔海峡和泰晤士河口、横伯河口和默西河、泰恩河与索尔威湾、克莱德河河口与福斯河河口，彼此相对，中间只留下一些越来越窄的地方。① 这样的河流分布情况对于水路运输来说具有独特的优势。在英国没有一个地方离海超过70英里，离通航的水域几乎不超过30英里。② 布罗代尔说过：陆地的中心只要有了河流，一切也就有了生机，无论什么地方，这种古老的生机是容易想象得到的。③ 14—15 世纪英国的水路运输网也发展起来。

"高夫地图"和15世纪70年代由克里斯托弗·萨克斯顿（Christopher Saxton）绘制的国家地图中对英国的大部分河流都有标注。据英国学者研究，中世纪时期英国大约有140条河流可以通航，可通航的里程总计约2400英里。④

表 5–1　　　　　　　　中世纪英格兰主要通航河流⑤

主要航运区	主要通航河流
1. 东北部（North-east）	特威德河、泰恩河、威尔河、提斯河

---

① [法] 保尔·芒图：《十八世纪的产业革命》，杨人楩、陈希秦等译，商务印书馆 1983年版，第91页。
② Mathias, *The First Industrial Nation: An Economic History of Britain 1700—1914*, London: Taylor & Francis Publishing, 1983, p.99.
③ [法] 费尔南·布罗代尔：《十五至十八世纪的物质文明、经济和资本主义》第一卷，第496页。
④ J. F. Edwards, B. P. Hindle, "The Transportation System of Medieval England and Wales", *Journal of Geography*, 17, 2 (1991), p.123.
⑤ J. F. Edwards, B. P. Hindle, "The Transportation System of Medieval England and Wales", *Journal of Geography*, p.131.

续表

主要航运区	主要通航河流
2. 亨伯湾（Humber）	赫尔河、德文特河、佛斯河、尤瑞河、奥尤斯河、尼德河、沃福河、亚耳河、考尔德河、道恩河、埃德尔河、特伦特河、福斯河、戴克河、安奇姆河
3. 湿沼地区（Fens）	威萨姆河、斯利河、卡河、格勒河、韦兰河、内拿河、Gt. 奥斯河、凯姆河、拉克河、Lt. 奥斯河、威斯西河、纳河
4. 东盎格利亚（East-Anglia）	安特河、毕欧河、温萨姆河、维文内河、阿尔德河、扣恩河、考奇河
5. 泰晤士河流域（Thames）	里河、谢尔沃河、泰晤士河、米德文河
6. 南部（South）	Gt. 斯陶尔河、阿若尔河、澳恩河、汉伯河、澳若尔河/易奇河、泰斯特河、埃文河
7. 西南部（South-west）	陶瑞兹河、帕瑞特河/托恩河、毕欧河、阿克斯河
8. 布里斯托尔湾（Bristol Channel）	埃文河（Bristol）、埃文河（Warwich）、塞文河、韦河
9. 西北部（North-west）	迪河、韦沃河、莫尔斯河/易瓦河、鲁恩河、德文特河、伊甸河
合计	63 条主要航运河流

注：不包含原表格中的威尔士部分。

众多交叉分布的河流为水路运输网络的形成提供了天然的优势。英格兰适于通航的主干河流有奥斯河、特伦特河、大奥斯河、泰晤士河和塞文河，这些河流及其支流是主要的适航河流。特伦特河是英国最大的河流之一，对地方经济的发展具有重要意义。13—14 世纪，威斯沃斯大量的煤炭经过这条河流运往诺丁汉姆。[①] 泰晤士河和奥斯河的河流系统使一些主要农业地区的产品有了出路。另外还有三条重要的河流，在大雅茅斯汇合的乌尔河、威文尼河和波尔河，这三条河流都可以航行，但最重要的是乌尔河，可以从大雅茅斯航行到诺里奇。同时丰富的湾口为水运航行提供了有利条件。以亨伯湾为例，这是英国最大的河口，此处汇集的河流有奥斯河、乌尔河与特伦特河。

---

① J. F. Edwards, B. P. Hindle, "The Transportation System of Medieval England and Wales", *Journal of Historical Geography*, p. 128.

河口北部流向托普克里夫的支流斯韦尔河，长期承担了木材的运送。据记载，1380 年，斯韦尔河流域瑞奇蒙德的人们缴纳了通行税后，可以驾船到各处航行。河口南部的重要河流是乌尔河，这条河流上的船运贸易可以远及伯鲁布里奇。如，1236 年，耶沃莱克斯的教士获得了特许状，允许他们在伯鲁布里奇到约克的水域自由航行，并用船购进和运出所有的物品。在距伯鲁布里奇 3 英里处，乌尔河与斯韦尔河汇合为奥斯河，约克是两河汇合处的重要城镇。奥斯河的支流有尼德河、弗斯河、沃福河、德文特河与埃尔河。从船只通关税的记录中显示，1322—1333 年间，人们通过水路把石头从泰德喀斯特运到约克，1338 年把羊毛从约克运到胡尔。从航行税收记录中可以确定，从特伦特河航行可以到达斯坦福德布里奇；从埃尔河可航行至诺汀利，并能到达利兹。英格兰东部地区贸易可以通过斯韦尔河与北部相联系；奥斯河、特伦特河、福斯迪克河与威萨姆河又可与南部的大奥斯河和卡姆河相通往返极为便利。此外，林肯郡、约克郡、汉姆郡和诺福克郡等一些拥有相对较好通航河流的地区，非常依赖于水路运输，大都采用水运的方式运送货物。一般情况下产品（主要是谷物）通过马车被带到最近的通航河道，并由此向另一个港口运送。①

中世纪晚期英国的水路运输设施同样得到了改善。14 世纪晚期和 15 世纪早期由个体投资对一些木制码头进行了改造，替换为石制建筑，码头两旁修建有石头堤岸，保证了船舶停靠的安全。根据不完全统计在涉及中世纪航运的档案中，关于修建船闸的文献资料的数量，1340—1370 年间达到顶峰。② 16 世纪初，居住在可通航河流上游的地方商人委员会提议要求对重要的河流进行改造建立水闸和人工开凿河流的迂回弯道提高通航的能力。

这一时期英国的水路运输工具同样得到了改善。大量资料显示，中世纪的河流上，远古时期平底的独木舟（logboat）仍然在较浅的水

---

① J. F. Edwards, B. P. Hindle, "The Transportation System of Medieval England and Wales", *Journal of Historical Geography*, pp. 126, 130, 124.

② J. F. Edwards, B. P. Hindle, "The Transportation System of Medieval England and Wales", *Journal of Historical Geography*, p. 125.

域使用，但在深水区已广泛使用安装有船桨和船帆的大型运货的龙骨船（keel）、驳船（barge）和趸船（trow）。运输船只造价昂贵，据记载一艘驳船的造价包括材料和加工共计20英镑，这种船只运载能力可达50夸脱。① 装配有齿轮的船和大型货船都吃水较深，可在宽阔的水面上进行长距离的航行。②

由于水运设施的改善和河流的疏浚，大量体积大、数量多的货物一般是通过水路运输，如，16世纪早期，当圣·保罗大教堂在阿尔曼伯里（Aldermanbury）建造伦敦教堂时，使用的埃塞克斯郡的纳维斯陶克（Navestock）的木材，运输工匠是通过陆路将木材运到达根汉姆（Dagenham）码头，经水路运送到伦敦。由于水路运输的费用相对于陆路运输来说较为低廉（1300年陆路运输的费用为每吨1.5便士/英里），③ 在亨伯湾、泰晤士河和塞文河等流域的水上运输，平均价格大约为每英里0.7便士，④ 相当于陆路运输的一半，所以建筑材料、谷物、燃料、干草等货物通过水路运输的数量较大。在中世纪晚期的英国"国家档案目录"（the Calendars of State Rolls）中关于通航的文献700多份（包括Charter, Patent, Close, Fine, Liberate, Chancery and Memoranda Roll），其中1/2以上的文献涉及水路运输的货物，包括谷物、酒、羊毛和石头等。尤其是1320年以后，记载航运货物文献的数目明显增加，甚至在黑死病期间也下降不多。⑤ 这一切说明中世纪晚期英国的水路航运变得日益繁忙，作用更加突出。

海上运输也是英国交通运输网络的有机组成部分，占有重要地位。英国拥有许多的天然良港，自然条件优越。在英国沿海岸周围分

---

① J. Masschaele, "Transport Costs in Medieval England", *The Economic History Review*, Vol. 442 (1993), p. 268.
② J. F. Edwards, B. P. Hindle, "The Transportation System of Medieval England and Wales", *Journal of Historical Geography*, p. 12.
③ C. Dyer, *An Age of Transition? Economy and Society in England in the Later Middle Ages*, p. 22.
④ J. Masschaele, "Transport Costs in Medieval England", *The Economic History Review*, p. 271.
⑤ J. F. Edwards, B. P. Hindle, "The Transportation System of Medieval England and Wales", *Journal of Geography*, p. 125.

布着众多与可通航的内河相连或相邻的港口,其中船只往来频繁的著名码头有伦敦、赫尔、金斯林、大雅茅斯、布里斯托尔、利物浦、普利茅斯、达特茅斯、康沃尔和德文等。如,普利茅斯是当时南部海岸最繁华的港口之一,许多朝圣人员和货物是从这里出发,港口足以容纳上百艘船。达特茅斯也是重要港口之一,从法国过来的船只一般是先到达这里,可以停泊各种类型的商船。[1]

星罗棋布的沿海港口,构成了一个发达的沿海交通网。新航路开辟之前,英国与欧洲大陆的法国、安特卫普、汉萨同盟的商人、意大利、西班牙和葡萄牙有着密切的海上贸易往来。萨姆塞特郡的米赫德港口连着爱尔兰的贸易;英国的船只经过冰岛进入大西洋,到达直布罗陀海峡,与伊比利亚的联系比较稳定;从德文和康沃尔出发的商船可以航行到里斯本、安达鲁萨和鲍蒂克斯。15世纪中叶之前,英国到西班牙的航线十分繁忙。[2]

沿海港口都有水路通向富裕的农业和工业区域,随时可以用来装卸货物。英格兰一半的煤是由海岸和河流运送至市场出售。诺森伯兰郡和达勒姆的最大煤场就在海边;兰开夏郡的煤场离河流最近的地方不足6英里。[3] 伦敦是当时最大的贸易港口,运输的物品主要是羊毛、奶酪、谷物、铅、煤、木材,等等。萨姆塞特郡的丹斯特曾是进口煤和谷物的通道,又是从当地石灰窑运出石灰石和石灰的码头。[4] 海上运输的发展推动了海外贸易的繁荣。据统计,1453年,英国有大约120只船到里斯本进行酒的贸易。西南部的港口在1376—1383年的7年间,有9艘船只去往伊比利亚,104艘到达波尔多;1390—1391年去伊比利亚船只达39艘之多,40艘去波尔多。[5]

水、陆交通状况的改善,使人员流动和货物运输变得较为便利,水、陆交通的互补性表现得日益突出。例如,1319年,爱德华二世

---

[1] D. Webb, *Pilgrims and Pilgrimage in the Medieval West*, p. 312.
[2] D. Webb, *Pilgrims and Pilgrimage in the Medieval West*, p. 313.
[3] Mathias, *The First Industrial Nation: An Economic History of Britain* 1700—1914, p. 99.
[4] T. S. Willan, *The Inland Trade*, Manchester, 1976, p. 26.
[5] D. Webb, *Pilgrims and Pilgrimage in the Medieval West*, p. 315.

邀请剑桥的一批学者到约克过圣诞节，他们选择的路线是经过沼泽地的六条河流到斯拜汀，经陆路到波士顿，再乘船到林肯，经托克西到达约克。交通的便利，商品贸易的繁荣，经水、陆两路的货物往来越来越频繁。1299—1316年期间，达勒姆的波尔萨多次在波士顿的商品交易会上购买大量的衣服和食品，人们用船把货物运到林肯，又用车运到托克西，再乘船到乌尔的布诺布里奇，从这里再经陆路运送。1336年，人们使用类似的方式把大批的货物从波士顿经海路运到纽斯卡尔，再经陆路运抵达勒姆。[①] 可见，中世纪晚期的英国，水路运输弥补了陆路交通的局限，初步形成了一个互为补充且相对完整的全国性的运输网络。

道路交通设施的修建和改善，互相渗透的水陆交通网络的形成，为人口的流动和商品的流通提供了基础，沟通了有无，平衡了供需。推动了中世纪晚期英国经济的发展和社会的进步，也有力推动了农民消费环境的改善和生活水平的提高。

第二节 农民社会交往范围的扩大

交通的发展是构建新的社会交往体系的重要条件，作为交往先导的交通，它承载的不仅只是物质、人口的位移，更重要的还有人们思想、观念和信息的碰撞与交流。中世纪晚期伴随道路交通网的改善，英国乡村社会逐渐由封闭走向开放。

中世纪早期的英国是相对封闭和沉寂的社会，自给自足的经济生活使人们相互隔离，不需要多少交往；盛行的农奴制又有许多限制强加于他们。庄园不准农奴外迁，否则领主有权追捕，家产扣押。有些地区如萨福克，甚至是自由身份的佃农也不准外迁。[②] 庄园中的农民

[①] J. F. Edwards, B. P. Hindle, "The Transportation System of Medieval England and Wales", *Journal of Geography*, pp. 132 – 133.

[②] 侯建新：《现代化第一基石：农民个人力量的增长与中世纪晚期社会变迁》，第156页。

都从事农耕和畜牧业,要服从于这些职业必需的原则,把大部分时间都花在田间地头和自己的庭院里。无论是自由人,还是农奴都干着相似的农活,世世代代过着相似的日子。12、13世纪的英格兰,成百上千的农民在乡村里繁衍生息,这些乡村处于这个或那个领主的控制之下,这些人除了在那张有封建庄园织成的封闭的大网里活动外,不知道还有别的生活。①

仅从中世纪教堂结婚登记簿即可发现,当时人们之间的流动和交往是多么有限。教会曾规定7代内禁婚,但在那样闭塞的社会里,几乎从未实施。教皇英诺森三世(1198—1216年在位)不得不将禁婚限制缩小到四代,可仍难以实行。库尔森博士在研究了大量教堂结婚登记簿后写道:"即使在英诺森时代放宽了法令的时候,通常一个村子里至少也有一半的农奴与他们的新郎或新娘拥有同一个四世祖。"②"人们的社会活动范围越小,社会交往能力越低,越超然于社会联系之外,他们的人身依附性就越强。"③

农民的社会交往在这一时期表现得比较狭隘,乡土社会在地方性限制下成了农民生于斯,长于斯,死于斯的固有的全部人生舞台,互动关系的纽带仅仅是血缘与地缘的关系,以此维系人们之间狭小的互动圈。

农民走出封闭的乡村社会,迈向丰富多彩的外部世界是以农奴的解放运动为先声的。静悄悄地迁徙和逃亡是农奴摆脱奴役、追求自由的重要内容之一。他们从一个村庄或者庄园里迁出,一方面希望寻找更好的经济利益,同时出逃到一个陌生的地方,可以隐瞒其被奴役的身份。在庄园法庭档案中,某个人的名字一旦上了逃亡者名单,就很少是因为其返回庄园而从名单上消失。法庭一次又一次地下达判决,命令逃亡者回来,命令他的邻居在下次开庭时将逃亡者带来。但若干

---

① [英]亨利·斯坦利·贝内特:《英国庄园生活:1150—1400年农民生活状况研究》,第56页。
② [英]亨利·斯坦利·贝内特:《英国庄园生活:1150—1400年农民生活状况研究》,第218页。
③ 侯建新:《社会转型时期的西欧与中国》,第112页。

年后，逃亡者仍在出走者的名单上，直到几十年后，希望最终破灭，向逃亡者发出的那些无效的命令最后也就从法庭案卷上消失了。例如，恩舍姆修道院庄园在1382年4月30日召开的一次法庭上，领主向法庭起诉说有若干农奴从庄园逃走了，法庭于是作出判决，其中一项判决是对逃亡者的亲属和担保人作出的，法庭要求他们保证将逃亡者带回庄园。直到1462年，每次开庭时都会作出类似的判决，但从1469年以后，法庭不再提及这种事。①

中世纪晚期由于农奴逃亡规模不断扩大，领主几乎无法控制，只好顺应时势，向愿意离开庄园的农奴征收一笔所谓的年度税，被称为"迁徙税"（chevage），作为其封建特权的象征，实际上承认了农奴的自由流动权。这种税数额极小，一年几便士或在圣诞节时送一对老母鸡。② 迁徙税登记簿表明，诺福克郡的福恩斯特庄园，在13世纪最后5年里，平均每年有100个农民在外谋生，而这里的维兰份地总共不过135份。13世纪和14世纪之交，格拉斯顿伯里男修道院所辖庄园人口的流动颇为活跃，较大庄园外出谋生的人数平均超过百人。③ 有个农奴讲起他的4个儿子和2个女儿的情况："大儿子约翰是个木匠，已经订婚，成婚后将住在未婚妻所在地萨瑟克（Southwark）；二儿子约翰是个屠夫，住在布莱欣里（Bletchingly）；三儿子叫威廉，出走后杳无音信，不知道现住在哪里；四儿子理查德贩卖木材，住在赫德哈（Hedenhall）的汉顿（Handon）。女儿琼嫁给了G.泰勒，住在克莱登（Claydon）；另一个女儿埃玛嫁给了R.哈尔考特，也住在布莱欣里。"④ 该农奴的几个儿女都摆脱了领主的控制。

另外，婚姻捐的变化也能反映出农奴依附关系的松弛和自由流动

---

① ［英］亨利·斯坦利·贝内特：《英国庄园生活：1150—1400年农民生活状况研究》，第279—280页。
② ［英］亨利·斯坦利·贝内特：《英国庄园生活：1150—1400年农民生活状况研究》，第278页。
③ E. Miller, J. Hatcher, *Medieval England: Rural Society and Economic Changes* 1086—1348, p. 43.
④ ［英］亨利·斯坦利·贝内特：《英国庄园生活：1150—1400年农民生活状况研究》，第279页，注2。

趋势的加强。对于农奴结婚的控制是庄园领主权力的重要内容，也是农奴人身依附的主要表现，婚姻捐同时也是领主经济收入的来源之一。中世纪晚期婚姻捐标准逐渐降低，原来嫁到另外庄园的农奴支付的标准较高，伍斯特大教堂领地上的标准是在6先令8便士到13先令4便士之间；斯塔福德郡的派廷汉姆是从5先令到10先令不同。14世纪以后，这一地区的庄园记录显示评估标准有所降低，如，1356年，阿利丝·巴肯仅承担了3先令4便士就离开了庄园。格洛斯特修道院的地产上，1350年代，虽然仍然带有任意性，但是标准也降低了，在3先令到5先令之间。海利舍温（Halesowen）庄园的标准更低，只有2先令到4先令。标准较低的婚姻捐在其他地区也有发现，比如，埃姆雷卡斯托尔（Elmley Castle）的北彻姆斯（Beauchamps）庄园和布若姆格若伍（Bromsgrove）的克若恩（Crown）庄园。[1] 按照这一时期最低日工资标准4便士计算的话，农奴能够承担得起这个数额。婚姻捐缴纳标准的降低说明了领主对农奴人身控制的弱化，农奴通过缴纳一定数量的婚姻捐，可以到庄园以外选择婚姻，改变了世代被束缚在一个有限区域的状况。

  交通运输的便利，拉动了城镇周围乡村的发展，处于交通沿线的村庄渐渐与城镇融合，村庄中的农奴通过这一途径也可以获得自由。例如：1213年以前，特伦特河畔伯顿（Burton-on-Trent）修道院院长在伯顿建立了自治市，同时，所有那些沿着伯顿大桥一直延伸到赫宁克劳（horningclaw）新街上的持有地，都被给予了市民土地保有权；到了1273年，修道院院长不得不授予该小城的另一部分地区以特许权；而在1286年，他再次扩大了该城市享有特权的面积范围。1298年，纽卡斯尔城（Newcastle-on-Tyne）扩建，市民向国王缴纳一笔钱购得特许权，与该城比邻的位于贝克（Byker）的潘帕丁（Pampadene）的全部土地并入纽卡斯尔城，村庄的农奴因此转化成市民，佃户享有全部的自由和习惯。[2]

---

[1] R. H. Hilton, *The English Peasantry in the Later Middle Ages*, p.58.
[2] ［英］亨利·斯坦利·贝内特：《英国庄园生活：1150—1400年农民生活状况研究》，第266—267页。

第五章 中世纪晚期英国农民社会交往的拓展

不仅如此，城镇里的"自由空气"也吸引着乡下众多的农奴。城镇记录中清楚地表明城镇是怎样接收了一批又一批不断涌入的"外来者"。例如诺里奇·赫德森先生通过检查13世纪末的市民名单，发现这些市民来自诺福克和萨福克不下450个地区。① 埃文地区斯特拉特福城建于12世纪晚期，在最初50年里，人口似乎完全来自16英里半径范围以内，到13世纪末，该地区中西部城市的大部分居民却来自30或40英里半径范围。② 城镇与乡村的互动，表明了普通劳动者自由度的增强，从1332—1342年至黑死病的一段时间的统计调查表明，"在英格兰北部、西北部、中部和西部等220处庄园的任何一处中，除了某些犁田和季节性工作以外，由农民服劳役的情况极少。"③

经过静悄悄的逃亡和迁徙，中世纪晚期的农奴摆脱了人身依附关系的束缚，获得了自由支配自己劳动的权力；同时挣断了奴役枷锁，为他们改变传统的生活环境提供了有利条件。

随着农民自主支配劳动的能力提高，交通条件的改善，他们谋生的手段更加丰富，社会活动范围进一步扩大。黑死病以后，对劳动力的大量需求，为农民广泛地参与社会交往提供了契机。"众所周知，男人和女人都离开村庄去从事农业或工业以获得较高工资。"④ 走出去谋生的人往往身兼数职，既是小土地持有者，又可能是"酿酒工或纺纱工，打谷工或渔夫，木匠或渔夫，割草工或木匠"⑤ 等。他们随需要和季节的变化从事不同的职业，几个不同的工作有可能是在一年内交替进行，比如制革工和纺纱工在合适的月份可以转变为打鱼或收割之类的效益相对好的活计。到14世纪70年代，关于一个人的职

---

① ［英］亨利·斯坦利·贝内特：《英国庄园生活：1150—1400年农民生活状况研究》，第265页。
② S. Reynolds, *An Introduction to the History of English Medieval Town*, Oxford: Oxford University Press, 1977, p. 70.
③ ［英］约翰·克拉潘：《简明不列颠经济史》，第155页。
④ R. H. Hilton, *The Decline of Serfdom in Medieval England*, p. 33.
⑤ S. A. C. Penn, C. Dyer, "Wages and Earnings in Late Medieval England: Evidence from the Enforcement of the Labour Laws", *The Economic History Review*, p. 361.

业会有多种描述，可能被称为几个工种的结合。例如，14世纪末，长期受雇于庄园的长工多数离开庄园，有的去做割草打谷之类的短期农活，还有的从事各种不同的职业，乡村木匠、织工、屠夫等工作。再如，属于伯苏（Pershore）修道院的一名佃户，1382年持有4英亩土地，兼作木匠；1393年案卷记录他又在其他地方被人雇佣收割大麦。① 有学者对长期雇工和临时雇工的收入进行了比较：1360年代早期，诺福克郡一名做农活的长工全年的工资不足10先令和5夸脱的谷物，正常年景下将值大约1英镑，加上1—2先令的额外津贴，其收入一年中也不足2英镑。而收割雇工仅秋收一季就可能挣得15先令至20先令；一名干草工一年干200天的活，其收入是2英镑8先令4便士，外加价值不少于10先令的实物津贴。② 外出打工所获并不是农民收入的全部，相当数量的农民的收入既有做短期雇工的现金收入和实物津贴，也有经营持有地的经济收入。

显然，农民职业的频繁变化受利益的驱动，而劳动者职业的流动必然伴随着地域的流动。农民有了人身自由，加上高工资的诱惑，越来越多的人外出打工。他们每年都从事多种劳动，频繁地更换雇主以选择最好的雇佣条件。1348—1349年以前，他们只是想想而已，但那以后，就有了更多的机会。因为人口下降，他们更容易找到工作。1378年，诺福克郡方纳特村（Forncett）的罗伯特·阿瑟带领6个或者更多的人在收获季节离开村庄，外出寻找工作，因为造成了当地劳动力缺乏，工资上涨而受到控告。③ 因为这种流动多是农民破坏了契约合同或者是拒绝在当地被雇佣，或者是违反了劳工法，所以庄园法庭案卷中存有大量记录（表5-2）。从各地的法庭卷档中可以看出，14世纪中期以后，农民的地域流动平均在7英里左右，最远的一例是诺福克的屋顶匠威廉·塞森，离开自己的家乡24英里，从小伯明

---

① R. H. Hilton, *The English Peasantry in the Later Middle Ages*, p. 82.
② S. A. C. Penn, C. Dyer, "Wages and Earnings in Late Medieval England: Evidence from the Enforcement of the Labour Laws", *The Economic History Review*, pp. 369–370.
③ S. A. C. Penn, C. Dyer, "Wages and Earnings in Late Medieval England: Evidence from the Enforcement of the Labour Laws", *The Economic History Review*, p. 365.

翰到方纳特寻找工作。

表5-2　　　　　　　　　工资收入者的区域流动[①]

年份	姓名	职业类型	郡	始发地点	到达地点	距离(英里)
1353年	伊利莎白和其他5名妇女	秋工	路德兰	鲁非汉姆	巴诺顿	2
1361年	约翰·怀纳德	木匠	萨福克	格兰费尔德	弗雷克斯顿	7.5
1362年	西蒙·魏根海尔	—	萨福克	德本汉姆	勒色瑞汉姆	7
1362—1363年	威廉姆·斯瑞色	屋顶匠	萨福克	卓木勒	爱普斯韦斯	8
1362—1363年	马格丽特	收割工	萨福克	汪迪斯顿	艾科特萨尔	20
1363年	艾莉斯	收割工	约克	鲍克灵顿	迪波色普	10.5
1364年	理查德·德科维克	耕夫	约克	瑟顿	约克	7.5
1374年	若费·德·卡	打谷工	林赛	弗斯比	绍普	7
1377年	玛提达·高斯	秋工	诺福克	布克斯顿	伯弗	2.5
1377—1378年	威廉·塞森	屋顶匠	诺福克	小伯明翰	方纳特	24
1383年	罗杰·陶克	秋工	林塞	大斯迪平	萨蒙比	9
1393年	罗杰·塞弗德	仆人	林塞	纳温比	林肯	8.5
1394—1395年	理查德·塞曼	—	林塞	蒙顿	林恩	20

注：此表为节选。

一般情况下，农民流动的趋势必须与乡村的生产和许多城镇需求相适合。较为突出的流动群体是收割雇工，他们的足迹是沿着谷物成熟的节奏循交通网络跨越整个英格兰。威尔士的收割雇工曾经大量地进入到米德兰收割谷物，法庭案卷中记载伍斯特郡和格罗斯特郡结合处的一个雇主于1396年雇用了119名农工收割成熟的庄稼。可见，收获季节农民流动的规模是比较大的。一些农民也被吸引到大城镇，比如，一定时期内，诺福克郡乡村的一些农民大多数进入到金林恩（King's Lynn）寻找活计。[②] 农民从一种职业到另一种职业，从一个地方到另一个地方不断地谋取报酬更高的工作，在这种频繁的变化

[①] S. A. C. Penn, C. Dyer, "Wages and Earnings in Late Medieval England: Evidence from the Enforcement of the Labour Laws", *The Economic History Review*, pp. 364-365.

[②] C. Dyer, *Everyday Life in Medieval England*, p.177.

中，其活动范围不断扩大，收入随之不断增加。

源自迁徙地区的姓名记录也显示了乡村人口流动逐渐增强的趋势。14 世纪早期，埃塞克斯郡的一些村庄，年龄在 12 岁以上的男性，每年有 4% 离开，同时又有 5% 的人进入。黑死病后，农奴无视强制执行的劳工法的限制，迁徙人口的比例上升，记录中姓名的更替说明每半个世纪就有 1/2—3/4 的家庭流动，到 1500 年，多数村庄和小城镇中只有少数家庭是从 14 世纪晚期继续居住下来的。① 可见，15 世纪末，乡村人口流动已经非常频繁。以伍斯特郡汉普顿拉维特（Hampton Lovett）的农奴乔治·安德海尔（George Underhyll）一家为例，1479 年迁至大约 5 英里远的哈特勒伯里（Hartlebury），在新居住地他成功地成为一个土地持有者和食品与饮料的销售商。他的儿子理查德，出生在汉普顿拉维特，后迁至 20 英里的小镇泰克斯伯里（Tewkesbury）成了一名制革工人，又于 1503 年迁回哈特勒伯里。② 可以说，农民在走出封闭的乡村四处寻求就业机会的同时，也领略了各处包括城镇多彩的生活；在通过辛苦劳动增加个人收入的同时，也扩大了生活的视野。在这种频繁流动的过程中，农民的社会活动能力得到了相应提高。

经济利益使农民与外界的联系日益加强，参与社会交往的形式更加多样化。中世纪晚期，农村商品经济的发展使乡村社会进一步开放，农民与外部世界的联系的纽带不再仅局限于"自在性"的血缘和地域关系了。

交通条件的改善架起了农民与市场之间沟通的桥梁，农民与市场的联系更加密切。农民不仅需要到市场上出售谷物或其他农产品以换取现金缴纳货币租，而且也需要到市场上购买所需的商品。中世纪晚期的英国农业已经不是静止和封闭的，农民几乎都要在市场上购买一些商品。尽管农民自己能够生产和加工食品、织布，修理房屋和农场的生产设施，可以自己收集燃料，但他们也必须想办法获得像盐和铁

---

① C. Dyer, *An Age of Transition? Economy and Society in England in the Later Middle Ages*, p. 36.

② C. Dyer, *Making a Living in the Middle Ages: The People of Britain* 850—1520, p. 354.

器这样的生活物品。在专门从事畜牧、酿酒和园艺的农民尤其如此。领主、教会和国家征收的各种货币税也迫使农民去生产可销售的产品，或寻找辅助性的付酬工作，人口的恢复和实际报酬的提高，促使食品和原材料的需求增加，这同样刺激了市场。不断增加的市镇和乡村集市，将这些影响渗透到农村的各个角落。①

如前所述，一般农民都有自己的马匹或马车，与牛车相比较，农民往返市场的时间缩短了一半，更重要的是农民的活动范围扩大了四倍。中世纪的市场密度较高，一般农民可以在两个以上的市场之间选择。12、13世纪，国王相继授予或批准了2500个市场特许状。驳船和马车把货物运到全国各地，这些货物在周市、年集和城镇的固定市场中加以销售。普通村民在当时的市场购买日常生活必需品，这种市场每周开办一次，通常是在星期日。②再者，各级各类的城市之间都有半径达6—7英里的乡村，农民容易也习惯于到城镇市场交易。③妇女在市场贸易中也扮演了重要角色。到15世纪，常见的情景是乡村妇女挎着盛有奶制品、禽蛋等较轻物品的篮子，步行到城镇，沿市井街巷兜售她们的产品，然后购买一些村庄中缺少的日用品。与此同时，城镇里的商人也经常光顾乡村，法庭档案中记载了一些为了赚取更多利润到村庄中推销产品，因而违反食品销售法令的面包商人和屠夫。④根据乡村遗址考古发掘中发现的一些铜合金的胸针、纽扣和小装饰品来推断，村庄中也留下了小商贩四处叫卖的足迹。⑤可见，市场扮演了一个重要角色，不仅富裕农民与此相联系，中等农民和小土地持有者也不能与此脱离。

即使同一村庄中邻里之间的经济往来也越来越普遍，商品经济原

---

① [英] 罗伯特·杜普莱西斯：《早期欧洲现代资本主义的形成过程》，第29页。
② [美] 克莱顿·罗伯茨、戴维·罗伯茨、道格拉斯·R. 比松：《英国史：史前—1714年》上册，第114页。
③ 徐浩：《前工业社会中的城市市场结构与市场导向的商业化》，《史学月刊》2005年第2期。
④ C. Dyer, *Lords and Peasants in a Changing Society：the Estates of the Bishopric of Worcester*, 680—1540, Cambridge, 1980, p. 349.
⑤ C. Dyer, "The Consumer and the Market in the Later Middle Ages", *The Economic History Review*, New Series, Vol. 42, No. 3（Aug., 1989）, pp. 321-322.

则正不可避免地进入农民家庭和个人关系之中。根据法庭的债务案例记载，1428—1430年间，林肯郡的托伊顿（Toynton）的村民关于船只出售、维修和两轮马车出售的协议引发的案例占到1/3以上。保存下来的法庭未处理的一个案例，是在此一个世纪之前1319—1320年林肯郡林赛的科顿（Kirton-in-Lindsey）的村民之间关于售价10先令的一头牛、11先令的2夸脱小麦，还有未定价的4英石（stone）的大麻①的争端。其他地区农民之间的交易也比较频繁，如，东盎格利亚或者是米德兰的林牧区，这里的乡村居民从事各种不同的职业，几乎所有的村庄都有自己的食品和淡啤酒销售商，基本能满足农民生活和生产中的需求。②

频繁的商业活动，把农民带到了不同的地区，其中既有周围村庄之间的交易往来，也有附近城镇的贸易活动，甚至在繁华的城市也留下了他们进行商品买卖的身影。根据庄园法庭中债务案例的记载，格罗斯特郡塞贝兹（Subedge）的一名农民托马斯·哈贝恩，死于1447年。据他生前因购买物品欠下的债务得知，大部分的债权人生活的村庄位于半径6英里以内，但有2位居住在8英里以外，有一位居住在位于斯陶尔河流域的希皮斯顿（Shipston-on-Stour）的一个很小的村庄之中。该郡另一村庄布劳克雷（Blockley）的农民威廉姆·吉贝斯，于1529年留下了遗嘱。吉贝斯遗嘱中记载的是由于售羊别人欠他的款项，欠债人中有两位居住在半径8英里以内考茨伍德山谷中的村庄里；还有两位城镇居民，分别生活在奇平开普敦（Chpping Campden）和希普斯顿（Shipston），都是有一定规模的地方贸易中心。参与大城市商业生活的农民也不乏其例，沃里克郡斯通里夫的债务案例记载，1433年考文垂（Coventry）的约翰·库珀起诉阿绍（Ashow）的罗伯特·勒维斯，后者因买了19个桶箍而欠他3先令11.5便士。还有一例，1490年考文垂的约翰·斯丹劳起诉芬汉姆（Finham，斯通里夫的一个小屯）的约翰·霍尔，原因是后者在1482年买了他的

---

① 英石（stone）：古代英国大麻的重量单位，1英石等于32磅大麻。
② C. Dyer, "The Consumer and the Market in the Later Middle Ages", *The Economic History Review*, p. 319.

3双长筒袜,价值2先令11便士,一直没有付钱。15世纪萨福克郡西部的50份遗嘱,可以进一步论证农民商业活动的范围。遗嘱中涉及的贸易地点,86%处在半径12英里以内的村庄中,城镇占到14%,少数涉及该郡较大的城市,如,伯里·圣·艾德蒙德(Bury St. Edmunds)和伊普斯维奇(Ipswich)。[①]

中世纪晚期,农民群体主要依靠其居住地附近的村庄集市和城镇市场来满足生产和生活的基本需求,这也是农民和贵族在消费模式上的一个共同特点。但是,如果需要,一些农民也有能力从事长距离贸易,其商品经济活动范围扩大的趋势是显而易见的。

小 结

综上所述,中世纪晚期,交通运输的发展和交通设施的改善为农民社会交往能力提高和交往范围扩大提供了重要的前提条件。中世纪晚期,英国的交通运输经过不断改造发生了明显变化,基本形成了水陆相结合的较为完善的国家运输网络。交通运输的发展,沟通了有无,平衡了供需,为商品经济的繁荣,社会交往的开放提供了前提。农民社会交往的拓展,说明农村的社会关系正在发生着变化。由于商品经济的发展和农民个体物质力量的提高,商品经济交换已深深渗透到乡村社会,融入人们的日常生活之中。乡村与城镇商品贸易的发展,改善了农民的消费环境,促进了农民生活水平的提高。所以,开放的社会交往体系,是社会发展的重要推动力。随着农民社会交往的不断拓展,乡村社会逐渐由封闭走向开放,由沉寂孤立发展到频繁流动,推动英国逐渐实现了社会的转型。

[①] C. Dyer, "The Consumer and the Market in the Later Middle Ages", *The Economic History Review*, pp. 319-320.

第六章　中世纪晚期英国农民受教育程度的提高

人是具有社会性的，一个个体想要很好地生存在世界上，就必须学习各方面的知识，认识自然和社会。纵观历史进程我们可以看到：教育作为培养人而人为建构的社会活动系统，始终是传承文化、传递生产经验的重要方式；在人类社会的发展过程中起到了不可忽视的作用。只要有人的地方一定有教育。虽然我们对这一时期农民的教育状况不能做过高的估计，但是，与乡村社会变革相适应，教育无疑已经是普通民众日常生活中的重要消费项目。中世纪晚期，农民个体物质力量的提升使其接受教育的自主意识逐渐增强，各阶层民众为改变社会地位，积极要求接受教育。同时，为了提高和扩大谋生的手段，即"培育赚钱的潜质"，他们努力争取受教育的机会。

第一节　农民教育需求的扩大

教育发展是社会经济发展的必然产物，是乡村社会变革在意识形态的反映。中世纪晚期，处于社会变革时代的农民阶层，在接受新思想的同时，为了提升生产经营能力和改善社会地位，教育意识逐渐增强，其教育需求有了不同程度的提高。

一　经济变迁的需要

14世纪以来，尤其是黑死病之后，乡村社会和经济的变革使人们普遍意识到要想获得更多的财富就应该改变单一的农业经营模式，

第六章　中世纪晚期英国农民受教育程度的提高　153

改进生产技术、改良耕作制度，优化土地管理，推进市场贸易。

生产经营意识的变化使富裕农民阶层渴望获取新知识，接受更好的教育。圈地运动兴起之后，拥有大地产的农民通过修改财产持有条款，收回公簿持有农手中租用的土地，购买小块地产，将土地集中，以租赁的方式出租，进行农场化经营。从一些地产文件的资料来看，此时的土地租金上涨了至少三到四倍。① 显而易见，成为地产主的富裕农民经营着一定规模的土地，他们致力于地产的扩大与开发，实行农牧业相结合的生产方式。汉普郡的约翰·尚弗劳尔耕种了大片土地，在耕地上喂养了许多牛和 3254 只羊；1494 年，约克郡的马尔丁·德·拉·马雷使用四队耕牛在自己的土地上耕作，喂养了 60 头牛和 1200 只羊。②

在改变地产管理模式的基础上，乡村中的商业经营日益活跃。经营家庭农场的地产主，将农场以商业模式进行运营。他们扩大自己的领地，适当圈地以增加粮食产量和库存，产品越来越多地运往市场，因而对市场信息导向尤为关注，甚至在各处的市场中安排有"耳目"，通过各种途径获得本地的供需情况以及各种有利可图的商业机会。如：诺福克郡的农场主罗杰·托申德雇佣了一名管事，专门负责平时的人员调动和羊群放牧管理。即便如此，他经常亲自过问生产经营中的相关的事宜。在 1479—1482 年他的一本账簿中夹有的纸条上记录着哪个牧场的羊毛较轻，需要和对方协商；他还专门编写了管理事务的备忘录，提醒自己一些需要注意的细节。③ 随着乡村中旧有经济结构的解体，新的农业资本主义经营方式开始兴起。

商业意识敏锐的新兴阶层，还会通过其他类型的经营来补充传统农业的收入。世人慨叹："固守传统经营模式的乡绅是不可能致富的，必须还有别的职业。"苏塞克斯和迪安森林的铁；康沃尔郡的

---

① R. H. Tawney, "The Rise of the Gentry, 1558—1640", *Economic History Review*, 1941, 11 (1), p.14.
② C. Dyer, *An Age of Transition? Economy and Society in England in the Later Middle Ages*, p.103.
③ C. Dyer, *An Age of Transition? Economy and Society in England in the Later Middle Ages*, pp.105–106.

锡；德比郡和北威尔士的铅；诺丁汉郡、达勒姆郡和诺森伯兰郡的煤矿；十几个郡的纺织业都是他们用以发家致富的对象。① 在德比郡，许多乡绅中的大家族投资铅矿、冶炼和磨石场。② 诺丁汉郡的维劳比斯是一个乡绅家族，他们大规模地开采煤矿，1498—1503 年煤矿年产量达 500 吨，每年获利至少 200 镑。而到 16 世纪 20 年代，其产量几乎翻倍。③ 这些富裕起来的农民认识到在生产和经营中，目不识丁是一种劣势，体会到知识的重要性，他们逐渐改变了传统的对教育的漠视态度。

对大部分普通农民来说，虽然经济状况可能会限制他们接受教育的愿望，但是随着乡村市场经济的繁荣，农民与市场的联系更加紧密，他们也需要对每年的粮食收入、支出、利润进行记录和计算，因而学会基本的读写、算术成为生活中必需的技能，教育越来越得到乡村地区普通民众的认同。如，16 世纪初期达勒姆农场主约翰·泰勒怀疑同父异母的兄弟试图侵占他的土地，"给我带来了一些我不认识的文字让我签署"，而由于自身文化水平低下，识字能力有限，导致在与兄弟的土地纠纷中处于劣势，他深刻意识到不识字的弊端。④ 现实生产与生活的实际需要推动着人们越来越重视知识的获取。乡村中的小生意人，如店主、粮商，拥有土地的农场主越来越感觉到能读会写则更加有利于经营，方便管理自己的生意；再有日常生产和经营中盈亏的核算、记录账簿等频繁的生产管理和经济纠纷的处理，人们意识到应该具备记账理财的能力，掌握商业算学的思维。而且随着商品贸易的不断繁荣，城镇中对于具备读写、计算能力的商业文员的需求也大为增加，因此把握更多的生存机会、更好地获取生产经营之道，农民也会考虑加强对于后代尤其是年轻子弟的知识文化教育。加之经

---

① R. H. Tawney, "The Rise of the Gentry, 1558—1640", *Economic History Review*, p. 14.
② S. M. Wright, *The Derbyshire Gentry in the Fifteenth Century*, Derby: Derbyshire Record Society, 1983, pp. 21 - 22.
③ John Hatcher, *The History of the British Coal Industry*, Clarendon: Clarendon Press, 1993, pp. 165 - 166.
④ Keith Wrightson, *The English Society*: 1580—1680, London: Hutchinson and Co. Ltd., 1982, p. 195.

济实力的增长和经济基础逐渐稳固，使人们有了一定的闲暇时间，可以考虑在子女年幼时，给予他们完整的启蒙教育，在子女求学时，为他们提供一定的物质保障，为后代创造相对有利的环境接受教育，获得文化知识的熏陶。无论是迫于社会环境的变化还是出于维护自身利益的需要，底层民众都希望接受基本的教育。

显然，乡村经济的变迁，农民整体物质力量的提升，他们希望增长见识，获取新知识、新思想，以适应新的生产技术、经营模式和商品经济繁荣的实际需要。在生产生活中一名能读懂文字的人远比那些不懂书写的人更有用逐渐成为人们的共识。

二 谋求社会地位的改变

随着财富积累的增长，农民改变自己社会地位的愿望随之提升。他们要求在整个社会中，从凄惨、贫穷和愚昧的地位提高到高尚和自尊的地位。[1] 经济的发展和社会的变革为人们提供了改变命运的机会，而教育是改变命运的手段，得到了民众的广泛认识。

乡村中富裕农民、商人的崛起，打破了传统农民阶层的二元结构，处于贵族之下、普通民众之上的中间阶层成为社会的中坚力量。随着农村富裕阶层财富的增加，他们开始追求与自身经济地位相匹配的社会地位，接受教育是提高社会地位的一个主要渠道。"英国社会总体而言是开放的，社会各阶层之间的垂直流动从未停止过，英国开放性和流动性的特征使得各阶层通过向上或向下的流动，中等阶级的力量越加充实。"[2] "向上流社会看齐"无形中成为接受学校教育的一条基本原则，而且也是社会各阶级的价值取向。[3] 通过教育获取社会上体面的身份和优越的地位，成为中世纪晚期和近代早期乡村社会的普遍现象。一位威尔士乡绅写给妻子卡德沃拉德的信中认为，教育是

---

[1] [美] S. E. 佛罗斯特：《西方教育的历史与哲学基础》，吴元训、张俊洪等译，华夏出版社1987年版，第198页。

[2] 辛庆志：《英国中等阶级形成过程探析》，《史学月刊》2010年第2期。

[3] 钱乘旦、陈晓律：《在传统与变革之间——英国文化模式溯源》，江苏人民出版社2010年版，第326页。

一笔非常值得的家庭投资，是一条脱离乡村进入上流社会的路径。①

　　经济实力愈益雄厚的富裕农民渴望提高社会声望，有机会通过接受贵族式的精英教育跻身上流社会。为了使其后代成为高贵的"绅士"，他们越来越重视教育，把学习知识视为智慧的源泉，使其儿孙接受大学教育是一个重要的目标。② 当时的评论家认为，大学学位赋予了学习者绅士风度，教会越来越偏爱毕业于牛津或剑桥大学的神职人员。被剑桥大学录取的农民出身的青年学子，尽管他们在社会地位与经济力量方面存在不足，但大多数还是能够完成学习课程。③ 富裕农民的后代依靠自己的努力，一方面通过接受大学教育有机会进入绅士阶层，另一方面也可以凭借自己的学位在教会或其他行业谋取更好的发展。对他们而言，学位是一张餐券，或是一条达到目的、实现人生目标的安全之路。

　　普通农民阶层也注意到教育会给自己带来希望。"农奴正在极力想使他们'既无知又卑贱的子孙'受到教育"，他们用金钱赎买自由，为了接受教育想离开庄园，或者打算让自己的儿子离开庄园去接受教育。④ 在中世纪教会学校具有慈善性质，大部分是免费教育，开支相对低廉。在农奴制盛行的时代，一个农奴的后代进入教会学校接受教育，可能会改变一生的命运：消除农奴的身份，成为摆脱领主各种屈辱性义务的自由人。⑤ 17 世纪的作家詹姆斯·豪沃尔在写给多塞特伯爵的信中指出，任何时候都没有像 16 世纪英格兰的父母那样，"在所有的时代，学习都是各色各样的人所推崇和觊觎的事情，尤其是在 15 世纪，尽管人们还是贫穷的和呆板的，但是更多的人都是想尽办法竭尽全力让孩子留在学校；……农夫们节衣缩食供儿子学习；

---

① Heal Felicity and Clive Holmes, *The Gentry in England and Wales*, 1500—1700, London: The Macmillan Press Ltd., 1994, p. 245.
② Heal Felicity and Clive Holmes, *The Gentry in England and Wales*, 1500—1700, p. 264.
③ David Cressy, "Educational Opportunity in Tudor and Stuart England", *History of Education Quarterly*, Vol. 16, No. 3 (Autumn, 1976), pp. 301-320.
④ [英] 亨利·斯坦利·贝内特：《英国庄园生活：1150—1400 年农民生活状况研究》，第 258—259 页。
⑤ 孙立田：《工业化以前英国乡村教育初探》，《世界历史》2002 年第 5 期。

第六章 中世纪晚期英国农民受教育程度的提高　157

我发现这个地区的人们有如此强烈的学习欲望"①。

这时,乡村各阶层普遍认为,跻身权力阶层,长期稳定地处于显赫地位,仅仅依赖于血统和军事实力是远远不够的,而更多地要凭借读写技能的掌握和个人能力的提高。在中世纪的很长一段时间内,英国的乡村社会是一个稳固的庄园共同体,庄园是领主的固有地产,领主对庄园内部所有人员进行统一的管理。各级教会组织在地方公共事务的管理上也扮演着重要的角色。郡一级的政治事务和公共管理主要由郡守、领主负责,而教区层面的各类事务管理主要由教会掌控。14、15 世纪以后,随着庄园农奴制由衰落走向灭亡,这一情况开始发生变化。由于领主势力的削弱逐渐失去对乡村的管控;黑死病的冲击,使得教会对基层管理的把控也变得力不从心。当时的英格兰尽管存在地方行政机构,但是管理却变得松散,在各种事务中不能发挥应有的作用。在这种情况下,各级行政机构中的治安法官就成了地方政务方面真正意义上的代理人。治安法官是一个古老的职位。除了维持乡里的治安,履行司法职责外,还要管理一些地方性的事务,诸如:保障市场供给,稳定价格波动,平定民众动乱,惩治强盗罪犯,处置流民乞丐,负责济贫赈灾等。② 受中世纪骑士分封制度和传统封建思想影响,乡绅自产生以来就有担任治安法官和为王国服务的传统,且随着乡村中富裕约曼农物质力量的增强,在地方政务和教区公共管理当中,普通乡绅和富裕的约曼农,甚至地位低下的佃农,担任高级巡捕和巡回法庭陪审员等职务的现象也愈加常见。至 15 世纪中期,乡村中那些识文断字的头面人物实际上控制了乡村的公共事务。③ 在领主和个体户之间是村庄共同体,实际上能够代表村庄共同体的都是一些乡村头面人物;他们是富裕农民中的杰出代表,没有他们的合作,领主就难以进行管理。④ 庄园或领主法庭由富裕农民控制,他们解

---

① Ursula Potter, "To School or Not to School: Tudor Views on Education in Drama and Literature", *Parergon*, Volume 25, Number 1, 2008, p. 119.
② 钱乘旦主编:《英国通史》第三卷,江苏人民出版社 2006 年版,第 102 页。
③ R. H. Hilton, *The English Peasantry in the Later Middle Age*, p. 54.
④ R. H. Hilton, "A Crises of Feudalism", *Past and Present*, No. 80 (Aug., 1978), pp. 3–19.

释惯例、解决争端、制定公共法则、颁布细则、拒绝村外陌生人，等等。

通过积极参与地方公共事务管理，是农民树立个人的威信，提高社会地位的重要方式。具有一定经济实力的乡村民众深知要成为对社会有用的人，就应该掌握基本的阅读和书写能力，精通一些古典学科的知识，熟练运用语言，具备优雅的行为举止等。① 因此，他们把子女送到文法学校接受正规和系统的教育培训。克里斯多夫·沃德福德认为一个乡绅的孩子，"没有知识或者恰当的举止，你就只能在领地上耕地和收取地租；但如何与同等身份的人交流，如何在王国政府中恰当地尽责，事实上也就是如何按照上帝赋予你的身份履行职责，这一切都需要学习知识提高自己，以此才能掌握先贤的观点与向榜样学习。"②

乡村的民众视教育为向社会上层流动的手段，学校教育日渐成为一个受欢迎的话题，与过去相比农民对学校教育的期望发生了变化。人们普遍认为，教育是一种投资，是一种向上流社会攀爬的方式，是一种能够造成社会阶层流动的途径，它值得家庭其他成员付出相当大的代价去争取。15 世纪晚期，人们的思想被广泛的教育机会所吸引，认为教育的发展能带来社会的美好。③

三 人文环境的影响

中世纪晚期，社会文化环境的变迁同样对乡村教育产生了重要影响。农民从现实出发，认识到只要想在社会上站稳脚跟，在政治上有所作为，需要具备的就是学识、智慧和美德，而这一切都来源于教育。

中世纪晚期英格兰教会的世俗性进一步增强。早在 14 世纪末，

---

① [英] 劳伦斯·斯通：《贵族的危机：1558—1641 年》，于民、王俊芳译，上海人民出版社 2011 年版，第 302—303 页。
② Heal Felicity and Clive Holmes, *The Gentry in England and Wales*, 1500—1700, London: George Allen & Unwin Ltd., 1961, p. 243.
③ W. K. Jordan, *The Charities of Rural England* 1480—1660: *The Aspirations and the Achievements of the Rural Society*, London: George Allen & Unwin Ltd., 1959, p. 53.

第六章　中世纪晚期英国农民受教育程度的提高　159

为了反对罗马教廷的控制和英国教会的长期依附，牛津大学教授约翰·威克利夫（John Wycliff）提出建立"廉价教会"和教产世俗化的主张，反对教会干涉国家事务，抨击教会对财富的占有，认为教皇也要受制于民法，开启了英国宗教改革的先河。① 威克利夫的宗教改革思想和罗拉德派运动，是英格兰民族思维模式和价值观念的反映。威克利夫在改革思想中提出"向来教会竟认为人与神不能直接感通，无论祈愿与救济，均非经教皇与僧侣之媒介不可，此极背理。盖信仰的标准唯在于《圣经》，人可借此直接与神接触，而沐其恩惠。故即出于教皇之言，倘与《圣经》之意旨相背，吾人实不能信奉之"②。人们可以直接通过阅读《圣经》与上帝对话，因此人们开始不再依靠神职人员，转而重视提高自身的读写能力。宗教改革家继而提倡通过自己阅读《圣经》获得救赎，主张"阅读英文版《圣经》并积极对之理解，出版便于民众理解的小册子，并捐助建立初级识字班和语法学校等"③。

13 世纪以来，英语日益成为人们交往和表达知识的手段，而古典语言的地位则逐渐下降，英语在语言学习中的比重愈益加强。1367年出现了第一次用英语记录的议会辩论书；1376 年和 1378 年分别出现了用英语签订的财产转让契约和遗嘱。④ 14 世纪后期，乔叟的《坎特伯雷故事集》用英语对英格兰社会进行了全景式的描绘。"他生动扼要地勾勒出了这些处于不同社会阶层且职业身份不同的朝香客"，⑤其中包括自由农民、富裕的小地主、工匠、农妇等。宗教改革的兴起，提倡人们直接阅读《圣经》，将以往只有少部分人才能够读懂的拉丁文圣经翻译为英文，并大量出版。1384 年威克利夫及其追随者翻译了《圣经》的内容，1526 年威廉·廷代尔（William Tyndale）翻译了《新约》读本。那么要想阅读《圣经》必须具备一定的识读

---

① 易红郡：《英国教育的文化阐释》，华东师范大学出版社 2009 年版，第 20 页。
② 雷通群：《西洋教育通史》，吉林人民出版社 2013 年版，第 124 页。
③ Nicholas Orme, *Medieval School: Roman Britain to Renaissance England*, New Haven: Yale University Press, 2006, p. 220.
④ 钱乘旦、许洁明：《英国通史》，第 103 页。
⑤ 钱乘旦、许洁明：《英国通史》，第 105 页。

能力，这也激发了民众学习英语的热情，并促进了英语的广泛普及。

　　印刷术传入英国之前，书籍的唯一来源是修道院，人们阅读的都是手抄本，内容仅限于教会允许的范围。1476 年，成功商人威廉·卡克斯顿在佛兰德尔学会了印刷术，并在威斯敏斯特修道院开办了英格兰第一家印刷所。先后印行了《特洛伊的故事》《坎特伯雷故事集》《亚瑟王之死》等书籍，随后牛津、奥尔本和伦敦等地也有了印刷所。① 印刷术的推广极大地促进了书籍的出版，1500 年，英国至少出版了 360 本图书，随后各种印刷书籍成倍增长，各种题材应有尽有。② 出版业的兴起为人们获取各种书籍提供了便利，市面上流通着大量拉丁文初级读本，这些书籍的价格不高，1520 年，人们能够用 6 便士买一本伊拉斯谟的书，相当于一个工匠一天的工资，乡绅、富裕约曼农、商人基本上每人至少拥有一本书籍。长远来看，出版业促进了读者人数的增加，使得大型私人图书馆的产生成为可能。如果没有印刷机的话，那么人文主义者的革命思想就不会传播得如此迅速。③ 正如孔多塞所说："印刷术无限地（而且花费很小地）增多了同一部著作的印数。从此，凡是懂得阅读的人就有能力可以得到书籍，并按照自己的兴趣和需要得到；而且这种读书的便利又扩大并传播了进行教育的愿望和手段。"④

　　印刷术的传入不仅推动了书籍的传播，而且使教会失去了对于文化知识的独占权。长期以来，基督教会一直采用拉丁文本的标准《圣经》，这也是基督教会至高无上的权威。英文《圣经》一个多世纪以来在英格兰一直是非法的：主教认为，英文《圣经》——即使是官方版本，也会通过允许人们形成自己的宗教观点而鼓励异端邪说。⑤

---

① 易红郡：《英国教育的文化阐释》，华东师范大学出版社 2009 年版，第 60—61 页。
② [英] 露丝·古德曼：《百年都铎王朝：1485—1603 年英国黄金时代生活实录》，第 91 页。
③ [美] 克莱顿·罗伯茨、戴维·罗伯茨、道格拉斯·R. 比松：《英国史：史前—1714 年》上册，第 271 页。
④ [法] 孔多塞：《人类精神进步史表纲要》，何兆武译，生活·读书·新知三联书店 1998 年版，第 101 页。
⑤ [美] 克莱顿·罗伯茨、戴维·罗伯茨、道格拉斯·R. 比松：《英国史：史前—1714 年》上册，第 271 页。

当时的英国社会，普通民众根本无法读懂《圣经》，他们只能依赖于教士的布道和解释，而这种情况反过来又促使教会的权威更加不可撼动。人们越来越多地寻求在《圣经》文本和《圣经》故事（最好是带插图的）中找到信仰，所以一直有一些民族主义者怀着把《圣经》翻译为本民族语言的理想。印刷术的发明，给新教思想的传播带来了革命性的变化，特别是廷代尔翻译的英文《圣经》影响颇大，民众对英文版的《圣经》有持久广泛的需求。在亨利八世（1509—1547年在位）的支持下，1535 年官方英文版《圣经》终于出版了。至 1557 年，英文版《圣经》出版了 30 次，《新约全书》50 次，其他宗教作品也大量出版。这显然满足了大众的宗教需要，对虔诚者学习阅读也提供了方便。[1] "印刷术与社会中民众的识字能力、文化水平息息相关，社会不再按着原有情况划分等级，而是越来越取决于接受教育的能力和水平。"[2]

英国乡村社会中那些尚未具备读写能力的人，都或多或少地受到了书籍等印刷品的影响，一些传统的口传文化开始采用印刷品的形式而得到了大量传播。民谣就有几千多部进入文化市场。"当时诺福克郡的清教徒尼古拉斯·鲍斯德提到，一些不识字的穷人也购买这些民谣，放在茅舍中不时地看一看，学一点。"[3] 13 世纪热那亚大主教雅阁编写的《圣徒传》多次再版，不仅被教会利用进行宣传说教，普及宗教知识，而且也成为人们的消遣读物。[4] 印刷术的传播扩大了乡村居民文化视野，潜移默化地提高着村民的读写能力，改变着他们的精神面貌。印刷出版业的繁荣促进了乡村教育的发展，激发了社会各阶层对于学问和智慧的追求，提高了他们追求知识的兴趣和愿望。

印刷术在英国的兴起使得社会上出现了大量的书籍，推进了知识

---

[1] H. S. Bennett, *English Books and Readers* 1475—1557, Cambridge：Cambridge University Press, 1952, p. 25.
[2] Dennis Lawton, Peter Gordon, *A History of Western Educational Ideals*, London：Routledge, 2002, p. 85.
[3] Keith Wrightson, *The English Society* 1580—1680, p. 381.
[4] E. Mill, J. Hatcher, *Medieval England Rural Society and Economic Change* 1086—1348, London：Longman, 1978, p. 147.

的传播,增强了人们的学习动机,改善了学习条件。这不仅开阔了国民的视野,改变了人们对知识教育的态度,还在全社会塑造出了一种积极向上的精神面貌,一种渴求知识文化的良好氛围。

第二节 乡村教育条件的改善

农业经济的发展和乡村人文环境的变迁为教育条件的改善提供了基础和动力,长期流传的办学传统得到加强,新的世俗办学模式正在兴起,能够使渴望摆脱贫困、渴求知识、有能力的农民实现接受教育的目的。

一 教会的免费教育

英国教育深受基督教的影响,"从一开始,有组织的教育就是教会的职责,这在很大程度上,决定了漫长的英国教育历史发展进程中宗教与教育的关系"[1]。中世纪以来一直流传着教会办学的传统,神职人员是教育最主要的贡献者。早在13世纪第四届拉特兰宗教会议上,就规定每个教堂应当有一名教师,并希望教会学校(cathedral schools)为渴望学习拉丁语的任何年轻人提供教学条件。[2] 教育史家里奇指出:"最初英国教育乃是宗教的产物,学校是教堂的一种附属品,校长是教会的职员。……教会法庭对于各学校、大学及学院等有完全司法之权。直至1540年,一切教师、学者都是牧师会的人。"[3]

由教会办学既是出于传教的需要,同时也是他们对教区居民教育责任的具体体现,他们期望所属教区的孩子都能够接受基本的教育。"基督教的博爱观念和救赎理念帮助教会成为社会救济任务的主要承

---

[1] 徐辉、郑继伟编著:《英国教育史》,吉林人民出版社1993年版,第5页。
[2] John Nelson Miner, "School and Literacy in Later Medieval England", *British Journal of Educational Studies*, Volume 11, Issue 1, 1962, p. 21.
[3] [澳] P. R. 科尔:《西洋教育思潮发达史》,于熙俭译,台湾商务印书馆1969年版,第252页。

担者。宗教法规明确规定，照顾穷人是神职人员的责任之一。因此教会不仅为贫困者提供物质供给，而且为其提供基本的生活指导，帮助他们渡过生活中遇到的难关。"① 教会照顾穷人不仅体现在日常生活中，还体现在对教区儿童的教育上。"在宗教改革前，教区儿童的教育仍然是教区执事的职责之一，如果他有能力的话，一定要努力教孩子们读书。"② "15 世纪，在较小的城镇和乡村，小教堂创始人经常提出，牧师应该通过教育孩子完善自己的日常职责。"③ 因此教会神职人员把教育教区孩子们基本的读写算技能看作是自己的一项责任，很多乡村慈善学校在主教的管理和指导下发展起来，直到宗教改革时期部分学校被没收或者重建，转变成世俗化慈善学校为止。

宗教在中世纪人们的日常生活中起着无孔不入的作用，整个社会弥漫着浓厚的宗教色彩，"乡间的祭坛、路旁的十字架、朝圣者群体的队伍、隆隆的弥撒钟声和远处教堂的尖塔"，时刻提醒人们对教会的虔诚与责任，这也意味着教会教育在乡村比较普及。诺曼征服之前，每个大教堂都有一个牧师负责专门教授本教区的孩子们拉丁语和音乐方面的知识，教堂作为人们日常活动和祷告的中心，其数量众多。"在中世纪，伦敦有 136 个教堂、诺里奇有 50 个，仅一个较小的自治省卢易斯就有 8 个……正如在每个村庄里，宏伟的石质教堂高耸于村庄农舍之间，象征教会在中世纪生活中的核心地位。"④ 在基督教慈善观念的推动下，教会办学的传统得以延续和发展，修道院和大教堂下设的学校成为人们接受教育的主要场所。

为了捍卫宗教原则，教会迫切希望提高本教区教士的文化水平。"在宗教改革前的一个世纪里，教区牧师的教育水平稳步提高。学校里几乎所有的教学仍然是由神职人员完成的，教学的总体水平比以往

---

① 周真真：《英国慈善活动发展史研究》，中国人民大学出版社 2020 年版，第 19 页。
② John Lawson and Harold Sliver, *A Social History of Education in England*, London: Methuen and Co. Ltd., 1973, p. 113.
③ Joan Simon, "The Reformation and English Education", *Past and Present*, No. 11 (April 1957), p. 51.
④ ［美］克莱顿·罗伯茨、戴维·罗伯茨、道格拉斯·R. 比松：《英国史：史前—1714 年》上册，第 157 页。

任何时候都要高。"① 直到宗教改革前夕，神职人员对教育的贡献依然很大，相比其他社会阶层，他们享有来自王室的收入，因此他们对教育的捐赠是最慷慨的。

教会本是宗教的传播者，随着民众对知识需求的增加和传教的需要，他们的教育责任更为重要。为了让民众能够读懂《圣经》《十诫》《祈祷文》，遵循《圣经》中上帝的旨意，教士必须对所在教区的居民提供一定程度的读写教育。"在这个新的环境中，修道院制度不可避免地趋向于承担起文化领导者的职责。修道僧们不但要在基督教教义方面，而且还要在作为神圣的经典语言和仪式语言的拉丁文方面指导信徒。他们教授基本的读和写，还有那些为理解教会事务和仪式所必需的艺术和科学知识，如书法、绘画、音乐，尤其是年代学和历法知识。"② 据记载，14 世纪后期，考文垂的汤奇镇郊的教堂、伍斯特郡的卡彭特教堂，还有沃顿城郊的修道院都免费为学生提供基本的读写能力的教育。③

中世纪晚期，随着民族语言的广泛传播，为了普及宗教知识，英语愈益重要，渐渐成为教会学校的主要教学内容。"1381 或 1382 年，新约的翻译似乎已经准备好了，几年后旧约的英文版也完成了。整部《圣经》开始以手稿的形式在全国流传，尽管整部作品多达六卷甚至更多④。""每个信徒都必须接受和遵循圣经，新旧约的内容要以一种容易理解的形式为俗人所掌握，其中需要有一种方法指导他们。"⑤ 于是，对于信徒们拥有的英语《圣经》，神职人员需要教会他们阅

---

① Michael Van Cleave Alexander, *The Growth of English Education 1348—1648: A Social and Cultural History*, Pennsylvania: The Pennsylvania State University Press, 1990, p. 67.
② [英] 克里斯托弗·道森:《宗教与西方文化的兴起》，长川某译，四川人民出版社 1989 年版，第 49 页。
③ John Nelson Miner, "School and Literacy in Later Medieval England", *British Journal of Educational Studies*, p. 22.
④ Michael Van Cleave Alexander, *The Growth of English Education 1348—1648: A Social and Cultural History*, p. 33.
⑤ Michael Van Cleave Alexander, *The Growth of English Education 1348—1648: A Social and Cultural History*, p. 32.

读，使人们准确理解基督教教义。

14世纪中后期，由于黑死病的肆虐和旷日持久的百年战争，人口死亡率激增。各地以教会为主体建立了许多捐赠基金会，一方面对死后的灵魂做祷告，另一方面负责对教区儿童的教育，教会教育进一步拓展。"根据记载，第一所歌祷堂学校（Prayer church school）于1384年在格洛斯特郡的沃顿（Wotton-under-Edge）成立。然而，早在1324年，在埃塞克斯郡的哈罗（Harlow）就有一所唱诗班（Choir school）学校。而最初的这种唱诗班学校可能是1286年在威斯特摩兰的阿普比小镇（Appleby Westmorland）的教区教堂成立的。"在伦敦地区，"到1366年，圣保罗大教堂有多达66个这样的捐赠基金会。1400年后，虽然新的歌祷堂基金会没有像早期发展那么快，然而，建立歌祷堂总是比修道院更便宜，所以它们的数量继续增长；到了宗教改革时期，英格兰已经有数百个了。在爱德华六世统治时期，皇家专员统计，仅在约克教区就发现了424个，而在王国的其他地方则有超过2000个"[①]。歌祷堂学校在15世纪末被并入读写学校，同时期从教会中独立出来的文法学校却一直发展到18世纪。

宗教性的教育具有慈善的性质，神职人员是教育的主体，这种教育方式为社会中下层提供了受教育的机会，在中世纪晚期仍然是普通民众受教育的主要方式。

二 教育捐赠的兴起

以14世纪中期黑死病的流行为转折点，教会慈善教育的形式出现了变化。在黑死病之前，神职人员大多只是履行教育教区居民的义务，没有真正意义上的教育捐赠活动；黑死病之后"以及由这一悲剧事件导致的危机气氛，促使一些富有的主教开始对他们以前一直从事的事业给予慷慨的资金援助"[②]。直至宗教改革，他们一直对教育

---

① Michael Van Cleave Alexander, *The Growth of English Education 1348—1648: A Social and Cultural History*, p. 59.
② Michael Van Cleave Alexander, *The Growth of English Education 1348—1648: A Social and Cultural History*, pp. 1–2.

保持着较高的捐赠金额，相比于其他社会群体中所做的贡献是比较突出的。

从资料来看，教会的捐赠方式主要以获得优先办学权利为条件，为教育提供土地和资金。达勒姆修道院的院长卡尔连续多年支持当地的学校。1507 年，他将半英亩的土地租给学校，向学校承诺建造校舍，但要获得提名继任者的权利。1512 年，他又自费扩建校舍。1518 年在他去世时，将学校以教堂的合法形式捐赠，当时的评估价值为 120 英镑。托马斯·赫斯特勒和另一位当地捐赠者，为卡尔建立的学校基金会又增加了 24 英镑 13 先令 4 便士。[1] 约克郡罗伊斯顿的西瑞丁区的牧师约翰·福尔曼在该地区建立了一所学校。他把土地捐赠给学校，自己居住在受托人的土地上。捐赠的土地年收入大约为 4 英镑 6 先令 11 便士，这些土地收入用来支持教区的一位教师。[2] 1523 年，温彻斯特大主教理查德·福克斯在汤顿（Taunton）建立了一所免费的文法学校，为校舍的建设捐赠了 226 英镑 5 先令 10 便士，并指定一位校长来监督学校的建设；福克斯去世之后，遗赠了 200 英镑给予这所文法学校。1528 年福克斯遗赠的资金又投入到格兰瑟姆（Granthaim）的另一所文法学校，并对其进行重建。[3]

据记载，对教育投入数额最大的神职人员是温莎的教士罗杰·勒普顿（Roger Lupton）。他管辖四个不同的教区，"1528 年，勒普顿在他的出生地约克郡塞德伯格（Sedbergh）建立了一所文法学校"。随后，为了资助这所文法学校毕业的学生进入大学继续学习，他还捐赠了 600 英镑。[4]

随着普通民众教育需求的提高，世俗阶层也兴起了对教育的捐赠。人们普遍认识到教育对改变贫穷与提高社会声望的重要性，尤其

---

[1] W. K. Jordan, *The Charities of Rural England 1480—1660: The Aspirations and the Achievements of the Rural Society*, p. 306.

[2] W. K. Jordan, *The Charities of Rural England 1480—1660: The Aspirations and the Achievements of the Rural Society*, p. 307.

[3] John Lawson and Harold Sliver, *A Social History of Education in England*, p. 28.

[4] Michael Van Cleave Alexander, *The Growth of English Education 1348—1648: A Social and Cultural History*, p. 114.

是富裕阶层把教育捐赠视为扩大社会影响，树立良好形象的重要手段。世俗捐赠的形式多是赠予地产用于学校的建设；同时也有资金注入的情况，有的捐赠者是生前直接给予学校资金资助，还有通过遗嘱形式明确说明死后的捐赠数额，这两种方式通常都是借助于受托人对资金进行管理。捐赠者的后代或亲属也因此获得了入学特权。除了极为贫困的社会阶层，其他所有社会群体，包括贵族和绅士、神职人员、职业人士、商人、自耕农都为教育做出了贡献，他们的捐赠动机可能是利他主义和利己主义混合在一起的。[1]

贵族阶层在早期的教育发展中投入了大量地产和资金，相比较而言，他们捐赠的数额多，规模大。1502 年曾任伦敦市长的诺福克郡的克罗默人雷德，拥有一个较大规模的金匠公司。伦敦的富人可以投资他的公司，但是在投资规定中有明确的条款，投资人每年需支付 10 英镑"给一位精通语法的道德高尚的牧师"。供牧师在克罗默开设一所学校，招收当地绅士的儿子和其他社会上层的子弟，特别是克罗默和邻近教区需要接受教育的贫困儿童。[2] 约克郡的詹姆斯·卡尔和托马斯·赫斯特勒是该郡早期贵族捐赠学校的典型代表。16 世纪初，詹姆斯·卡尔在家乡创办吉格斯威克（Giggleswick）学校，自任校长。在此之前的 1499 年，他曾在这个教区开办了一所私人学校。1514 年，德比伯爵向柴郡本已存在的一所学校捐赠，由于他的资金支持，这所学校在当时得到繁荣发展。1520 年达西勋爵与惠特柯克医院（Whitkirk Hospital）合作，捐赠 227 英镑的资金建立了一所免费的文法学校。证据表明，他每年继续向学校和医院捐赠，金额分别是 16 英镑 13 先令 4 便士的津贴。达西勋爵还成立了一个基金会，他还向基金会之下的图书馆捐赠了一批书籍。[3]

此时，商人阶层的捐赠也比较活跃。酒商、皮革商、肥皂商、羊

---

[1] John Lawson and Harold Sliver, *A Social History of Education in England*, p. 103.
[2] W. K. Jordan, *The Charities of Rural England 1480—1660: The Aspirations and the Achievements of the Rural Society*, p. 152.
[3] W. K. Jordan, *The Charities of Rural England 1480—1660: The Aspirations and the Achievements of the Rural Society*, pp. 115, 308.

毛商等富裕商人在伦敦发财致富后，利用自己所获得的财富慷慨地回报他们的家乡。例如斯托克波特（Stockport）、麦克斯菲尔德（Macclesfield）、克罗默（Cromer）、伍尔弗汉普顿（Wolverhampton）、库克菲尔德（Cuckfield）和霍舍姆（Horsham）等地建立的这一类学校都属于商人所赠。① 伦敦杂货商尼古拉斯·吉布森在他的家乡伦敦以东几英里的斯特普尼村（Stepney）出资创办了一所免费文法学校，为其建造了校舍和教师住宅，直至1540年他去世，一直承担着学校的所有费用。② 可以说，中世纪晚期以来，贵族和商人阶层把教育捐赠推向了一个高潮。

  乡村社会中的地产主，包括乡绅、约曼，甚至一部分普通农民也积极地为教育做出自己的贡献，正是由于他们的广泛参与，使15、16世纪的乡村教育更加普及。1384年，伯克利的凯瑟琳女士资助沃顿城郊的一所修道院，使他们免费教授来自附近贫穷的学生。1514年，约克郡的约翰·道曼在波克灵顿（Pocklington）建立了一个牧师基金会，他的父亲是庄园的主人。道曼以合法的行会形式投资学校，他将价值267英镑的财产转让给了一位教师，作为对他的支持。这所学校将由一名精通语法和科学的老师，为来自英格兰任何地方的男孩提供免费教学。③ 诺福克的帕斯顿家族的威廉·帕斯顿在继承了他的无子嗣的叔叔克莱门特的家产后受封为爵士，他拿出了一部分资产在北沃尔沙姆创办了一所文法学校，并为剑桥大学的冈维尔与凯斯学院提供了一定的支持。④

  无论是贵族、乡绅还是约曼，他们早期捐赠的资金用于对当地歌祷堂学校的支持。1503年，约翰·勃西维尔在签署的一份歌祷堂学校捐赠基金里，明确说明了捐赠的目的以及资金用途。"在马克斯费

---

① John Lawson and Harold Sliver, *A Social History of Education in England*, p. 50.
② Michael Van Cleave Alexander, *The Growth of English Education 1348—1648: A Social and Cultural History*, p. 114.
③ W. K. Jordan, *The Charities of Rural England 1480—1660: The Aspirations and the Achievements of the Rural Society*, p. 307.
④ ［英］奈特编：《帕斯顿信札：一个望族的兴衰》，田亮译，广西师范大学出版社2005年版，第244页。

第六章 中世纪晚期英国农民受教育程度的提高

尔德供给一位为我和我的朋友做弥撒和祷告的牧师,并在那里为孩子们办一所免费文法学校……我希望,上述全部地产和房产收益的保管人,要找到并供养一位德行良好的牧师、精于文法的毕业生。这位牧师要每天在上述马克斯费尔德的教区教堂唱圣歌,做礼拜,为我的灵魂,为我的妻子托马逊夫人的灵魂,为恩人我的父母的灵魂。"①

中世纪晚期,英格兰各地对教育的捐赠普遍兴起。诺福克郡是英格兰东部农业发达的地区,相对比较富裕,在中世纪时期享有盛誉。在1480年至1560年教育捐赠开始提速的这段时期,诺福克郡慈善捐赠有1758英镑用于学校的建设,约占整个时期捐赠总额的8%。诺福克郡最早的教育基金是由拉什沃斯一位富有的安妮·斯克罗普夫人建立的。1482年她的第二任丈夫罗伯特·温菲尔德爵士去世后,她哀怨地念叨着自己已经老了,是个寡妇,没有孩子。于是,1490年她订立教育捐赠的契约,捐助在诺维奇教区拉什沃斯学院开办的一所文法学校里读书的5名贫穷学生,这些学生被称为"安妮夫人的孩子",另有8名学生可以免收学费,所有这些费用都从她捐助的基金中拨付。② 安妮夫人建立的教育基金,无论从形式还是内容上仍然带有浓厚的中世纪宗教的特征。十几年以后,诺福克郡第一个新式的,带有近代教育特质的教育基金于1505年建立,由富有的伦敦商人巴塞罗米·瑞德爵士(Bartholomew Rede)在该郡克罗姆(Cromer)投资设立。③

与诺福克郡相比较,约克郡的人口少,经济发展水平相对较低,中世纪的教育机构也较为贫乏。但15世纪人们对于教育的热情高涨,不断扩大对教育的投资,1480—1660年,教育捐赠为75812英镑8先令,占全部慈善资金的31.12%,仅略低于用于救济穷人的资金(33.46%),令人吃惊的是,甚至比用于各种宗教用途的资

---

① [美] E. P. 克伯雷:《外国教育史料》,第241页。
② W. K. Jordan, *The Charities of Rural England 1480—1660: The Aspirations and the Achievements of the Rural Society*, p. 150.
③ W. K. Jordan, *The Charities of Rural England 1480—1660: The Aspirations and the Achievements of the Rural Society*, p. 152.

金还多（28.07%）。①

　　学者们对早期教育捐赠有深入的探讨。乔丹对英国 10 个地区作了一份详细的研究，"1480—1540 年的 60 年间，社会捐赠资金中共有 36292 英镑 13 先令用于建立新的文法学校或者改造已有的学校。其中 1511—1540 年间有了明显的增长，用于教育的捐赠资金从 7379 英镑 12 先令增加到 10062 英镑 4 先令"②。数据显示，15 世纪末到 16 世纪初的六十年间，贵族阶层对教育的捐赠是 88 万英镑，中等阶层包括乡绅、约曼、专业人士等的捐赠是 36 万英镑，商人阶层的捐赠为 11 万英镑。此后，在慈善捐赠中用于教育的资金持续增长，至 16 世纪中后期，中产阶层的捐赠为 89 万英镑，贵族阶层是 44 万英镑，显然中等阶层的捐赠已经超过了贵族阶层，达到其捐赠数额的两倍。③

　　虽然社会各个阶层的捐赠投资的动因各有不同，捐赠资金的数额也有差异，但其产生的社会效果立竿见影，1480—1530 年英格兰出现了教育发展的"小高潮"。英格兰地区数以百计的乡村学校得以建立，扩大了农民的后代受教育机会，提高了他们的文化水平，甚至在两三代人的努力奋斗之下，就能完全实现社会阶层的向上流动。

　　显而易见，社会各界人士的捐赠基金产生了良好的社会效应，它既能让捐赠者本身在接受教育方面受益，又能进一步提高他们的社会声望，帮助他们取得更大的成就。于是基金捐赠的成功者成为人们效仿的模范，激励和影响着那些既具有经济实力又对教育还不够重视的阶层进行捐赠。因此，在捐赠榜样的带动下，更多的人加入慈善教育的捐赠浪潮之中，这种传统甚至会影响一两代人。随着私人捐赠所构成的慈善组织的扩大，当地民众的教育机会不断增加，受益人增多，接受教育的规模扩大。在这种良好氛围的影响之下，更多的人受到鼓

---

① W. K. Jordan, *The Charities of Rural England* 1480—1660：*The Aspirations and the Achievements of the Rural Society*, p. 299.
② Michael Van Cleave Alexander, *The Growth of English Education* 1348—1648：*A Social and Cultural History*, p. 209.
③ [日] 権藤與志夫：《（15）外国教育史部会 II：英国絶対王制下における教育関係寄附の特性と影響》，《日本教育学会大會研究発表要項》1962 年第 21 期。

舞，从而继续增加和扩大对教育的慈善投入。中世纪晚期兴起的教育慈善捐赠产生了强大的影响力，为16—17世纪的教育革命奠定了基础，为教育的成功转型创造了条件。

第三节 农民受教育程度的提高

中世纪晚期教育条件的改善，促进了乡村教育的全面发展。乡村学校数量有了明显增加，使广大民众接受教育的机会不断扩大，农民各个阶层接受教育人数的比例以及受教育的程度均有提升。

一 农民受教育机会的扩大

虽然中世纪晚期的乡村学校延续了宗教学校的传统，主要由教会或神职人员出资创办或者管理。但是，与社会发展与民众的需求相一致，出现了众多世俗阶层捐赠的学校，各类学校数量明显增加，世俗教育开始在乡村兴起。这种现象在15、16世纪更加突出。

"宗教改革前的英国教育机构依托教会，在地理上分布广泛，主要是为了宗教目的，拯救人们灵魂是教育的首要任务，适应了当时社会民众信仰和世俗的需要，这种教育已经持续了800年。"[①] 亨利六世统治时期（1422—1477年），为了限制教会势力的发展曾经限制教会办学的数量，导致教会人士对此强烈不满。1477年，坎特伯雷主教区有4个乡村牧师因学校减少，愤而提出呈词，他们请求在自己的乡村开设学校，最终获得批准。[②] 带有慈善性质的乡村教会学校，以唱诗班学校和初级学校为主，在一定程度上比较适合乡村中普通农民对读和写基本技能的需求。据统计，15世纪时，这类学校比以前增加了3倍；从14世纪到宗教改革期间，大约增加了6倍。1500年约

[①] Helen M. Jewell, *Education in Early Modern England*, London: Macmillan Press, 1998, p. 21.

[②] Rosemary O'Day, *Education and Society 1500—1800: The Social Foundations of Education in Early Modern Britain*, London and New York: Longmans, 1982, p. 33.

克郡主教区的初级学校数量是较高级文法学校的 3 倍。①

大多数修道院都举办唱诗班学校,因而与修道院或者修女院相关联的学校数量相应增加,1509 年,修道院的数量比 1347 年以来的任何时候都要多。中世纪晚期,90—95 所修女院接受寄宿生,每所学校学生数量一般不超过 10 人,每年大约有 1000 名儿童在这里接受带有宗教性质的教育培训;15 世纪末,英格兰的修道院学校大约 80 所,它们每年约为 1500 名贫困男孩提供免费教育,为他们的成长提供有价值的服务。②

与唱诗班学校同时并存的还有教会建立的众多的歌祷堂学校,由于建造成本低,早在 12、13 世纪,各地教区的歌祷堂学校已经开始增多,黑死病之后又引发了新一轮歌祷堂学校的扩张。这类学校在乡村地区非常普及,数量众多,主要为当地教区的儿童提供基础性的知识教育。宗教改革之前,这一类学校为乡村初等教育的发展发挥了重要作用。据统计歌祷堂学校的数量"到 16 世纪时已经超过 250 多所,在它们被全部清除之前,约克郡以拥有 30 所这样的学校而自豪,埃塞克斯郡有 16 所,什罗普郡和斯塔福德郡总共有 16 所"③。

除了开展基础教育的唱诗班学校和歌祷堂学校之外,由于慈善捐赠热潮的兴起,教会和富裕起来的世俗阶层捐资建立了相当数量的免费文法学校,在英格兰各地,如诺福克郡、诺丁汉郡、柴郡、康沃尔郡等地都有广泛的分布。

早期的文法学校是在神职人员的资助下建立的。1479 年,阿尔科克主教在约克郡东部的赫尔(Hell)创立了一个教堂,这里原来有一所学校,由阿尔科克主教捐赠资金修缮,他的牧师担任这所文法学校的校长。1484 年温彻斯特的温弗莱主教在他的出生地林肯郡的温

---

① Rosemary O'Day, *Education and Society 1500—1800: The Social Foundations of Education in Early Modern Britain*, p. 42.
② Michael Van Cleave Alexander, *The Growth of English Education 1348—1648: A Social and Cultural History*, pp. 56–57.
③ Michael Van Cleave Alexander, *The Growth of English Education 1348—1648: A Social and Cultural History*, p. 57.

弗特（Winfort）同样创办了一所文法学校。① 1503 年，康沃尔郡的托马斯·珀西瓦尔夫人，在她的第三任丈夫死后，将部分财产捐出。于 1506 年于她的出生地康沃尔郡圣玛丽村建立了一所文法学校，并且把自己拥有的辛普森（Simpson）庄园和德文郡的一块 270 英亩的土地转让给了这所学校。1512 年，苏塞克斯郡刘易斯（Lewes）的艾格尼丝·莫利夫人留下了一笔丰厚的遗产，她的遗嘱执行人将这笔钱捐给了当地的一所文法学校。②

1503 年，托马斯·克兰麦从诺丁汉郡的阿斯洛克顿村（Aslorkton）进入剑桥大学，他是从乡村中的一个低等的教区职员到大学中学习语法的。③ 从克兰麦的经历这个案例，可以断定 1503 年在诺丁汉郡的阿斯洛克顿村已经存在文法学校。1513 年诺丁汉郡的艾格尼丝·米勒斯夫人，向圣玛丽教堂经营了几十年的学校捐赠了土地和房屋。1513 年她获得了皇家颁发的许可证之后，在诺福克郡建立一所永久捐赠的免费文法学校。④ 1547 年当教会专员开始没收各地修道院财产时，发现几乎每个市镇都有一所文法学校。在宗教改革之前，兰开夏郡有 3 所，约克郡可能有 20 多所文法学校在运营，⑤ 宗教改革时期赫里福德郡（估计人口约为 3 万人）有 17 所文法学校，埃塞克斯郡（人口约为 1.1 万人）有 16 所文法学校（另一估计为 19 所）。⑥

此外，还有一种私人文法教学的形式存在，一般由牧师或者大学毕业生创办，作为对正规文法学校教学的补充。私人教学大都存在于小城镇、乡村地区，这些地方的孩子通过从牧师、大学毕业生那里接受优质的教育，得以进入大学学习。托马斯·霍布斯 14 岁进入牛津

---

① John Lawson and Harold Sliver, *A Social History of Education in England*, p. 50.
② Michael Van Cleave Alexander, *The Growth of English Education 1348—1648: A Social and Cultural History*, p. 68.
③ John Lawson and Harold Sliver, *A Social History of Education in England*, p. 69.
④ Michael Van Cleave Alexander, *The Growth of English Education 1348—1648: A Social and Cultural History*, p. 68.
⑤ Ian Green, *Humanism and Protestantism in Early Modern English Education*, London: Routledge, 2016, p. 64.
⑥ Foster Waston, *The English Grammar Schools to 1660: Their Curriculum and Practice*, Cambridge: Cambridge University Press, 1908, p. 530.

大学之前，从一位年轻的学士那里学习拉丁文，这位学士在马姆斯伯里（Malmesbury）郊外的韦斯特波特（Westport）铁匠铺旁边开了一所学校。[①]

至15世纪末，各个郡的乡村学校数量十分可观。"几乎每个城镇，无论大小，那时都有某种类型的学校；如果考虑到各种各样的教育机构，如修道院、修女院、教会、行会、大教堂、抄写学校和永久捐赠的文法学校，英国普通的一个郡可能就有十几所或者更多的学校。"[②] 这些在乡村地区及小城镇建立的小型文法学校模仿了大城市文法学校的办学模式，并在此基础上不断进行调整和完善。

伴随着这一时期经济、政治、文化等领域发生的巨大变革，此时席卷英格兰的教育热潮波及了广大乡村地区。一批乡村文法学校在贵族、富裕商人、专业人士、乡绅、约曼的资助下相继建立起来，这些建立在乡村地区的地方性文法学校提供的教育比人们想象的要广泛得多。"可以满怀信心地说，至少在中世纪晚期，在一些最小的城镇，甚至较大的村庄都有了学校，那里的儿童可以学习阅读，获得有关拉丁文的基础知识，除了那些非常遥远和人口稀少的地区外，儿童决不需要离家很远就可以找到一所正规的文法中学。"[③] 连续几个世纪乡村学校数量的持续增加，为农民子女能够普遍接受教育提供了有利条件，显然，他们受教育的机会在逐渐扩大。

二 农民受教育程度提高

随着教育条件的改善和教育机会的扩大，乡村民众的子弟入学人数显著增加，读写能力普遍提升，说明他们整体受教育程度也在不断提高。

中世纪晚期，农民受教育的权利逐渐得到了保障。1400年英国议会颁布了一项法案，规定：无论男女，无论境况与地位怎样，均有

---

① John Lawson and Harold Sliver, *A Social History of Education in England*, p. 120.
② Michael Van Cleave Alexander, *The Growth of English Education 1348—1648: A Social and Cultural History*, p. 66.
③ [美] E. P. 克伯雷：《外国教育史料》，第264页。

权利送其子女到国内任何他们喜欢的学校学习。① 1406 年英国国会又颁布法令规定,所有人,无论何种身份或者任何情况下,都有权利在他选择的学校里为儿子或者女儿取得受教育的机会。并且按照法律规定,师傅们如果招收了不识字的学徒,就需要教他们识字。② 相对有利的教育环境,更加激发了世代为农的乡下人求学的欲望。

乡村教育的发展,适应了农民阶层对教育的需求,其中正在崛起的富裕农民受益显著,他们所具备的经济实力,有条件将子弟送往各个层级的学校读书。尤其是文法学校数量的增加,使他们能够接受系统的读写能力和计算能力的训练;甚至有些富裕农民聘请家庭教师,让孩子在家里完成中等层次的教育。例如,1523 年,约克郡的一位律师马默杜克·康斯特布尔,同时也是一位地主,他在遗嘱中嘱咐他的妻子要让他们的大儿子詹姆斯先完成中学学业,然后把他送到律师学院由他的伯父监督学习。他为小儿子准备了 100 英镑帮助其"成长",其中的大部分将被用于教育。③

文化知识在他们的日常生活中发挥了积极作用。从 1460 年以后,在约克郡的一些遗嘱中会经常发现有些人做过法庭证人和抄写员,这是具有较高文化程度才能胜任的职业;还有萨里郡的理查德·巴克斯在他的账册中夹存了一些记事的纸条,以便随时提醒生产生活中容易遗忘的琐事。④ 剑桥郡以畜牧业为主的威灵汉姆村庄,约曼签名的数量多于其他人群。立遗嘱的人当中,约曼超过 1/3 的人能够自己签名,手工工匠中 1/6 的人能够签名,有一些农夫和妇女也能够签名。⑤ 对 1560 年社会各阶层识字率的统计显示,农场主(含自耕农)

---

① [英] 亨利·斯坦利·贝内特:《英国庄园生活:1150—1400 年农民生活状况研究》,第 258—259 页。
② [英] 劳伦斯·詹姆斯:《中产阶级史》,李春玲、杨典译,中国社会科学出版社 2015 年版,第 92 页。
③ Felicity Heal and Clive Holmes, *The Gentry in England and Wales*, 1500—1700, London: The Macmillen press Ltd., 1994, pp. 245 - 246.
④ David Cressy, "Educational Opportunity in Tudor and Stuart England", *History of Education Quarterly*, p. 315.
⑤ Rosemary O'Day, *Education and Society* 1500—1800: *The Social Foundations and Education in Early Modern England*, p. 14.

50%，乡村店主、制造业者30%，茅舍农（含牧民）20%，农业雇工和佃仆15%；① 1580年之前诺维奇教会法院的证据表明，约曼阶层65%的人会写自己的名字。显然，约曼的读写能力要高于农民的平均水平。当时流行的一些印刷品，约曼是当然的读者。如，管理性的年历、指导性的册子、礼仪之书，而且这些书籍偶尔也在约曼遗嘱中提及。② 拥有40先令的约曼享有选举权，他们在选举议会的地方成员中能够投票。正是由于大部分约曼具有读写能力，他们才能够了解和参与乡绅政治和宗教生活，甚至仿效之。③

尽管大学教育花费巨大，但是，这一时期接受大学教育是代表一个人上流身份的符号之一，富裕农民希望自己的后代接受大学教育。据估计，在16世纪初每个本科生的年均花费为30—50英镑，这笔支出对一个农民上层来说也是非常沉重的负担，如果有几个孩子在大学读书的话，即使家境富裕也不是一件轻松的事情。即便如此，乡绅还是精打细算地尽力让其孩子们接受大学教育，例如乡绅约翰·凯耶让他的三个儿子都接受了大学教育，共花费了303英镑。④ 约曼奥斯比和其妻子倾其家财将他们的五个儿子全部送入学校，希望他们将来成为律师、神职人员或富有的商人。⑤ 中世纪时期在大学就读的大多数学生，除了来自修道院和教区牧师、贵族和绅士的孩子之外，基本上都是商人、约曼农的子弟。据统计，在整个15世纪，林肯主教区管辖的教区内，接受大学教育的比例从14%上升到30%；15世纪后半期至16世纪初，在坎特伯雷主教区接受大学教育的比例从20%猛增到30%强。这时正是贵族阶层衰落的时期，大学入学率的增长，应该与普通

---

① ［英］罗伯特·艾伦：《近代英国工业革命揭秘：放眼全球的深度透视》，毛立坤译，浙江大学出版社2012年版，第411页。
② David Cressy, "Levels of Illiteracy in England, 1530—1730", *The Historical Journal*, Vol. 20, No. 1, 1977, p. 7.
③ M. Campbell, *The English Yeoman: Under Elizabeth and Early Stuart*, New York: Augustus M. Kelley Publishers, 1968, pp. 407 – 422.
④ Heal Felicity and Clive Holmes, *The Gentry in England and Wales*, 1500—1700, pp. 262 – 263.
⑤ Felicity Heal and Clive Holmes, *The Gentry in England and Wales*, 1500—1700, pp. 245 – 246.

第六章 中世纪晚期英国农民受教育程度的提高 177

民众经济实力的提高密切相关。1567—1622年牛津大学的学员登记簿记载，贵族之子84人，骑士之子985人，乡绅之子902人，绅士之子3615人，约曼之子6635人，教士之子985人，身份不详之子785人。①可见农民，特别是农民上层的子女接受高等教育者为数不少。

14、15世纪，乡村中众多的普通农民、小手工业者和雇工接受教育的状况也得到了明显的改善，这一阶层的子弟进入学校接受相对规范教育的人数在不断增长。由于受到经济力量和各种社会因素的限制，与富裕农民阶层相比，他们受教育的层次相对较低，主要是收费低廉或者免费的基础层面的教育，多数人进入小学、免费文法学校学习，或者是学徒制教育，只有少数能够接受大学教育。

此时允许孩子上学的普通家庭要承担两个方面的压力：一是失去劳动力的代价：读书的孩子将不能在家里、农场或工房里进行辅助性的工作或学习生产技术；二是即使入学的学费有慈善捐助提供便利，但是后续的各项费用对于一般家庭来说还是较为沉重的负担。在埃韦尔姆（Everm）学校读书的一位名叫爱德华·奎顿的男孩，他的管理人账本中记录了其学习所需的详细费用：1464年10月23日至1465年4月16日期间，食宿费用为每周8便士，洗衣服每周4便士。奎顿上学的总费用是每半年19先令1便士，如果加上学费，这一数字将超过20先令（即1英镑）。② 劳动人手的压力需要父母想办法克服，而经济的困难则需要得到社会的帮扶。为了能够让更多的乡村儿童迈过经济的"门槛"接受教育，避免因为承担不起学习费用而中止学习，一些文法学校设立各种类型的奖学金。这些奖学金或补贴大都来自个人捐赠，学校作为受托者管理这笔资金。通过这种方式，贫困学生得以免除部分入学费用，从而顺利完成学业。据史料记载，在利奇菲尔德（Lichfield），每年有6名贫困家庭的学生，将获得1英镑6先令8便士，以便用来买书和扫帚。③ 萨福克郡的拉文纳姆

---

① M. Campbell, *The English Yeoman: Under Elizabeth and the Early Stuart*, p. 271.
② Nicholas Orme, "For Richer, For Poorer? Free Education in England, c. 1380—1530", *The Journal of the History of Childhood and Youth*, p. 172.
③ A. Monroe Stowe, *English Grammar Schools in the Reign of Queen Elizabeth*, p. 38.

（Lavenham）学校有 5 个奖学金名额，用于贫困的男孩学习语法，这是理查德·皮科克的馈赠。① 1548 年，霍尔盖特（Holgate）大主教在位于赫姆斯沃斯（Hemsworth）的学校为 6 名贫困儿童提供基础奖学金。② 15 世纪末，一位贵妇为纽兰的乡村学校捐助了约 10 年的教育经费，以吸引当地的贫穷学生到学校读书。③ 早在 15 世纪还有学校开始为学生准备书籍的案例。1465 年，赫顿（Hedon）的约翰·埃尔温把所有语法书都留给了赫顿的圣奥古斯丁教堂（St Augustine's chapel），以帮助在那里学习语法的男孩。④ 社会的助力减轻了普通家庭的经济压力，为经济条件一般的农民接受教育提供了便利。

农奴的后代经过学校教育而获取高级圣职者的先例不少，坎特伯雷大主教一职曾有几任就是由出身于农奴家庭的人来担任，大主教温切尔西出身卑贱，雷诺兹是面包师的儿子，奇切利原是农奴羊倌。⑤ 因此家庭出身的卑微，没有阻挡让后代接受教育的决心。16 世纪初一位农夫的儿子威廉·格林，最初进入林肯郡韦恩弗利特（Wainfleet）的免费文法学校学习，但两年后他因经济原因不得不离开学校与其父亲一起从事木工和农活，在 5 年或 6 年后他又回到韦恩弗利特附近波士顿的一所免费学校读书，边打工边学习，最终进入剑桥大学。在大学中，他又靠打工和救济完成了大学学业，毕业后成为一名牧师。⑥ 普通农民家庭的学生通过完成学业实现了阶层提升案例在当时的英国并不罕见。自 15 世纪起，依托大学教育，许多出身一般的学生通过自己的努力进入到绅士阶层或者中产阶层。

教育机会的增加，提高了普通农民阶层的识字水平。13 世纪 20

---

① David Cressy, "Educational Opportunity in Tudor and Stuart England", *The Historical Journal*, p. 309.
② M. G. Iones, *The Charity School Movement*, Cambridge: Cambridge University Press, 2013, p. 69.
③ [英] 奈特：《帕斯顿信札：一个望族的兴衰》，第 243 页。
④ Helen M. Jewell, *Education in Early Modern England*, p. 101.
⑤ [英] 亨利·斯坦利·贝内特：《英国庄园生活：1150—1400 年农民生活状况研究》，第 289 页。
⑥ Nicholas Orme, "For Richer, For Poorer? Free Education in England, c. 1380—1530", *Journal of the History of Childhood and Youth*, Vol. 1.2, 2008, p. 184.

第六章　中世纪晚期英国农民受教育程度的提高　179

年代一位贵族与林肯郡弗莱斯顿和巴特维克两地的民众签订了一项协议，契约上涉及约50位村民，显然这些人已经完全习惯于使用法律文书了。① 在1373年的一次法律诉讼中，28名证人里有11个人自称是"文化人"（Literatus），他们甚至能够理解拉丁语；还有一份15世纪中期的遗嘱，见证人中识字的人所占比例与上述例子类似。② 1380年以后，乡间的自由民能书写私人信件的人越来越多，甚至小庄园里当管家的农民也能书写。在爱德华三世统治（1312—1377年）时期，有些手工业行会的规章和制度中，坚持其学徒必须要达到某种程度的识字标准。③ 1450年约翰·凯德（Jack Cade）叛乱期间，来自肯特郡和英国东南部的追随者把他们的诉状以书面形式呈交给国王，而且还抄了好几份，让大家传阅。这都是冗长的文件，有着连贯且具有综合性的论点。书面文字表达形式为农民所接受和使用，说明这些农民起义者具有一定的读写能力。这与1381年肯特郡农民起义者以口头形式向查理二世（1377—1399年在位）表达诉求的情况形成了鲜明的对比。④

虽然普通农民家庭的子弟受教育之路比较崎岖，但受到当时广泛开设的教会学校、文法学校的影响，中世纪晚期乡村社会中下层民众的识字水平有了一定的改善。人文主义者托马斯·莫尔爵士（Sir Thomas More）估计，在1533年，超过一半的人口能够阅读圣经的英文译本，这个数字虽然有些夸张，但100年后，在某些发达地区这一比例可能已经接近这一数字。⑤

---

① ［英］约翰·吉林厄姆、拉尔夫·A. 格里菲斯：《中世纪英国：征服与同化》，沈弘译，外语教学与研究出版社2007年版，第187页。
② David Cressy, "Levels of Illiteracy in England, 1530—1730", *The Historical Journal*, p. 9.
③ John Nelson Miner, "School and Literacy in Later Medieval England", *British Journal of Educational Studies*, pp. 22, 24.
④ ［英］约翰·吉林厄姆、拉尔夫·A. 格里菲斯：《中世纪英国：征服与同化》，第325页。
⑤ L. Stone, "The Education Revolution in England, 1560—1640", *Past and Present*, 1964 (Jul.), No. 28, p. 42.

小　结

　　中世纪晚期，英国乡村教育是在经济与社会不断进步的基础上发展起来的，明显呈现出适应社会变革而向现代新型教育转变的趋势。乡村民众文化水平的不断提高产生了深远的影响：第一，民众自身能力增强。知识的增加、使人们的视野更为开阔，民众在农业、乡村手工业生产和商业活动中的能力不断提高，在乡村社会管理和公共事务中发挥的作用愈加重要，在社区教堂的建造和维修，村庄中道路修缮，公共土地、牧场和林地的管理中投入更多的精力和财力，乡村社会涌现出了大量新型的管理者和劳动者。第二，推动了社会经济的发展。农民在社会经济发展中释放出旺盛的生产积极性，受到教育的民众，能够面向市场，发展商品经济，大胆采用新的生产方法、引进新技术，采取新的管理方式，大幅提高农业生产率，推进乡村经济结构的多元化发展，从而推动了英国乡村社会向现代文明迈进。第三，促进了社会文化的进步。农民文化水平的提高不仅使他们个人精神面貌发生了重要变化，也使整个的农民群体显现出新时代的风貌和气质。他们摆脱了传统印象中的"愚昧""迷信""粗暴"的形象，显示出自信、优雅和从容、向上。乡村居民文化水平的普遍提高，使他们逐渐形成了自己的价值观，深刻改变了他们的宗教思想，乡村文化面貌大为改观。

第七章　中世纪晚期英国农民的礼庆娱乐活动

　　文化娱乐在人们日常生活中占据重要地位。任何形式的娱乐活动都是人们对辛勤劳作之余闲暇时光的一种填充，它更多地与人的精神解放和身心愉悦相关联，是一种积极的生活方式，其中浸润着人类的游戏天性。在不同的历史时期，这些天性都会通过人的外在形式表现出来，表现为一种文化样式、一种生活方式、一种价值取向，甚至是一种经济活动的过程。休闲娱乐在一定程度上反映了一定社会发展阶段人们生活水平的高低。

　　中世纪晚期，英国农民在物质生活消费显著提高的同时，以休闲娱乐为主要内容的精神生活消费也日益增多。多种多样的娱乐活动，使农民在枯燥的劳动中获得了一种放松和舒适，所以传统社会时代的英国被人们称为"快乐的英格兰"。这些娱乐活动有的来自习惯风俗，有的来自宗教信仰，还有的由于社会进步使然。本章从民间礼庆娱乐和宗教节日娱乐两方面来考察，以尽可能全面地了解中世纪晚期英国农民的生活面貌。

第一节　礼庆娱乐

　　民间礼庆娱乐是中世纪晚期英国乡村社会不可或缺的重要组成部分。随着农民经济收入的增加和物质生活条件的改善，其精神生活的需求愈益提高。每逢人生礼仪、岁时节令、播种收获，农民就会举行一些相沿已久的传统娱乐活动进行庆祝。

乡村中的"结婚、死亡都被农民视为可以摆脱日常劳作、令人兴奋的轻松时刻"①。婚礼是中世纪晚期最受欢迎的乡村喜庆。因为举行婚礼的农民家庭把这一时刻看作是在邻里之间提高地位和树立威望的机会；同时，传统习俗中通常婚礼要为邻里提供一次狂欢的机会。男女双方婚前要做大量的准备，例如，斯塔福德郡的一位约曼，为出嫁的女儿准备的衣料价值31先令，衬里7先令6便士，帽子8先令6便士。②双方家庭还要准备结婚礼品，在中世纪早期，馈赠给新人的礼物常见的有喜饼、麦穗环和花环、蒲制篮子、刷子、椅子、装饰带和网眼针织物，等等。但到晚期，新娘更乐意接受金银和铜，还有钱币。③16世纪以前，婚礼仪式是在教堂门口举行。在前往教堂的队列中，新娘在前面，一名侍从手擎一只饰有丝带的花瓶，里面插着一束花，后面是吹喇叭的乐手。举行仪式时，人们向新婚夫妇身上抛撒象征富裕、美满的彩色麦穗。同时期在威尔士地区还流行一种扫帚婚礼。扫帚是女人的劳动工具，代表家庭主妇的形象。妇女结婚时，把一把长柄扫帚横在举行典礼处的大门前，或新娘家门前，或新房门前。婚礼开始后，新郎要小心翼翼带着新娘跨过这个扫帚，再进入门内，这样才通过结婚典礼，完成结婚大事，否则婚礼算是失败。通过扫帚婚礼的夫妇得到社会的承认。婚礼上的监督者，必须是女方家族中的德高望重者，由他判断是非。④

结婚仪式后，农民都要摆宴招待来宾，并伴有文娱活动。首先是新娘家举办婚宴，年轻夫妇要在那里住上一个月，然后带着嫁妆动身到新郎家，开始另一场喜筵。宴请来宾有时在农民家里，有时在乡村酒馆里。来客痛饮已经准备好的喜酒，酩酊大醉而归，场面热闹非凡。虽然各地情况不尽相同，但有证据表明婚宴的费用由两个家庭共

---

① ［英］亨利·斯坦利·贝内特：《英国庄园生活：1150—1400年农民生活状况研究》，第235页。
② M. Campbell, *The English Yeoman: Under Elizabeth and Early Stuart*, p. 302.
③ 左芙蓉：《浅析中世纪西欧的婚姻和家庭生活之变化》，《北京联合大学学报》2000年第4期。
④ 史仲文、胡晓林主编：《新编世界生活习俗史》上册，中国国际广播出版社1996年版，第60、63页。

第七章　中世纪晚期英国农民的礼庆娱乐活动　183

同承担。1589 年萨福克郡一个约曼的婚礼聚餐，吃掉 1 头阉牛，7 只羊。据记载新郎家负担牛肉和面包的费用，新娘家负责 7 只羊和其他，饮料费用分别由来宾负担。①

婚礼上农民的狂欢豪饮和欢庆喧闹，引起了教会的不满。为了禁止参加婚礼者的放纵行为，教会制定了一系列相关规定。早在 13 世纪上半期，普尔主教规定，婚礼"应该办得庄重而体面，不应嬉笑取乐，不应去小酒馆或公共酒馆，或举办宴会"。随后的几百年中，仍有许多类似的训谕，表明要把这些"新娘酒"控制在合理的范围是多么困难。② 这从另一个侧面反映出当时农民婚礼场面的热闹。

葬礼也是乡村社会中引人注目的事情，在农民的精神生活领域发挥着重要作用。虽然葬礼是令人悲痛的时刻，但是在英国的传统习惯中，却为邻居聚会提供了机会，为款待来宾和娱乐提供了理由。死者尚未安葬，娱乐和聚餐仪式已热闹非凡。与婚礼一样，教会对葬礼上的行为也做出了一些限定。1342 年教会提醒人们注意，丧礼前的守夜由于狂欢而为偷窃和私通提供了机会。而早在一个世纪前，主教们就已规定，在死者出殡前，不能在家里唱歌、游戏和合唱。贝内特经过考证认为"从盎格鲁—撒克逊时代以来众多的关于为死者守夜时的娱乐禁令，以及 16 世纪以后大量的证据使我们确信，在整个中古时代，精致的食宴和豪饮，以及伴随而来的狂欢行为，是下葬仪式不可分割的一部分"。庄园档案中记载，伯克里的第四代领主莫里斯死于 1368 年 6 月 8 日，管家为筹备宴请，杀掉了 100 只鹅、鸭和其他家禽，这些还只是丧宴中很小的一部分。村庄中的农民都被召来参加领主的葬礼，他们向死者告别，然后得到慷慨的款待。在这样的场合，他们既为失去领主而"难过"，又会在宴会上狂饮。③

通过富裕农民大量遗嘱中关于葬礼费用的条款，可以进一步了解

---

① M. Campbell, *The English Yeoman: Under Elizabeth and the Early Stuart*, p. 304.
② [英] 亨利·斯坦利·贝内特:《英国庄园生活：1150—1400 年农民生活状况研究》，第 235 页。
③ [英] 亨利·斯坦利·贝内特:《英国庄园生活：1150—1400 年农民生活状况研究》，第 236 页。

农民的葬礼上聚餐娱乐的风俗。肯特郡的富裕农民约翰·古德格林在遗嘱中留下 10 英镑用于死后葬礼的费用；斯塔福德郡的富裕农民尼古拉斯·帕克提供了 20 英镑用于举行葬礼的午餐；约曼罗伯特·鲁宾逊留下 30 英镑用于确定葬礼的场所和招待午餐的费用。在富裕农民鲁宾逊的遗嘱中专门留出 6 英镑，用于招待出席葬礼的穷人。萨默塞特郡的约曼约翰·毕奇姆为其岳母的葬礼准备了两只肥羊、牛肉和其他食物。① 坎贝尔认为，丧礼和婚礼消费的食物和饮料大体相当。中世纪晚期乡村的婚丧礼庆为邻里们提供了在一起吃、喝、娱乐的机会，使他们能够在辛苦劳动后得到短暂的放松。

除了婚丧礼庆之外，在传统习俗中，与岁时月令有关的重大节日主要有五朔节和仲夏聚餐。五朔节是祭招树神、谷物神，庆祝春天来临，盼望收获的节日，每年 5 月 1 日举行。仲夏聚餐是每年的 6 月 24 日，以跳舞、唱歌和游戏助兴。每逢此时，农民便尽情地投入到欢愉之中。这些习俗相沿日久，积淀成为农民社会地方共同体狂欢文化的传统。"英格兰人自古以来就隆重庆祝夏季的节日，其中伴有歌舞和游戏，14 世纪的文献对此多有记载。"② 以五朔节为例，每逢节日来临，城镇和乡村的男人、妇女和儿童穿着漂亮的节日服装，走进山林，他们来到树林、草地、山坡或山顶上，"高兴地嬉戏，在那里度过整个夜晚"，直到早晨才带着砍伐的五月花树（高大的无花果树或杉树）和树枝回来。③ 五月花树是他们最崇敬的东西，也是舞蹈时用的花柱。他们赶着几十头牛，牛角上缚着一簇簇的鲜花，牛车上堆簇着鲜花和香草，五月花树就是由牛车拖回家。用于装扮的花柱要把树皮全部剥去，树叶全部削去，再在上面涂上各种颜色，柱头上插满各种条饰或旗帜。成群的妇女儿童以最虔敬的心情紧随车后，然后把圆柱立在空旷的场地上，这就是象征生命与丰收的"五朔花柱"（maypole）。村庄

---

① M. Campbell, *The English Yeoman: Under Elizabeth and the Early Stuart*, p. 312.
② ［英］亨利·斯坦利·贝内特：《英国庄园生活：1150—1400 年农民生活状况研究》，第 235 页。
③ ［英］彼得·伯克：《欧洲近代早期的大众文化》，杨愈、王海良等译，上海人民出版社 2005 年版，第 215 页。

第七章　中世纪晚期英国农民的礼庆娱乐活动　185

里的人们围着花柱大摆宴席吃喝，尽情地唱歌，跳着庄严的祭礼舞蹈——五朔柱舞。人们"奉五朔花柱"是祈盼五谷生长，祈祷神灵保佑子孙繁衍、六畜兴旺。历史学家和民俗学家对五月花柱的象征意义进行考证，普遍认为花柱的古老含义中有性暗示的意义。基督教认为民间的"奉五月花柱"属于异端崇拜，因此五月节经常受到教会和道德家们的攻击。可是，16世纪五朔节在英国各地更加流行，显然，这些"受到谴责的大众娱乐的传统却表明了大众文化具有极强的反弹力"①。

中世纪晚期的乡村社会中，与农耕生产有关的娱乐活动也是无时不有。谷物播种和收获、牧草收割、苹果采摘和修剪羊毛等时节，都是农民进行娱乐的机会。如，当时流行的一种游戏风俗，反映出农民在牧草收割完毕举行欢庆的生动场面。当最后一捆牧草被运走时，领主在地里放一只公羊或绵羊，农民必须在它逃脱以前将羊捉到。如果捉到，这只羊就成为庆祝劳动结束而举行宴会的一道大菜。再如，拉姆西修道院院长在各个庄园的农民割完牧草的那天，会发给他们8或12便士，作为他们喝"开镰酒"（Scythale）的费用。② 在谷物收获时节，农民同样会举行各种娱乐活动进行狂欢。"他们应着鼓声起舞，一个年轻的女子身穿白衣，骑在一头驴背上……一群男人围着她。他们头上顶着麦束，似乎在用麦束向她表示敬意。"③ 东芒克顿（East Monkton）的农民则是手拿火把，围着收获的谷物游行欢庆。④

乡村酒馆、旅店等人群密集和宽敞的地方在民间礼庆娱乐中的地位不容忽视，这里是大伙聚餐消遣的场所，大众娱乐文化的中心。前面提到的婚丧礼庆和节日宴饮等重要聚会大都在乡村酒馆里进行，即使平时农民也经常聚集在酒馆消磨时光，喝酒、聊天、唱歌、跳舞、听故事、玩游戏都是农民喜欢的消遣方式。例如，在肯特郡的一个啤酒店里，老板娘会向顾客讲述《罗宾·古德费洛小精灵的恶作剧和玩

---

① R. Hoggart, *The Uses of Literacy*, London: Harmondsworth, 1958, p. 264.
② ［英］亨利·斯坦利·贝内特：《英国庄园生活：1150—1400年农民生活状况研究》，第239页。
③ ［英］彼得·伯克：《欧洲近代早期的大众文化》，第237页。
④ ［英］亨利·斯坦利·贝内特：《英国庄园生活：1150—1400年农民生活状况研究》，第240页。

笑》的故事。富裕农民亚当·埃尔和威廉·霍尼韦尔的日记中都提到下午或晚上在酒馆滚木球和玩纸牌。① 1500 年到 1800 年的英格兰有充足的文献为证,旅馆是看斗鸡、打牌、下双子棋、掷骨子或玩九柱戏(即今天的保龄球)的地方。游吟歌手和竖琴师在酒馆里表演。那里还可以跳舞,有时候甚至可以跳骑马舞。② 中世纪的道德家把乡村酒馆称为"魔鬼之屋"。文学作品中也带有抨击性的描写,"酒馆嬉闹吵翻天,干杯之声到处传,一直喝到暮色晚,饕餮足灌进一加仑多的黄汤"③。在封建等级和宗教的社会环境中,来自上流社会的谴责,同样反映了这些乡间公共场所是大众娱乐的空间载体,为农民的休闲娱乐发挥了重要作用。

中世纪晚期英国民间礼庆娱乐内容非常广泛,劳动者把眼泪、欢乐、祈盼全都融进了传统的娱乐活动之中,蕴含着农民质朴的生存信念,传达着农民精神生活的强烈需求。这些娱乐活动英国古而有之,随着物质生产的发展,中世纪晚期更加流行。

图 7-1 乡村酒馆饮酒跳舞的农民[④]

注:该图绘于 1567 年,作者布勒哲尔(Pieter Brueghel the Elder, 1525—1569),被时人誉为"农夫画家"。

---

① M. Campbell, *The English Yeoman: Under Elizabeth and Early Stuart*, p. 307.
② [英]彼得·伯克:《欧洲近代早期的大众文化》,第 131 页。
③ [英]亨利·斯坦利·贝内特:《英国庄园生活:1150—1400 年农民生活状况研究》,第 238 页。
④ R. W. Unger, *Beer in the Middle Ages and the Renaissance*, Pennsylvania: University of Pennsylvania Press, 2004, p. 130, fig. 11.

第二节 宗教节日娱乐

中世纪晚期英国农民的休闲娱乐既与岁时节令、风情民俗有关，也与基督教的影响相联系。对于农民来说，基督教既是一种信仰，同时也是他们实实在在的现实生活。宗教改革前，一年中各种宗教节日加起来共有100多天。比如，农民可在礼拜天干一些轻活，享有圣诞节期间12天的假期以及在复活节和圣灵降临节（在复活节后的第七个礼拜日）期间少量的假期。① 节日就是娱乐，是从平日的艰苦谋生中暂时解脱出来的快乐。我们略举一二，来了解宗教节日期间英国农民的休闲娱乐生活。

圣诞节是西方基督教国家的盛大节日。节日前后是人们最快乐的时候，农民可以有14、15天不用干活。在他们眼里，圣诞节是从一年诸事缠身中解脱出来，得到的一次短暂的休息机会，不仅给他们带来天堂的重要福音，同时也带来许多世俗的乐趣。其间领主慷慨解囊，招待他的佃户和其他村民，庄园大厅里经常举行聚餐与娱乐活动。例如，格拉斯顿伯里的许多庄园里，庄园大厅里都在举行宴会。佃农们砍来圆木，烧燃圣诞之火，每个人都带来自己的柴火，以及杯、碟及擦嘴用的东西，宴会上有足够的面包、肉汤和啤酒，还有两种肉。东彭纳德的农奴在圣诞节期间可享有四次宴饮，每人都可得到一份精制的白面包，一份好肉，晚餐后就坐在庄园大厅里豪饮。② 兴起于6世纪的"圣诞晚餐"，到中世纪晚期已经发展为庆祝圣诞的主要形式。在庄园中，这餐饭往往要持续八九个小时，有蛋糕、白面包和奶酪、肉馅饼和其他肉类；即使较贫穷的农民家庭，这时也要设法

---

① ［美］克莱顿·罗伯茨、戴维·罗伯茨、道格拉斯·R. 比松：《英国史：史前—1714年》上册，第153页。
② ［英］亨利·斯坦利·贝内特：《英国庄园生活：1150—1400年农民生活状况研究》，第233页。

吃上一只较大的家禽，起码是一只鸡。①

除了丰盛的宴饮之外，还有各种形式的庆祝活动。圣诞节那天，村民们到村中的教堂举行各种仪式，之后是丰富的盛宴。夜里"有些人去玩纸牌，有些人唱欢快的卡勒尔斯（Carrols）歌曲，有些人会在长夜讲冬天的故事（Winter-tales）……然后是欢乐的祝酒会。这些结束后，快乐的青年和厌倦了纸牌游戏的乡下的年轻人开始跳舞展现自己，有的人在游戏中不慎损坏了髋骨——有的人在取最后一根点着的蜡烛上系着的苹果时烫伤了嘴唇"②。村民们还沉醉于演员们表演的那些胡闹剧和滑稽剧之中，或参与合唱，或参加对冬青树及常春藤的争夺，村里的男女青年一起出动，暂时忘记了秋收的疲劳和即将到来的春播的艰辛。我们可以从一首卡勒尔歌词中领略节日的气氛："让我们尽情欢乐吧，因为今天是圣诞节！……如果他说不会唱歌，那就让他表演运动游戏！只要能使宴会欢乐无穷，因为今天是圣诞节！"③

人们在欢度圣诞节之时，还有一项重要内容，就是12月26日的节礼节。这一天教堂要打开募捐盒的盖子，把一年中人们募捐的善款分发给教区的穷人。这是圣诞节欢庆活动的组成部分。

虽然中世纪的圣诞节还没有现代这样隆重、热闹和世俗化，但构成圣诞节内容的各种文化因素，如，圣诞晚餐、圣诞树、唱圣诞颂歌和节礼节，却早在那时已经形成。

每年4月的复活节也是传统的宗教节日。节日中不仅有重要的宗教仪式，也有许多传统娱乐活动。教会要举行庆典。复活节前一夜叫"复活夜"，教堂于当晚举行传统的宗教仪式，神父手持蜡烛进入教堂，象征耶稣复活给人间带来光明。复活节教徒都要去教堂做弥撒，领取圣餐。圣餐是由一块面包蘸上红葡萄酒做成的。这一仪式从13世纪开始盛行，是为纪念耶稣的牺牲精神，也为坚定信徒的信仰。

与复活节相关的民俗活动也很多。主要有品尝节日食品，鸡蛋是

---

① 史仲文、胡晓林主编：《新编世界生活习俗史》上册，第31页。
② M. Campbell, *The English Yeoman: Under Elizabeth and Early Stuart*, p. 299.
③ [英] 亨利·斯坦利·贝内特：《英国庄园生活：1150—1400年农民生活状况研究》，第233—234页。

第七章　中世纪晚期英国农民的礼庆娱乐活动　189

复活节最重要的节日食品。中世纪时鸡蛋象征生命复苏，象征繁荣兴旺，多子多福。人们把煮熟的鸡蛋染成红色或绿色，做成复活节彩蛋，作为孩子们吃的食品，亲友间互相馈送的节日礼物。小兔子也是复活节象征，兔子繁育能力特别强，人们用它象征生命的繁衍。据《英国》一书介绍，远古时代英国人用兔子祭拜春天女神。人们习惯于这一天吃野兔，做野兔肉饼吃。热十字面包也是复活节食品之一，人们对这种面包有种种迷信，认为复活节的十字面包可以为人们治病，甚至可治疗痢疾。①

复活节还有许多相关的娱乐庆典，既有游戏活动，也有较为专业的戏剧表演。如，在耶稣受难节爬上十字架，或者把整个大斋期里盖在圣坛上的盖布撕掉等富有戏剧性的活动；或者可以看到精心制作的戏剧——向信徒表演基督从坟墓中复活升天，参加游行，欣赏巡游演员或附近城市行会表演的圣经故事剧等，② 这些活动既表现出了农民对宗教的虔诚和生活的期盼，也使村民得到了一些现世的快乐。

中世纪晚期，英国还流行一些地方化的宗教娱乐活动。如，各地举行的守护神节。一般来说，大多数教区都会宣称本教区与某位圣徒关系密切，说该圣徒在某个时候曾经对他们施加保护或赐福，是本教区的守护神。③ 多数地区的庆祝活动在秋天收割完毕后的某个礼拜天，延续一两天，或者几个星期。村民们祭奠本教区的守护神，祈求保护。宗教仪式后，教区居民可能会在教堂过夜，用餐饮酒；教堂里上演神秘剧；教堂前的空地被负责组织节目的长官以及他手下快乐的人们用来跳舞和娱乐。教堂是举行教区守护神节的主要场所。这种风俗一直延续下来，说明这一时期教堂与乡村酒馆和旅店一样是村民社交活动的主要场所。

再如，教堂啤酒节在一些地方是人们喜爱的娱乐形式。教堂举行

---

① 史仲文、胡晓林主编：《新编世界生活习俗史》上册，第 22 页。
② ［英］亨利·斯坦利·贝内特：《英国庄园生活：1150—1400 年农民生活状况研究》，第 235 页。
③ 李斌：《英国节庆活动之嬗变》，《经济社会史评论》第二辑，生活·读书·新知三联书店 2006 年版，第 155 页。

各种活动，吸引很多人参加，消费大量的啤酒和食品。1566年萨福克郡的一个教区教堂的售酒节喝掉72加仑（近3000升）啤酒。此外，大量的肉食、鸡蛋、乳制品和面包等也被吃得一干二净。1573年，德文郡一个教区的居民在教堂啤酒节上赚了40先令。在娱乐表演中有两个村民扮演戏剧中的角色。但是类似这样的表演，常常遭到清教徒的反对。① 显然，教堂啤酒节也为教堂提供了赚钱的机会，有些教区把出售啤酒和食品收入作为教堂的专用基金。

值得一提的是，中世纪晚期有些地方为庆祝节日组织的戏剧演出已经开始由村民承担费用，出现了商业化的趋势。最早的关于为演出付费的记载见于达勒姆修道院1300—1303年的账册。14、15世纪，为演出付费越来越常见的。1385年，诺福克郡林城的财务官账册中有为基督圣体节演戏支付报酬的记录。为了支付演出的费用向教区居民收取资费，有时候这个教区还与邻近的教区联合组织演出，要求"邻近的教区按照各自的大小和人口多少贡献一定的资金"。16世纪，有些教堂竟然通过组织宗教戏剧演出来赚取钱财。布莱特里的圣米歇尔堂区的几次戏剧演出的收支平衡账目记载表明，1523年教堂为了演出一共收集了6英镑11先令11.5便士，有3英镑13先令7.5便士的结余；1525年结余3英镑19先令9便士；1535年花费6英镑13先令7.5便士，但是结余已经达到了14英镑17先令6.5便士。这些剩余的钱就变成了教堂的资金。② 商品经济在乡村娱乐文化中的渗透，虽然增加了农民礼庆节日的消费，但是却改善了农民休闲消费环境，丰富了他们的精神生活。

英国的宗教节日还有很多，庆祝活动多种多样。这些内容一方面传承了英国古老的习俗，同时，又伴随着物质文化的进步和文明程度的提高，增加了新的成分。丰富多彩的宗教节庆文化，使农民从繁重、单调的劳动中解脱出来，在精神领域获得一定自由，促进了农民生活质量的不断提升。

---

① M. Campbell, *The English Yeoman: Under Elizabeth and Early Stuart*, p. 303.
② 李斌：《近代英国民众休闲生活变迁》，博士学位论文，天津师范大学，2004年，第94页。

小　结

中世纪晚期英国乡村丰富多样的娱乐活动为农民极为枯燥的生活平添了几分乐趣，也为农村社会的发展注入了活力。历史是在继承与变迁中不断发展的，"文化上的每一个进步，都是迈向自由的一步"[①]。通过本章内容的分析，可以看出：第一，本时期农民礼庆和节日娱乐活动以传统的自娱自乐形式为主，聚会、宴饮、唱歌、跳舞，农民往往自得其乐，获得身心的愉悦和精神的放松。但是，随着社会商品经济的发展和农民物质条件的改善，商业娱乐的趋势开始出现在乡村娱乐文化之中。第二，与中世纪早期相比较，在农民的休闲娱乐中，宗教和世俗的内容进一步融合，无论是民间礼庆活动，还是宗教节日娱乐，都既包含了宗教的意义，也融会了各种古老的习俗，而且随着社会文明程度的提高，世俗文化的成分逐步得到加强。这些都为英国近代早期文化娱乐提供了发展的基础，社会转型的萌动已经在中世纪晚期英国农民精神生活领域显现出来。

---

① ［德］马克思、恩格斯：《马克思恩格斯全集》第三卷，人民出版社1995年版，第456页。

第八章　农民生活消费水平是社会发展的重要标志

14—15世纪，英国农民日常生活消费水平不断提高的征迹清晰可见。生活消费是社会总生产过程和再生产过程中不可或缺的重要的内在要素和环节，农民作为传统社会的主体力量，最基本的消费群众，其消费需求的不断扩大是社会生产发展的内在动力；其消费水平的全面提高也使自身素质获得提升。显然，农民生活消费水平是物质再生产和劳动力再生产的重要指标，是社会发展与变迁的标志。

第一节　消费是社会生产发展的驱动力

生产是人们实现消费的基础，正是在生产的启动下，消费不断增长和丰富，消费质量愈益提高。同时，消费又是生产的前提和动力，马克思指出："消费在观念上提出生产的对象，作为内心的意象，作为需要，作为动力和目的。"[①] 由于中世纪晚期英国农民消费需求数量和质量的提高，从而刺激和推动着生产不断发展，商品市场日益繁荣。

中世纪晚期，农民生活消费结构的变化促进了农业经济的发展，直接表现为农业种植结构的调整和畜牧业的发展。我们以农业种植结

---

① [德]马克思、恩格斯：《马克思恩格斯选集》第二卷，第92页。

构的调整为例,之前,在农民的饮食结构中,燕麦加工的面包和浓汤是基本食物,燕麦在人们的日常饮食中占有重要地位,因而,在农业生产中,作为传统的农作物燕麦的种植面积比较大。14世纪以来,由于农民饮食消费结构的改善,对农作物的需求发生了变化,小麦作为人们主要的谷类食品,种植数量增加;大麦作为酿酒谷物,种植面积也在扩大;而这时燕麦的种植面积逐渐缩小,且主要是作为喂养牲畜的饲料作物来种植。如,14世纪,伍斯特(Worcester)修道院1/3的可耕地用来种植小麦,大麦和豆类的种植数量也在明显增长,豆类植物种植主要是适应畜牧业发展的需要,作为养羊的饲料。[1] 在格罗斯特郡的克里夫庄园小麦和大麦已经成为这一地区主要种植的农作物,燕麦的种植比例极少。(表8-1)

表8-1　　　　14世纪90年代格罗斯特郡克利夫修道院主要

农作物种植的比例[2]　　　　(单位:%)

地点与时间	小麦	大麦/混合物	豌豆/豆类	燕麦	总量
伍斯特主教地产(1393—1395)	31	43	21	5	100
若科特瑞地产(1396—1397)	37	48	15	0	100
十一税谷物(1396—1397)	36	55	8	1	100

同样的趋势也出现在伦敦附近以及周围地区。中世纪晚期用于酿酒的大麦在这一地区种植比例增加最快。如图8-1所显示,1300年前后伦敦地区大麦种植面积只占谷物总播种面积的13%,到1375—1400年这段时期却上升至23%。用于酿酒的谷物种植面积的扩大不仅发生在伦敦附近,而且扩展到远离伦敦的地区。肯特郡北部和东部,1300年前后曾经是大麦生产的主要地区,14世纪后期依然如此。更为显著的是在伦敦的北部和西部地区,如赫德福德郡、贝德福德郡、白金汉郡和牛津郡,这些地区大麦及其混合物的种植已经取代了

---

[1] R. M. Smith, *Land, Kinship and Life-Cycle*, Cambridge: Cambridge University Press, 1984, p. 135.

[2] C. Dyer, *An Age of Transition? Economy and Society in England in the Later Middle Ages*, p. 28.

小麦，成为主要的经济作物，这是因为当变为酿酒用的麦芽时，大麦比小麦更能承受远距离运输。14 世纪后期，大麦种植区域延伸到了剑桥郡和亨廷顿郡，用于酿酒的谷物占到耕种面积的 50%。① 相反，燕麦的种植比例下降，1300 年前后占谷物种植面积的 33%，到 1375—1400 年降至 26%。这时伦敦周围地区燕麦种植面积仍然保留在 1/4 左右，应该与这一地区马匹的饲养和使用数量大相吻合，因为燕麦是饲养马匹的主要饲料。13 世纪的一位农学家计算过，要使马保持良好的状况，干活不乏力，每夜必须至少喂 1/6 蒲式耳的燕麦。② 由于受伦敦市场的影响，1250—1449 年，在英格兰中部和东部地区马车使用量较大，因此，这一地区燕麦作为饲料存在一定的需求量。③

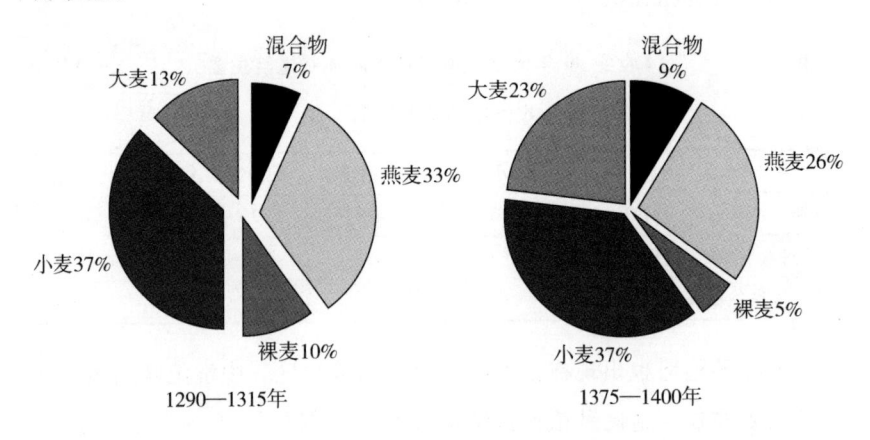

图 8-1 伦敦附近地区不同农作物种植面积的比例④

虽然各地谷物种植的比例存在差别，但就整体来看，农业种植结构调整的趋势很明显。由于农民消费需求的变化，14 世纪末期，小麦和大麦在农作物种植中已经占有较大比例，其次是豆类、燕麦的种

---

① M. Carlin, J. T. Rosenthal, eds., *Food and Eating in Medieval Europe*, 1998, p. 94.
② [英] 伊·拉蒙德、W. 坎宁安编：《亨莱的田庄管理》，高小斯译，商务印书馆 1995 年版，第 47 页。
③ B. M. S. Campbell, *English Seigniorial Agriculture*: 1250—1450, Cambridge: Cambridge University Press, 2000, pp. 128-129.
④ M. Carlin, J. T. Rosenthal, eds., *Food and Eating in Medieval Europe*, p. 94.

第八章　农民生活消费水平是社会发展的重要标志

植数量逐渐减少。

人们吃穿用等生活消费需求的全面提高，同样影响了本时期畜牧业的发展，农民饲养的牛、羊等牲畜的数量迅速增加。显然，较大的需求市场推动了农牧产品的生产，从而进一步促进了农业经济的发展以及农业结构的调整。

农业经济的发展为乡村工业的发展准备了物力和人力，农民消费需求的增长也为乡村工业的发展提供了广阔的空间，手工业中的大多数部门开始脱离农业成为独立的生产部门。中世纪晚期，英国农村的毛呢生产、服装制造、食品加工、啤酒酿制、金属和陶器生产等传统或新兴的相关产业部门广泛发展起来，它们的生产规模扩大，专业化生产水平提高，形成了农村社会新的经济增长点。

由于啤酒饮料消费需求的广泛提高，啤酒酿造已经成为普遍的乡村手工业。随着啤酒消费数量的增加，传统的由家庭妇女（ale-wives）经营的、分散的、小规模的临时啤酒酿造渐渐消失，集中酿制的、更加专业化的啤酒馆有了发展。而且生产技术的革新也刺激了生产规模的扩大，15世纪中期，由啤酒花酿制的新型啤酒在英格兰东南部出现，这种饮料可长时间储存，且有利于长距离的运输，加上色泽清澈，口感舒适，酿制技术很快在全国推广。[①]

中世纪晚期农民日常生活中锡铅合金的服装饰品和餐具的增加，推动了锡铅合金制造业生产规模和技术有了很大发展。康沃尔锡的产量，1330年和1400年两次出现高峰。[②] 锡合金器具加工工匠利用生产模具成批量的生产，用以满足广阔的市场需求。当时主要产品有服装装饰用的扣环、配饰品、朝圣徽章、家庭装饰物和餐具。由于锡铅合金的产品具有银色的色泽，外表奢华，但价格相对于银质器具比较便宜，为普通民众所喜爱。在一些集镇生产和出售的记录中，需求者主要是农民和工匠。例如，约克郡的赫尔波里（Helperly）的一个农

[①] J. M. Bennett, *Ale, Beer and Brewster in England: Women's Work in a Changing World, 1300—1600*, Oxford: Oxford University Press, 1996, pp. 79 – 92.

[②] J. Hatcher, *English Tin and Trade Before 1550*, Oxford: Clarendon Press, 1973, pp. 156 – 160.

夫有 7 件锡铅合金的器具；劳福德（Lawford）教区有一半的农民有锡铅合金的饰品；1451 年被绞死的肯特郡的反叛农民中，每人至少有 8—16 件的锡制品。到 1500 年，拥有一打或半打合金盘子的农民已经比较普遍。① 即使乡村中的乡绅家庭使用的餐具也并不都是银质器具，如，牛津郡的恩萨姆（Eynsham）的多数乡绅家庭，除少数几件银质勺子外，他们使用的浅碟、杯子、盘子和碗大多配备的是合金制品。②

13 世纪英国的乡村陶器制造业就已经具有了相当规模，能够生产各种不同形状、大小、颜色的生活用具。14 世纪以后，随着啤酒消费数量的增加和啤酒馆的快速发展，陶制器皿需求数量扩大，陶器制造业获得了进一步的发展，各地的陶窑都形成了自己的标准型产品。由于生产规模的扩大和产品质量的提高，15 世纪晚期，英国的陶器除了能够满足国内市场的需求外，还出口到欧洲大陆。当时的著名品牌"都铎格林"（Tudor Green）和"西多会陶器"（Cistercions Pottery），为更多的消费者所喜欢，前者于 1485 年开始生产；后者并非由僧侣们专门制造和使用，而是面向大众。③ 虽然陶制器具比传统的木质酒器价格贵，但是它更加耐用，加上形状各异的表面设计，丰富多彩的釉面，吸引了更多的使用者。从带有塞子的大型贮酒器到各种各样的酒杯，样式新颖的陶制器皿迎合了当时英国"酒文化"的需要。

以上几例可以看出中世纪晚期英国乡村工业有了较快的发展，这一发展吸引了大量农村人口从事非农业职业。在社会经济良性发展的前提下，农业之外雇佣劳动人口的增加，对农村经济产业化和市场化具有决定性意义，是经济变迁的重要标志。13 世纪末，在埃文斯汉姆（Evesham）和伯苏的税收卷档中记载的纳税人姓名来判断，已有

---

① J. Hatcher, T. C. Barker, *A History of British Pewter*, London and New York: Longman Publishing Group, 1974, pp. 55 – 56.
② C. Dyer, *An Age of Transition? Economy and Society in England in the Later Middle Ages*, p. 141.
③ C. Dyer, *An Age of Transition? Economy and Society in England in the Later Middle Ages*, p. 143.

第八章 农民生活消费水平是社会发展的重要标志 197

大量的面包匠、黄铜匠、裁缝、铁匠、制革匠、厨师和漂洗工。据估计，到中世纪晚期，英国所有的村镇都居住着大量的工匠和商人，他们有1—2种专业技术，主要从事服装加工、皮革制品、金属工具和器具制造，食品加工等职业，用以满足乡村人口的生活和生产需要。根据1522年的调查，斯塔福德郡的巴伯福百户区从事非农业职业的人口占34%；在诺福克郡、德文郡等小城镇和乡村工业集中的地区，占到40%，这个比例接近英国工业革命前1688年的数字，远远高于同期大陆上的法国和意大利的比例。①

  农业和乡村工业的发展，使农民的劳动成果更多地进入流通领域；农民消费结构的变化、消费水平的提高又进一步促进了乡村商品贸易的繁荣。农民经常出入市场，出卖他们生产的农产品和畜牧产品，同时买来各种日用品以满足自己逐渐丰富起来的需求。他们以生产者和消费者的双重身份进入市场，而市场在农民生产和生活消费实践活动中起着重要的调节作用。14世纪，英国乡村已经形成布局较为合理的市场网络，有500多个城镇，2000个左右的乡村市场分布在各个村庄，一周一次开市。② 据考证，贝德福德郡的44个村庄都坐落在距市场6英里以内，平均距离为3.7英里。③ 农民既可以在周围集市上，也可以到附近城镇上买卖日常的生活和生产用品。例如，关于肉食品的买卖情况，考古发现，有些农民房屋周围有多种牲畜骨架，这是农民食用后的动物骨骼残余物，经考证是从市场上购得的肉食品，而不是宰杀的自己饲养的牲畜。农民饲养的大量牲畜，除少数宰杀后制成腌肉供自己食用外，其余多数则出售给专业屠户；④ 15世纪初，伯苏修道院的一个村庄有大量的屠户，他们形成了一个特殊的

---

① C. Dyer, *An Age of Transition? Economy and Society in England in the Later Middle Ages*, p. 160.
② C. Dyer, *An Age of Transition? Economy and Society in England in the Later Middle Ages*, p. 20.
③ K. Biddick, "Medieval English Peasants and Market Involvement", *The Journal of Economic History*, Vol. 45, No. 4 (Dec., 1985), p. 826.
④ C. Dyer, *Standards of Living in the Later Middle Ages: Social Change in the England c. 1200—1500*, p. 166.

198　寻常中的变化:中世纪晚期英国农民生活消费

阶层,因此还设立了专门机构检查他们出售的肉食品质量。① 从保存下来的有限文献资料中多少能够了解到一些奶制品的出售情况,如,1377年,伍斯特郡奥姆波里(Ombury)的约翰·德的账单中显示曾有13人赊欠过奶酪。有时农民也在集市上出售自己的产品。由于牛奶容易变质,在产奶季节,农民将小部分制成新鲜黄油可保存一周,制成加盐黄油可保存一年,将大部分加工成奶酪,可贮存多年,所有产品的小部分保存起来供自己家庭食用,余者则运往市场销售。② 约克郡的沃若姆珀西遗址中曾发现了大量鱼骨;15世纪早期伍斯特郡的蔡德里集市上也有大量海鱼供应,说明这里的村民已经有了长距离贸易。③ 贸易活动的活跃,消费市场的拓展,进一步改善了消费环境,使农民能够获得更多的食物来源,饮食种类更加丰富。

　　除了基本的生活日用品的贸易外,在乡村市场和小村镇中,也可以满足农民生活中不同种类和层次的消费品的需要。如,香料,金属装饰品(胸针、头饰、服装配饰物)等。肯特郡的高德赫斯特的哈瑞·鲍德汉姆,乡村的小绸布商,财产清册中记载,他的商店中经营来自荷兰、佛兰德尔、布若邦特(Brabant)的亚麻布,加工服装用的辅料硬衬布,还有帽子和一些小杂货品。另一村镇瑟瑞的商人托马斯·皮克瑞的商店里则经营蕾丝、丝绸、各种各样的帽子等物品。④ 他们的生意显示了能够为这两个村镇几英里内的普通消费者提供较为奢华物品的需要。反映出随着乡村经济的发展,农业社会化程度的不断提高,在农民的消费方式中,商品性消费的比重也在不断扩大。

　　不同农作物相对交易数量的改变,也反映了国内外市场需求的变化,从而进一步引导农业生产的发展。1300年前后,伦敦地区的庄园中售出的所有谷物中小麦占43%,但是到14世纪后的几十年里,

---

① P. Kriedte, *Peasants, Landlords and Merchant Capitalists-Europe and the World Economy*, 1500—1800, p. 91.
② [英]亚当·斯密:《国富论》,第166—167页。
③ C. Dyer, *Standards of Living in the Later Middle Ages: Social Change in the England c.* 1200—1500, pp. 166 – 167.
④ C. Dyer, *An Age of Transition? Economy and Society in England in the Later Middle Ages*, p. 154.

下降到28%。这与小麦成为农民日常膳食中主要的面包谷物是一致的。同一时期,用于酿酒的主要谷物大麦和其混合物,却从占谷物总销售量的29%增加到49%。到14世纪末,伦敦地区用于出售的谷物约有一半用于酿酒。[①] 市场贸易的繁荣在改变了农民生活的同时,也改变了农民的生产意识和商业意识。

总之,农民消费需求是推动中世纪晚期英国经济和社会发展的强大动力,而经济的增长又为消费者创造了优越的物质基础和条件。在新的消费需求增长的驱动下,社会生产不断发展,新的经济关系逐步确立,人们的生活水平日益提高。

第二节 消费使农民自身素质得到提高

中世纪晚期,农民生活消费水平的提高,在推动社会生产发展的同时,也使自身素质得到全面提升。

生活质量的提高使农民的身体素质明显增强。妇女对人类的健康状况发挥着独特的作用,妇女寿命的延长可以深刻地反映出整个民族身体素质的提高。关于中古早期西欧不同年龄阶段男女两性之间比例的大量统计数据,说明这时普通民众中妇女的寿命比男性短。[②] 统计显示15岁以下,女性人数要超过男性,比例是105∶99;而15岁以上的成年人中,男性人数超过了女性,大致是127∶120,[③] 有的学者统计,由于成年女性的死亡率较高,妇女的寿命短,成年男女之间的比例甚至达到了110—130∶100。[④] 历史学家和人类学家分析影响女

[①] M. Carlin, J. T. Rosenthal, eds., *Food and Eating in Medieval Europe*, p. 95.
[②] 现代医学研究确定,自然分配状态下男女出生率为105∶100,由于男女两性的染色体不同,男性先天抵抗疾病能力低于女性,同时在成长和生产过程中男性的意外死亡率高于女性,故而在成年之前男性死亡人数要多于女性。
[③] V. Bullough, C. Campbell, "Female Longevity and Diet in the Middle Ages", *Notes and Documents*, *Speculum*, 55, 2 (1980), p. 318.
[④] J. C. Russell, "Late Ancient and Medieval Population", *Transaction of the American Philosophical Society*, New Series, Vol. 48, pt. 3, 1958, p. 21.

性寿命的一个重要原因是营养不良，这时农民的饮食结构中的基本食物是谷类食品，人体必需的优质蛋白质和铁元素在这些食物中含量低。据医学研究分析，正常情况下，人体需要的铁元素男性是0.5—1毫克/天，成年女性为1—2毫克/天。孕期和月经期的妇女需要量更多，月经期的妇女铁元素的摄入量必须至少在男性的两倍以上。[①]但是，有关专家对中世纪早期人们食物中关键营养成分含量做最乐观的估计，每人每天铁元素的摄入量平均不超过0.25—0.75毫克，即使这样，也只是刚刚达到男性需要量的边缘，满足不了成年女性正常情况下营养成分的需求。显然营养不良导致的严重缺铁性贫血是妇女死亡率较高的主要原因之一。[②] 中世纪晚期，农民的食物结构中含铁量较高的优质食品，如，肉类、豆类和蔬菜的食用数量增加，营养状况得到了改善，农民的健康状况发生了变化。女性表现得尤为突出，成年女性中严重的缺铁性贫血得到一定程度的控制，死亡率逐渐降低。14世纪大量的文献记录中，女性的寿命延长，同龄成年人中，女性的人数上升，两性比例出现平衡，而且渐渐的女性人数超过了男性。研究者通过对中世纪晚期人口调查得出结论：15世纪中晚期，阿尔卑斯山以北地区，成年女性与男性的比例发生了根本变化，两者之比为109—120：100，甚至在老年人口中女性逐渐占了优势。[③] 普通女性寿命的延长应该是建立在这一时期普通民众身体素质普遍提高的基础之上的。

资料记载，中世纪晚期的两个世纪里存在一些收成不好的饥荒年景，农民是否有能力应对饥荒，这是分析其生活水平提高与身体素质增强需要说明的问题。《一个英国农庄的经济社会史》中列举的克劳利庄园的普通农户在14世纪初灾荒年的收支情况可以为例：中等农户（一雅兰持有农）年收入42先令5便士，支出5先令9便士，结

[①] V. Bullough, C. Campbell, "Female Longevity and Diet in the Middle Ages", *Notes and Documents*, *Speculum*, 55, p.321.

[②] V. Bullough, C. Campbell, "Female Longevity and Diet in the Middle Ages", *Notes and Documents*, *Speculum*, 55, p.321.

[③] V. Bullough, C. Campbell, "Female Longevity and Diet in the Middle Ages", *Notes and Documents*, *Speculum*, 55, p.318.

余 36 先令 8 便士；小土地持有农（持有 5.5 英亩土地）年收入 27 先令 5 便士，支出 20 先令 7.5 便士，结余 6 先令 9.5 便士。① 这一例证具有一定的代表性，说明由于农民经济力量的增长，使他们在一定程度上具有了抵抗饥荒的能力。即使在不常见的饥荒年景，他们的生活质量有所下降，但也能保证基本的生存所需。戴尔统计后认为，1375—1520 年间英国严重的饥荒威胁逐渐减少，严重的收获不足在 14 世纪出现的次数较多，尤其是 14 世纪上半叶，15 世纪 30 年代以后偶尔出现，1440—1520 年间变得较为罕见。② 所以，中世纪晚期，尤其是 14 世纪中期黑死病以后，随着生活条件的不断改善，农民普遍增强了抵抗疾病的能力，特别是由营养不良而导致的，且发病率和死亡率较高的疾病，如疟疾、肺结核等。

经济力量的增强，消费水平的提高，使农民在生活方式和行为举止方面更为注意礼仪和教化。从农民的居住状况来看，新的生活元素正渗透进他们的日常生活之中。14 世纪后，农民住房中功能区域划分更加专业化，私人房间的数量增加；4—5 个房间的住房中，内部已经分隔出公共活动的大厅和父母、子女与仆人分别休息的卧室；排烟设施更加完善，壁炉的使用已经较为广泛地出现在农民的住房中。住房的结构更加安全和舒适，反映了农民生活环境的改善和自我意识的加强。

就餐方式作为整个社会行为方式的一部分，反映了当时社会文明水平的走向。这时富裕农民已经有力量在日常生活中模仿贵族和乡绅的生活方式，用流行的文明礼仪规范行为举止。表现在礼庆活动中，他们会仿效贵族的风格提供精致的食品和文雅的场面。例如，15 世纪早期，埃文河上游的斯塔福德地区，富裕农民组织的年度聚餐会上，雇用了乡绅家庭的厨师；食品加工中使用了姜和胡椒粉等上等的调料，准备了高质量的肉食品：调制好的小牛肉和鹅肉。聚餐者按照

---

① N. S. Gras, E. C. Gras, *The Economic and Social History of an English Village*, pp. 72 - 73.

② C. Dyer, *An Age of Transition? Economy and Society in England in the Later Middle Ages*, p. 132.

尊卑次序就座，最受尊重的成功者坐在客厅里端的高台上。① 富裕农民对行为举止和社交礼仪的关注，使传统的等级界限变得相对模糊起来。即使普通的农民家庭，在用餐时也讲究一些规矩和礼仪，开始注意用餐时的气氛。比如，家庭中的男主人要坐在餐桌上端的椅子上，女主人、孩子和仆人则分别坐在两边的板凳上；餐桌上铺着桌布，桌布的使用在当时是比较时尚的，但这种现象已经较为流行，只有几英亩的农民家庭也是如此。

农民日常生活中卫生意识也有所增强，伍斯特郡里福（Leigh）的农民约翰·德·沃尔死于1394年，他的财产清册中包括价值12便士的金属盆和水罐，个人专用的毛巾，说明人们已经逐渐培养起了一些文明卫生的习惯。② 这时农民不仅注意生活中文明习惯的养成，而且还产生了自律意识和行为得体的观念，伊普斯维奇（Ipswich）的约翰·卡德维尔1460年在遗嘱中期望他的儿子"要遵守法律和听取教导"，仆人应当"举止谈吐得体"并忠实于主人，③ 农民表现出对自身行为规范的关注。

悄然兴起的新的生活方式使农民精神面貌发生了变化，他们开始表现的自信而积极向上，冲破等级束缚的思想追求更为明显。布瓦松纳说过，在乡村家庭中，农民妇女开始讲究他们的服装，并有少数的装饰品，而且特别以衣用和家用的亚麻制品的增多而自豪。④ 乔叟在作品中描写的工匠的形象是，穿着高质量的束腰和带有口袋的衣服，配有不是镀铜的而是镀银扣钩的刀鞘；他们的妻子生活在如果丈夫变成一个市议员，她们就会成为有社会身份的夫人的希望之中。⑤ 有一些中世纪的诗歌也反映了农民精神面貌的变化，"母亲和女儿为了在

---

① C. Dyer, *An Age of Transition? Economy and Society in England in the Later Middle Ages*, p. 135.

② C. Dyer, *An Age of Transition? Economy and Society in England in the Later Middle Ages*, p. 137.

③ C. Dyer, *An Age of Transition? Economy and Society in England in the Later Middle Ages*, p. 124.

④ [法] P. 布瓦松纳：《中世纪欧洲生活和劳动（五至十五世纪）》，第150页。

⑤ C. Dyer, *An Age of Transition? Economy and Society in England in the Later Middle Ages*, p. 133.

舞会上令人瞩目而穿着漂亮的跳舞服装,愚笨的农民的儿子为了吸引姑娘们'化了装',带上了武器,想与骑士争个高低……"他们利用一切机会效仿骑士,其中暗含了他们的一种愿望。① 由于衣着的变化,进入 15 世纪,乡下人在城镇工作被认为是为了炫耀服装。所以,乔叟所刻画得 14 世纪的农民形象已经看不出原来的"愚昧、迷信、粗暴、残忍、鄙野和暴烈的一切特点",而是"富有"和"漂亮",颇具绅士风采。② 农民的生活方式、行为举止和精神面貌一点点发生着改变,潜移默化,润物无声,与社会的变迁密切融合在一起。社会的发展造成了人们文明观念和行为规范的强化,而行为方式的文明化反过来又会促进社会的进步。

思想观念的进步增强了农民的个人权利意识。中世纪晚期的农民已经有了强烈的私人财产意识。从 13 世纪开始,农奴在教会的支持下为取得个人遗嘱权进行了不懈的斗争,到 14 世纪,大部分农奴都获得了这项权利,从而使法律实际上承认了农奴的个人财产所有权。③ 从农民居住环境的规划设计上可以看出,农民对个人财产的保护意识较强,如果有人打算进入农民的宅第盗窃贵重物品,要越过多重障碍,首先是栅栏或者围墙,然后处理带有门锁的外门,随后是通向房间的内门,最后还必须打破木制箱子的挂锁。王室法庭和庄园法庭的卷档中记录了一些对侵入民宅和盗窃农民财产的指控,说明了这一时期农民的财产一旦遭到侵犯,他们可以通过法律来捍卫自己的财产所有权。④

再有,随着经济力量的增强,农民为了提高自身的社会地位,越来越重视受教育的权利;乡村教育条件的改善,学校数量的增加,改变了农民的受教育状况,农民的知识水平普遍提升。从事农业经营和商品贸易的民众通过掌握读写和计算能力全面提高了自身的素质。由

---

① [英] 大卫·尼科尔:《中世纪生活》,第 71 页。
② [法] P. 布瓦松纳:《中世纪欧洲生活和劳动(五至十五世纪)》,第 265 页。
③ 侯建新:《社会转型时期的西欧与中国》,第 114 页。
④ C. Dyer, *An Age of Transition? Economy and Society in England in the Later Middle Ages*, p. 56.

于中世纪晚期乡村教育的发展,为"教育革命"的兴起奠定了良好的基础。从 1560 年至 1700 年英国乡村社会各阶层识字率得到普遍提高。乡村的店主和制造业者由 30% 上升至 60%,农场主(含自耕农)由 50% 上升至 75%,底层的茅舍农也一直保持在 20%,雇工和佃仆 15%。即使社会上处于不利地位的群体——贫穷的妇女,她们的阅读能力也达到了一个较好的水平,在 25% 到 30% 之间。① 具有一定经济实力和熟练掌握技术的阶层,读写能力明显优于其他阶层。据统计,酒商、布匹商、服装商和杂货商的识字率已接近士绅阶层,只有 10% 的人是文盲。熟练工匠如服装加工和金匠中文盲的比例为 14% 至 33%。纺织工和裁缝等行业的文盲比例是 37%、52%,铁匠、木匠、磨坊主和屠夫的文盲比例从 56% 到 86% 不等。② 掌握了基本读写技能的富裕农民成为具有先进生产知识的劳动者,他们能够阅读各类书籍,具备获取和分类新信息以作为在生产中仿效和试验的能力。约曼在看到关于农业生产的书籍时,会抄录一些关于提高农业生产率的方法、改良耕种的理论等,并将这些理论应用到生产实践当中。③ 受书籍中改良理论的影响,"斯皮尔斯伯里村的佃户,他们在自己耕作的土地上开辟出一小块试验田,在这些试验田里测试种植红豆草、翘摇、芜菁等新作物的收获量"④。知识水平的提高对农民阶层产生了重要影响,增强了他们的生产经营、管理、沟通能力,从而能够创造出更多参与宗教、商业活动、获得新思维和行动方式的机会。

社会地位的上升和知识水平提高,增强了农民参与和管理公共事务的意识及能力,他们在社会生活中所发挥的作用越来越重要。在社区或者村庄的事务中,农民逐渐投入了更多的精力和财力,社区教堂的建造和维修,村庄中的道路修缮,教堂中举行的礼仪庆典等;参与对村庄公共土地、牧场和林地的管理;村民共同监督和管理公共用水

---

① Michael Van Cleave Alexander, *The Growth of English Education* 1348—1648: *A Social and Cultural History*, p. 233.
② Helen M. Jewell, *Education in Early Modern England*, p. 147.
③ Felicity Heal and Clive Holmes, *The Gentry in England and Wales*, 1500—1700, p. 109.
④ [英]罗伯特·艾伦:《近代英国工业革命揭秘:放眼全球的深度透视》,第 375 页。

第八章　农民生活消费水平是社会发展的重要标志　205

资源。诺福克郡托恩翰姆埃皮斯陶普（Thornham Episcopi）的约翰·梅勒1489年在遗嘱中要求其遗赠"将永远为村庄全体公众的利益所使用"。① 在东英格兰的许多教区，农民募捐设立了教友兄弟会基金，建立济贫院，用于慈善活动。② 农民这些非制度性的公共行为，对英国的公共事业管理与社会保障机制的健全和发展产生了一定影响。

富裕农民的作用更为突出，他们逐渐成为乡村社会中实际的领导者。在庄园法庭或领主法庭上，他们有权解释惯例、解决争端、制定共同法则、颁布细则；他们担任陪审团的重要成员，有时还担任陪审团会议的主持人。例如，萨福克郡柴威顿（Chevington）的一位农民罗伯特·帕门在1440—1475年间，作为教区的头面人物，一直担任庄园法庭的陪审员和其他的官方职位；在他的遗嘱中为教区和兄弟会留下了大量遗产。③ 他们有权参加国会议员的选举和地方议会议员的选举，在地方议会上有发言权。正如15世纪末叶福蒂斯丘（Sir John Fortescue）在《英国法律赞》中所指出的：富裕农民的经济资源使他们在居乡骑士或乡绅不在时有能力领导乡村社会。后来随着旧贵族经济的衰落，农村封建阶级结构的解体，富裕农民和地方绅士阶层逐渐交融，他们日益成为国家政治生活的重要力量。15世纪末，都铎王朝时期下议院力量增强，富裕农民和乡绅在议会中席位逐渐增多，其与市民在国会下议院中的比例为4∶1；④ 伊丽莎白时代的460个议席中，富裕农民与乡绅已经占据了绝大多数，造成了乡绅"侵占"议会的局面。⑤ 显示了富裕农民有足够的能力参与国家公共事务的管理和正式事务的决策。

中世纪晚期，在生活消费水平提高的过程中，农民自身的社会地

---

① C. Dyer, *An Age of Transition? Economy and Society in England in the Later Middle Ages*, p. 124.
② C. Dyer, *Making a Living in the Middle Ages: The People of Britain 850—1520*, p. 365.
③ C. Dyer, *An Age of Transition? Economy and Society in England in the Later Middle Ages*, p. 208.
④ G. R. Elton, *Tudor Constitution*, Cambridge: Cambridge University Press, 1982, p. 249.
⑤ S. T. Bindoff, ed., *The House of Commons 1509—1558*, London: Boydell and Brewer, 1982, p. 140.

位、物质利益、价值观念和精神生活不断发生改变。农民作为生产的主体，是社会生产中最重要的起决定性作用的因素。因此，农民自身素质的全面提升，自然会对社会的发展产生全面的、重要的影响。

第三节　农民生活消费水平是社会发展的重要标志

　　日常生活消费是农民生存状态最直接的表现形式。随着中世纪晚期农民财富积累的普遍增长，农民在吃、穿、住、行、娱乐等方面的生活消费状况有了明显的改善，生活质量不断提高。农民是英国传统农业社会的主体，生产力的创造者，农民生活消费水平的提高具体而生动地反映了农村社会整体经济水平和运行状况。

　　农民生活消费水准是社会经济发展水平的直接反映。中世纪晚期，英国农业生产力水平的提高，农村社会经济的发展，使农民收入的整体水平明显提高，农民的购买力和改善生活的能力增强。农民手头富裕了之后，自然会想到改善自己的生活状态，他们的消费欲望会不断多样化，开始注重生活质量的提高，要求食品更可口，衣着更讲究，居住更舒适，交通更方便，娱乐更丰富，生活水平呈明显上升趋势。农村消费市场的发展和消费环境的改善，又会扩大农民的消费需求，使农民生活消费逐步由满足基本的生存需要向追求生活质量的提高转变，由自给自足性消费向商业化消费转变。同时，农村社会群体的职业分化，农民获得收入的途径多元化，也使农民之间的生活消费水平和消费结构呈现差异性，收入增长较快的富裕农民会不自觉地依靠其经济实力，通过消费能力和消费内容来显示自己的成功，树立自己在群体中的优势和地位，以谋求在农村社会中与贵族精英平起平坐。相反，如果农村经济发展迟缓，农业收入下降，剩余劳动力较多，农民的收入增长缓慢，农村的绝对贫困人口多，必然使得农民的生活消费购买力受到影响，阻碍消费市场的进一步扩大，从而影响农村潜在的消费需求向现实需求的顺利转化。

　　农民生活消费水平的不断提高又是社会经济持续发展的动力。生产的目的是社会日益增长的物质和文化生活的需要,而需要的满足必须通过消费来实现。消费既是生产的目的,同时又是下一个生产过程的开始。作为农业再生产的基本环节之一,消费是新的生产周期的先导,因此,对生产起着强大的反作用。虽然生产水平决定消费水平,生产方式决定消费方式,但是消费是检验生产的最终尺度,只有通过消费才能使生产的最终成果为社会所承认,并为新的生产周期提供指示。随着中世纪晚期农民生活消费范围的扩大和消费层次的提高,他们必然会站在更高的生活平台上,不断产生新的消费需求,这就鼓励农民去发展生产,增加收入,以获得更高层次的消费满足,从而进一步刺激了农业生产的提高,乡村手工业的发展和商品贸易的繁荣。生产规模扩大,生产技术改进,产品质量提高,生产门类调整和生产速度增长,又会为成千上万的劳动者提供就业机会,形成新的经济增长点,使民众的生活内容进一步丰富。所以,普通民众生活水平的提高,使他们的消费处于积极状态,是社会经济发展的强大推动力。

保证普通民众生活水平的不断提高,必须使其财富积累受到保障,社会权益得到一定程度的体现。不同社会阶层具有不同的社会生活特征,社会阶层的划分与经济相联系,民众的消费状况表明了其社会地位的高低。近代国家发展表明,民众的经济利益和社会权益受到一定保障的国家,其社会发展的步伐快;反之,社会权力过分集中在少数人手中,民众的生产积极性难以保证,社会进步的速度慢。物质的财富并不能自动满足每一个人的需要,财富如何在社会成员中分配,是关系到社会公正及繁荣稳定的大问题。"朱门酒肉臭,路有冻死骨",特权阶级挥霍无度,酒池肉林、奢侈纵欲的消费行为,不可避免地使劳动人民的消费生活受到抑制,很多人"衣不蔽体,食不果腹"。普通民众如此的消费状况,说明了其社会权益的缺失,必然会阻止社会生产的进步,使社会发展处于缓慢,甚至停滞的状态。"当绝大部分的社会成员处于贫穷和困苦时,没有哪一个社会能够确实兴旺发达和美好。"[①] 所以,中世纪晚期,英国农民生活消费水准

---

① [英] 亚当·斯密:《国富论》,第61页。

的不断提高,是英国社会实现全面进步与发展的极其关键的因素。

农民作为农业生产的主体,是社会生产中最重要的起决定作用的因素和条件。马克思说过,"消费生产出生产者的素质"①。中世纪晚期,农民生活消费水准的不断提高,使农民整体素质获得了全面提升。他们的身体素质普遍增强,行为举止更加文明,个人权利意识增长,受教育程度提高,参与公共事务的活动增多。特别是富裕农民更为突出,"他们改变着乡村的经济生活和政治生活,改变着他们自身,他们正在迅速抹掉旧式农民的印迹,在创建生活中练就出新的品质,形成新的力量和新的观念,造就新的交往方式,新的需要和语言"②。农民整体素质的提高,可以说从根本上增强了农民的社会竞争力,增大了体现身价的砝码,改变了社会地位,从而缩小了与其他社会阶层的差距,实现了农民在社会阶层中的有序流动,推动了英国社会阶层结构的改变和整合。农民生活水平的提高,使农民在社会经济发展中释放出更旺盛的生产积极性、主动性和创造性,使社会的文明与进步得到深层次的体现。

中世纪晚期,"英国农民经济生活、社会生活的改善,经历了漫长而有效的过程,它是农业革命、商业革命以及震惊世界与人类生活的工业革命的基石"③。可见,发展农村社会经济,提高农民经济力量和社会地位,改善农民生活消费水平,是社会发展和变迁极其重要的因素。尽管进入了 21 世纪,英国这一重要的历史经验对于正处于现代化建设的中国,仍然值得关注。

---

① [德] 马克思、恩格斯:《马克思恩格斯选集》第二卷,第 95 页。
② 侯建新:《社会转型时期的西欧与中国》,第 118 页。
③ [英] 亨利·斯坦利·贝内特:《英国庄园生活:1150—1400 年农民生活状况研究》,侯建新:《译者序》,第 12 页。

参考文献

一 文献资料

Bailey, Mark, ed., *The English Manor c. 1200 – c. 1500: Selected Sources*, London: Routledge, 2002.

Blakeley, B. L. & Collins, J., eds., *Documents in English History: Early Times to the Present*, New York: McGraw-Hill Ryerson, 1975.

Bland, A. E., Brown, P. A., Tawney, R. H., eds., *English Economic History Select Documents*, London: G. Bell and Sons ltd., 1925.

Chambers, M. C., Owen-Crocker, G. R., eds., *Medieval Dress and Textiles in Britain: A Multilingual Sourcebook*, London: Boydell Press, 2014.

Cressy, David, *Documents of Modern History: Education in Tudor and Stuart England*, London: Edward Arnold, 1975.

De Windt, Edwin Brezette, *A Slice of Life: Selected Documents of Medieval English Peasant Experience*, Mississippi: Kalamazoo, 1996.

Douglas, D. C. and Greenaway, ed., *English Historical Documents*, Ⅰ–Ⅶ, Oxford: Taylor & Francis Ltd., 1995.

Fisher, H. E., Jurica, A. R. J., *Documents in English Economic History: England from 1000 to 1760*, London: G. Bell, 1977.

Leach, A. F., *Educational Charters and Documents*, 598–1909, Cambridge: Cambridge University Press, 1911.

Myers, A. R., ed., *English Historical Document 1327–1485*, London: Eyre & Spottiwoode, 1969.

Nugent, Elizabeth M., ed., *The Thought & Culture of the English Renaissance: An Anthology of Tudor Prose* 1481 – 1555, Cambridge: Cambridge University Press, 1956.

Sylvester, D. W., ed., *Educational Documents* 800 – 1816, London: Methuen, 1970.

Wright, Louis B., Lamar, Virginia A., ed., *Life and Letters in Tudor and Stuart England*, New York: Cornell University Press, 1962.

二 外文论著

Abel, W., *Agricultural Fluctuations in Europe: From the Thirteenth to the Twentieth Centuries*, London: Methuen & Co. Ltd., 1990.

Acheson, E., *A Gentry Community: Leicestershire in the Fifteenth Century* 1422 – 1485, Cambridge: Cambridge University Press, 1992.

Allen, R. C., *Enclosure and the Yeoman: The Agricultural Development of the South Midlands*, 1450 – 1850, Oxford: Clarendon Press, 1992.

Amos, N. Scott & Andrew Pettegree & Henk Van Nierop, *The Education of a Christian Society: Humanism and the Reformation in Britain and the Netherlands*, London: Ashgate Publishing Limited, 1999.

Amt, E., *Women's Lives in Medieval Europe*, London: Routledge, 1993.

Appleby, A., *Famine in Tudor and Stuart England*, Stanford: Stanford University Press, 1978.

Appleby, S. H., *English Society in the Later Middle Ages: Class, Status, and Gender*, New York: St. Martin's Press, 1995.

Ashley, Sir William, *The Economic Organization of England: An Outline History*, London and New York: Longmans, 1922.

Astill, G., Grant, A., eds., *The Countryside of Medieval England*, Oxford: Basil Blackwell, 1988.

Aston, T. H., *Landlords, Peasants and Politics in Medieval England*, Cambridge: Cambridge University Press, 1987.

Aston, R. H., *Social Relations and Ideas*, Cambridge: Cambridge University Press, 1983.

Baechler, J., *Europe and the Rise of Capitalism*, Oxford: Basil Blackwell, 1988.

Bailey, M., *A Marginal Economy: East Anglian Breckland in the Later Middle Ages*, Cambridge: Cambridge University Press, 1989.

Barber, R. and Barber J., *Tournaments: Jousts Chivalry and Pageant in the Middle Ages*, London: Boydell Press, 1989.

Beckett, J. V., *The Agriculture Revolution*, Oxford: Basil Blackwell, 1990.

Bennet, H. S., *Life on the England Manor: A Study of Peasant Conditions*, 1150 – 1400, Cambridge: Cambridge University Press, 1956.

Bennt, H. S., *The Pastons and their England*, Cambridge: Cambridge University Press, 1951.

Bennett, Harry Stanley, *English Books and Reader* 1475 – 1557, Cambridge: Cambridge University Press, 1952.

Bennett, M. J., *Community, Class and Careerism*, Cambridge: Cambridge University Press, 1998.

Bolton, J. L., *The Medieval English Economy* 1150 – 1500, London: Rowman and Littlefield, 1980.

Bossy, John, *Christianity in the West* 1400 – 1700, Oxford: Oxford University Press, 1987.

Bowden, P., *Economic Change: Prices, Wages, Profits and Rents* 1500 – 1750, Cambridge: Cambridge University Press, 1990.

Britnell, R. H., *The Closing of the Middle Ages? England* 1471 – 1529, Oxford: Blackwell, 1997.

Brown, John Howard, *Elizabethan Schooldays: An Account of the English Grammar Schools in the Second Half of the Sixteenth Century*, Oxford: Blackwell, 1933.

Cambell, B. M. S., Overton, M., *Land, Labour and Livestock: Historical Studies in European Agricultural Productivity*, Manchester: Manchester University Press, 1991.

Campbell, J. P. , *Popular Culture in the Middle Ages*, Bowling Green: Bowling Green State University Popular Press, 1986.

Campbell, M. , *The English Yeoman: Under Elizabeth and Early Stuart*, New York: Augustus M. Kelley, 1968.

Carlin, M. , Rosenthal, J. T. , *Food and Eating in Medieval Europe*, London: Hambledon Press, 1998.

Cetz, F. , *Medicine in the English Middle Ages*, Princeton: Princeton University Press, 1999.

Chambers, J. D. , *Population, Economy and Society in Pre-Industrial England*, Oxford: Oxford University Press, 1972.

Charlton, Kenneth, *Education in Renaissance England*, London: Published by Routledge and K. Paul, 1968.

Cipolla, C. M. , *Before the Industrial Revolution*, London: Methuen young books, 1993.

Clay, C. G. A. , *Economic Expansion and Social Change England 1500 – 1700*, Cambridge: Cambridge University Press, 1984.

Cobban, A. B. , *English University Life in the Middle Ages*, Columbus: Ohio State University Press, 1999.

Coleman, D. C. , *The Economy of England 1450 – 1750*, Oxford: Oxford University Press, 1977.

Coss, P. , *The Origins of the English Gentry*, Cambridge: Cambridge University Press, 2003.

Coulton, G. G. , *The Medieval Village*, Cambridge: Cambridge University Press, 2010.

Coulton, G. G. , *Life in the Middle Ages*, London: Constable & Co. Ltd. , 1910.

Cressy, David, *Education in Tudor and Stuart England*, London: Edward Amold, 1975.

Cressy, David, *Literacy and the Social Order: Reading and Writing in Tudor and Stuart England*, Cambridge: Cambridge University Press,

2006.

Crwfoot, E., Pritchard, F., Staniland, K., *Textiles and Clothing*: 1150 – 1450, London: Boydell Press, 2010.

Daniell, C., *Death and Burial in Medieval England* 1066 – 1550, London and New York: Londmans, 1997.

Dillaway, C. K., *History of the Grammar School*, Roxbury: John Backup, 1860.

Dobb, M., *Studies in the Development of Capitalism*, London: Taylor & Francis, 1981.

Dobson, R. B., *The Peasants Revolt of* 1381, London: Macmillan Press, 1983.

Draper, Hal, *Berkeley: The New Student Revolt*, New York: Grove Press, 1965.

Drummond, J. C., Wilbraham, A., *The Englishman's Food: A History of Five Centuries of English Diet*, London: Jonathan Cape Ltd., 1957.

Duby, G., *Love and Marriages in the Middle Ages*, Chicago: Chicago University Press, 1994.

Dyas, D., *Pilgrimage in Medieval English Literature* 700 – 1500, Cambridge: Cambridge University Press, 2001.

Dyer, C., *An Age of Transition? Economy and Society in England in the Later Middle Ages*, Oxford: Oxford University Press, 2005.

Dyer, C., *Making a Living in the Middle Ages: The People of Britain* 850 – 1520, New Haven and London: Yale University Press, 2002.

Dyer, C., *Everyday Life in Medieval England*, Cambridge: Cambridge University Press, 2000.

Dyer, C., *Standards of Living in the Later Middle Ages: Social Change in England*, *c.* 1200 – 1520, Cambridge: Cambridge University Press, 1989.

Dyer, C., *Lords and Peasants in a Changing Society*, Cambridge: Cambridge University Press, 1980.

Dyas, Dee, *Pilgrimage in Medieval English Literature* 700 – 1500, Cambridge: Cambridge University Press, 2001.

Elizabeth, Nugent M., *The Thought & Culture of the English Renaissance: An Anthology of Tudor Prose* 1481 – 1555, Oxford: Oxford University Press, 1956.

Elton, G. R., *Tudor Constitution*, Cambridge: Cambridge University Press, 1982.

Evans, Keith, *The Development and Structure of the English Educational System*, London: University of London Press, 1975.

Evans, Keith, *The Development and Structure of the English School System*, London: University of London Press, 1985.

Finberg, H. P. R., Abbey, T., *A Study in the Social and Economic History of Devon*, Cambridge: Cambridge University Press, 1951.

Fleming, P., *Family and Household in Medieval England*, London: Palgrave, 2001.

Fletcher, A., *Order and Disorder in Early Modern England*, Cambridge: Cambridge University Press, 1987.

French, K. L., *The People of the Parish: Community Life in Later Medieval English Diocese*, Philadelphia: University of Pennsylvania Press, 2001.

Gaimster, D., Stamper, P., *The Age of Transition: The Archaeology of English Culture* 1400 – 1600, Oxford: Oxbow Books, 1997.

Goodman, A., *The New Monarchy England* 1471 – 1534, Oxford: Basil Blackwell, 1988.

Graves, Frank, *A History of Education During the Middle Ages and the Transition to Modern Times*, New York: The Macmillan Company, 2004.

Gras, N. S. B., *The Economic and Social History of an English Village*, Boston: Harvard University Press, 1930.

Grenville, J., *Medieval Housing*, London and Washington: Leicester University Press, 1977.

Grew, F., Neergaard, M., *Medieval Finds from Excavations in London: Shoes and Pattens* 1100 – 1450, London: Her Majesty's Stahonery Office, 1988.

Guenee, B., *States and Rulers in Later Medieval Europe*, Oxford: Basil Blackwell, 1985.

Harris, T., *Popular Culture in England* 1500 – 1850, London: Macmillan Press, 1995.

Harvey, B., *Westminster Abbey and Its Estate in the Middle England*, Oxford: The Clarendon Press, 1977.

Hatcher, J., *Plague, Population and the English Economy* 1348 – 1530, Cambridge: Cambridge University Press, 1977.

Heal, Felicity, Holmes, C., *The Gentry in England and Wales*, 1500 – 1700, Stanford: Stanford University Press, 1994.

Heaton, H., *Economic History of Europe*, New York: Harper & Brothers, 1948.

Hilton, R. H., *The English Peasantry in the Later Middle Ages*, Oxford: Oxford University Press, 1975.

Hilton, R. H., *The Transition from Feudalism to Capitalism*, London: Macmillan, 1985.

Hoggart, R., *The Uses of Literacy*, London: Penguin Classics, 2009.

Holdsworth, W. S., *A History of English Law*, London: Methuen, 1956.

Hoskins, W. G., *The Midland Peasant: The Economic and Social History of a Leicestershire Village*, London: Macmillan & Co. LTD., 1957.

Houlbrooke, Ralph A., *The English Family* 1450 – 1700, London and New York: Longmans, 1984.

Houston, M. G., *Medieval Costume in England and France*, London: Adam and Charles Black, 1939.

Hoyt, T. S., ed., *Life and Thought in the Early Middle Ages*, Minneapolis: University of Minnesota Press, 1967.

Humans, T. S., *English Villagers of the Thirteenth Century*, Boston: Harvard University Press, 1941.

Hume, D., *The History of England*, Indiana: Liberty Fund, 1983.

James, M., *Society, Politics and Culture-Studies in Early Modern England*, Cambridge: Cambridge University Press, 1988.

John Trevor Cliffe, *The Yorkshire Gentry: From the Reformation to the Civil War*, London: Athlone Press, 1969.

Jones, M. G., *The Charity School Movement: A Study of Eighteenth Century Puritanism in Action*, Cambridge: Cambridge University Press, 2013.

Jordan, W. K., *Philanthropy in England 1480 – 1660*, London: Routledge, 1959.

Keen, M. H., *England in the Later Middle Ages: A Political History*, London: Methuen, 1974.

Kamne, H., *European Society 1500 – 1700*, London: Hutchinson, 1986.

Kosminsky, E. A., *Studies in the Agrarian History of England in the Thirteenth Century*, Oxford: Blackwell, 1956.

Kriedte, P., *Industrialization before Industrialization—Rural Industry in the Genesis of Capitalism*, Cambridge: Cambridge University Press, 1981.

Lawson, J. and Silver, *A Social History of Education in England*, London: Routledge, 1975.

Lander, J. R., *Government and Community*, *England 1450 – 1509*, London: Hodder Arnold, 1983.

Le Goff, J., Translated by Lydia G. Cochrane, *The Medieval World*, London: Collins and Brown, 1990.

Ledch, A. F., *The School of Medieval England*, London: Methuen and Co. Ltd., 1915.

Mingay, G. E., *The Gentry: The Rise and Fall of a Ruling Class*, London and New York: Longmans, 1976.

McConica, James, *English Humanists and Reformation Politics under Hen-*

ry Ⅷ *and Edward VI*, Oxford: Clarendon Press, 1965.

Miskimin, H. A., *The Economy of Later Renaissance Europe* 1460 – 1600, Cambridge: Cambridge University Press, 1977.

Macfarlane, A., *Marriage and Love in England: Modes of Reproduction* 1300 – 1840, Oxford: Basil Blackwell, 1986.

Macfarlane, A., *The Origins of English Individualism: The Family, Property and Social Transition*, Oxford: Basil Blackwell, 1978.

Marjorie, Quennell, C. H. B., *A History of Everyday Things in England*, Vol. I. 1066 – 1499; Vol. II. 1500 – 1799; Vol. III. 1733 – 1851; Vol. IV. 1851 – 1914, London: B. T. Batsford LTD., 1957.

Martin, J. E., *Feudalism to Capitalism: Peasant and Landlord in English Agrarian Development*, London: Macmillan Press, 1983.

Miller, E., *The Agrarian History of England and Wales* 1348 – 1500, Vol. III, Cambridge: Cambridge University Press, 1991.

Miller, E., Hatcher, J., *Medieval England-Rural Society and Economic Change* 1086 – 1348, London and New York: Longmans, 1978.

Nasses, E., *On the Agricultural Community of the Middle Ages*, New York: Kessinger Publis, 2010.

Netherton, R., Owen-Crocker, G., *Medieval Clothing and Textiles*, London: Boydell Press, 2005.

Newman, P. B., *Daily Life in the Middle Ages*, London: McFarland & Co., 2001.

Overton, Mark, *Production and Consumption in English Households* 1600 – 1750, London: Routledge, 2004.

O'Day, R., *Education and Society* 1500 – 1800: *The Social Foundations of Education in Early Modern Britain*, London and New York: Longmans, 1982.

Powell, K., Cook, C., *English History Fact* 1485 – 1603, London: Macmillan Press, 1987.

Pollock, L. A., *Forgotten Children: Parent-Child Relationships from* 1500 to 1900, Cambridge: Cambridge University Press, 1983.

Poos, L. R., *A Social after the Black Death: Essex* 1350 – 1525, Cambridge: Cambridge University Press, 1991.

Postan, M. M., *The Medieval Economy and Society*, London: Penguin Books, 1986.

Powell, K., Cook, C., *English History Fact* 1485 – 1603, London: Macmillan Press, 1987.

Reay, B., *Popular Culture in England* 1550 – 1750, London and New York: Longmans, 1980.

Reynolds, S., *An Introduction to the History of English Medieval Town*, Oxford: Oxford University Press, 1977.

Rigby, S. H., *English Society in the Later Middle Ages*, London: Macmillan, 1995.

Rogers, J. E. T., *A History of Agriculture and Prices in England*, Oxford: Oxford University Press, 1866.

Rosener, W., *Peasants in the Middle Ages*, Urbana: University of Illinois Press, 1992.

Russell, J. C., *British Medieval Population*, Albuquerque: University of New Mexico Press, 1948.

Stowe, A. M., *English Grammar Schools in the Reign of Queen Elizabeth*, New York: Columbia University, 1908.

Schmidt, A. J., *The Yeoman in Tudor and Stuart England*, Washington: The Folger Shakespeare Library, 1961.

Simpson, A., *The Wealth of the Gentry* 1540 – 1660: *East Anglian Studies*, Chicago: Chicago University Press, 1963.

Sharpe, J. A., *Early Modern England: A Social History* 1550 – 1760, London: Edward Arnold, 1997.

Simon, Joan, *Education and Society in Tudor England*, Cambridge: Cambridge University Press, 1966.

Schofield, P. R., *Peasant and Community in Medieval England* 1200 –

1500, London: Palgrave, 2003.

Shanin, T. , *Peasants and Peasant Societies*, London: Penguin Books, 1988.

Singman, J. L. , *Daily Life in Medieval Europe*, London: Greenwood Press, 1999.

Spufford, M. , *Contrasting Communities: English Villagers in the Sixteenth and Seventeenth Centuries*, Cambridge: Cambridge University Press, 2000.

Stone, L. , *Social Change and Revolution in England* 1540 – 1640, London and New York: Longmans, 1965.

Thomas, K. , *The Meaning of Literacy in Early Modern England*, in G. Baumann (ed.), *The Written Word: Literacy in Transition*, Oxford: Clarendon Press, 1986.

Tawney, R. H. , *The Agrarian Problem in the Sixteenth Century*, London and New York: Longmans, 1912.

Thirsk, J. , *The Agrarian History of England and Wales*, Vol. IV, 1500 – 1640, Cambridge: Cambridge University Press, 1967.

Thirsk, J. , *The Rural Economy of England*, London: Hambledon Press, 1984.

Tierney, B. , *The Idea of Natural Rights: Studies on Natural Rights, Natural Law and Church Law* 1140 – 1625, Edinburgh: B. Eerdmans Publishing Company, 1997.

Unger, R. W. , *Beer in the Middle Ages and the Renaissance*, Philadelphia: University of Pennsyvania Press, 2003.

Verdon, J. , *Travel in the Middle Ages*, Indiana: University of Notre Dame Press, 2003.

Wakelin, Daniel, *Humanism, Reading, and English literature*, 1430 – 1530, Oxford: Oxford University Press, 2007.

Wright, Louis B. , *Life and Letters in Tudor and Stuart England*, New York: Cornell University Press, 1962.

Webb, D. , *Pilgrimage in Medieval England*, London and New York: Hambledon, 2000.

Webb, D. , *Pilgrims and Pilgrimage in the Medieval West*, London: I. B. Tauris & Co. Ltd. , 1999.

Biddick, K. , "Medieval English Peasants and Market Involvement", *The Journal of Economic History*, Vol. 45, No. 4 (Dec. , 1985).

Britnell, H. , "The Proliferation of Markets in England, 1200 – 1349", *The Economic History Review*, Vol. 34, 2 (1981).

Bullough, V. , Campbell, C. , "Female Longevity and Diet in the Middle Ages, Notes and Documents", *Speculum*, 55, 2 (1980).

Campbell, B. M. S. , "Arable Productivity in Medieval England: Some Evidence from Norfolk", *The Journal of Economic History*, 1983, 43.

Campbell, B. M. S. , Overton, M. , "A New Perspective on Medieval and Early Modern Agriculture: Six Centuries of Norfolk Farming c. 1250 – 1850", *Past and Present*, No. 141 (Nov. , 1993).

Campbell, B. M. S. , Power, J. P. , "Mapping the Agricultural Geography of Medieval England", *Journal of Historical Geography*, 1985, 15 (1).

Clark, G. , "Yields Per Acre in England Agriculture, 1250 – 1860: Evidence from Labour Inputs", *The Economic History Review*, New Series, Vol. 44, No. 3 (Aug. , 1991).

Du Boulay, F. R. H. , "Who were Farming the English Demesnes at the End of the Middle Ages?" *The Economic History Review*, New Series, Vol. 17, No. 3 (1965).

Dyer, C. , "The Consumer and the Market in the Later Middle Ages", *The Economic History Review*, New Series, Vol. 42, No. 3 (Aug. , 1989).

Edwards, J. F. , Hindle, B. P. , "The Transportation System of Medieval England and Wales", *Journal of Historical Geography*, 2 (1991).

Hatcher, J. , "English Serfdom and Villeinage: Towards a Reassessment",

Past and Present, No. 90 (Feb., 1981).

Hilton, R. H., "Freedom and Villeinage in England", *Past and Present*, No. 31 (Jul., 1965).

Hindle, B. P., "The Road Network of Medieval England and Wales", *Journal of Historical Geography*, 2 (1976).

Jones, E. T., "River Navigation in Medieval England", *Journal of Historical Geography*, Vol. 26, 1 (2000).

Karakacili, E., "Peasants, Productivity, and Profit in the Open Fields of England: A Study of Economic and Social Development", *The Journal of Economic History*, Vol. 62, No. 2 (Jun., 2002).

Komlos, J., "The Food Budget of English Workers: A Comment on Shammas", *The Journal of Economic History*, Vol. 48, No. 1 (Mar., 1988).

Langdon, J., "Inland Water Transportation in Medieval England—the View from the Mills: A Response to Jones", *Journal of Historical Geography*, Vol. 26, 1 (2000).

Machin, R., "The Great Rebuilding: A Reassessment", *Past and Present*, No. 77 (Nov., 1977).

Penn, S. A. C., Dyer, C., "Wages and Earnings in Late Medieval England: Evidence from the Enforcement of the Labour Laws", *The Economic History Review*, New Series, Vol. 43, No. 3 (Aug., 1990).

Postan, M. M., "Village Livestock in the Thirteenth Century", *The Economic History Review*, New Series, Vol. 15, No. 2 (1962).

Razi, Z. Family, "Land and the Village Community in Later Medieval England", *Past and Present*, No. 93 (Nov., 1981).

Shammas, C., "Food Expenditures and Economic Well-Being in Early Modern England", *The Journal of Economic History*, Vol. 43, No. 1 (Mar., 1983).

Woodward, D., "Wage Rates and Living Standards in Pre-Industrial England", *Past and Present*, No. 91 (May., 1981).

Wordie, J. R., "The Chronology of English Enclosure", *The Economic History Review*, 2nd ser., 36（4）.

権藤與志夫：《（15）外国教育史部会Ⅱ：英国絶対王制下における教育関係寄附の特性と影響》，《日本教育学会大會研究発表要項》1962 年第 21 期。

三 中文论著

［英］阿·莱·莫尔顿：《人民的英国史》，谢琏造等译，生活·读书·新知三联书店 1958 年版。

［英］艾伦·麦克法兰：《现代世界的诞生》，清华大学国学研究院主编，管可秾译，上海人民出版社 2013 年版。

［英］阿萨·勃里格斯：《英国社会史》，陈叔平、刘城等译，中国人民大学出版社 1991 年版。

［英］爱德华·汤普森：《共有的习惯：18 世纪英国的平民文化》，王加丰译，上海人民出版社 2002 年版。

［英］奥尔德里奇：《简明英国教育史》，诸惠芳、李洪绪、尹斌苗译，人民教育出版社 1987 年版。

［英］阿尔弗雷德·怀特海：《科学与近代世界》，黄振威译，商务印书馆 1989 年版。

［英］A. R. 拉德克利夫－布朗：《社会人类学方法》，夏建中译，山东人民出版社 1988 年版。

［英］埃里克·霍布斯鲍姆：《工业与帝国：英国的现代化历程》，梅俊杰译，中央编译出版社 2016 年版。

［英］彼得·伯克：《知识社会史（上卷）：从古登堡到狄德罗》，陈志宏、王婉旎译，浙江大学出版社 2016 年版。

［英］彼得·伯克：《知识社会史（下卷）：从〈百科全书〉到维基百科》，汪一帆、赵博囡译，浙江大学出版社 2016 年版。

［英］彼得·伯克：《历史学与社会理论》，姚朋、周玉鹏等译，上海人民出版社 2001 年版。

［英］彼得·伯克：《欧洲近代早期的大众文化》，杨豫、王海良等译，

上海人民出版社 2005 年版。

［英］大卫·布鲁尔：《知识和社会意象》，霍桂桓译，中国人民大学出版社 2014 年版。

［英］大卫·尼科尔：《中世纪生活》，曾玲玲等译，希望出版社 2007 年版。

［英］亨利·斯坦利·贝内特：《英国庄园生活：1150—1400 年农民生活状况研究》，龙秀清、孙立田、赵文君译，上海人民出版社 2005 年版。

［英］杰弗雷·乔叟：《坎特伯雷故事》，方重译，人民文学出版社 2004 年版。

［英］克里斯托弗·戴尔：《转型的时代——中世纪晚期英国的经济与社会》，莫玉梅译，徐浩审校，社会科学文献出版社 2010 年版。

［英］克里斯托弗·道森：《宗教与西方文化的兴起》，长川某译，四川人民出版社 1989 年版。

［英］肯尼思·O. 摩根主编：《牛津英国通史》，王觉非等译，商务印书馆 1993 年版。

［英］劳伦斯·斯通：《贵族的危机：1558—1641 年》，于民、王俊芳译，上海人民出版社 2011 年版。

［英］劳伦斯·斯通：《英国的家庭、性与婚姻 1500—1800》，刁筱华译，商务印书馆 2011 年版。

［英］劳伦斯·詹姆斯：《中产阶级史》，李春玲、杨典译，中国社会科学出版社 2015 年版。

［英］露丝·古德曼：《百年都铎王朝：1485—1603 年英国黄金时代生活实录》，杨泓、缪明珠、王淞华译，广东人民出版社 2018 年版。

［英］罗伯特·艾伦：《近代英国工业革命揭秘：放眼全球的深度透视》，毛立坤译，浙江大学出版社 2012 年版。

［英］罗伯特·巴特莱特：《中世纪神判》，徐昕、俞中胜、徐昀译，浙江人民出版社 2007 年版。

［英］罗伯特·杜普莱西斯：《早期欧洲现代资本主义的形成过程》，朱智强、龚晓华等译，辽宁教育出版社 2001 年版。

［英］罗伯特·莱西、丹尼·丹齐格：《诺曼征服前夜的英格兰日常生活》，张岳译，北京大学出版社2020年版。

［英］麦克·F.D.扬主编：《知识与控制——教育社会学新探》，谢维和、朱旭东译，华东师范大学出版社2002年版。

［英］M.M.波斯坦主编：《剑桥欧洲经济史：中世纪的农业生活》（第一卷），王春法、郎丽华、黄云涛等译，经济科学出版社2002年版。

［英］M.M.波斯坦等主编：《剑桥欧洲经济史：中世纪的贸易和工业》（第二卷），王春法译，经济科学出版社2002年版。

［英］M.M.波斯坦等主编：《剑桥欧洲经济史：中世纪的经济组织和经济政策》（第三卷），周国荣、张金秀译，经济科学出版社2002年版。

［英］迈克尔·曼：《社会权利的来源》（第一卷），刘北成、李少军译，上海人民出版社2007年版。

［英］奈特编：《帕斯顿信札：一个望族的兴衰》，田亮译，广西师范大学出版社2005年版。

［英］佩里·安德森：《绝对主义国家的系谱》，刘北成、龚晓庄译，上海人民出版社2001年版。

［英］希尔顿、法根：《1381年的英国人民起义》，瞿菊农译，生活·读书·新知三联书店1956年版。

［英］西莉亚·卢瑞：《消费文化》，张萍译，南京大学出版社2003年版。

［英］伊安·莫蒂默：《漫游伊丽莎白时代的英格兰》，成一农译，商务印书馆2020年版。

［英］亚当·斯密：《国富论》，唐日松等译，华夏出版社2005年版。

［英］约翰·克拉潘：《简明不列颠经济史》，范定九、王祖廉译，上海译文出版社1980年版。

［英］约翰·吉林厄姆、拉尔夫·A.格里菲斯：《中世纪英国：征服与同化》，沈弘译，外语教学与研究出版社2007年版。

［英］伊·拉蒙德、W.坎宁安编：《亨莱的田庄管理》，高小斯译，商

务印书馆 1995 年版。

［美］巴林顿·摩尔：《民主与专制的社会起源》，拓夫、张东东等译，华夏出版社 1987 年版。

［美］布鲁斯·马兹利什：《文明及其内涵》，汪辉译，商务印书馆 2017 年版。

［美］戴维·S. 兰德斯：《国富国穷》，门洪华等译，新华出版社 2001 年版。

［美］戴维·波普诺：《社会学》，李强等译，中国人民大学出版社 1999 年版。

［美］E. P. 克伯雷选编：《外国教育史料》，华中师范大学、西南师范大学、西北师范大学、福建师范大学教育系译，华中师范大学出版社 1991 年版。

［美］菲利浦·费尔南德斯·阿莫斯图：《食物的历史》，何舒平译，中信出版社 2005 年版。

［美］弗兰克·萨克雷、约翰·芬德林主编：《世界大历史：1571—1689》，闫传海译，新世界出版社 2014 年版。

［美］哈罗德·J. 伯尔曼：《法律与革命——西方法律传统的形成》，贺卫方等译，中国大百科全书出版社 2093 年版。

［美］黄宗智：《华北的小农经济与社会变迁》，中华书局 2000 年版。

［美］杰克·戈德斯通：《为什么是欧洲？世界史视角下的西方崛起（1500—1850）》，关永强译，浙江大学出版社 2010 年版。

［美］克莱顿·罗伯茨、戴维·罗伯茨、道格拉斯·R. 比松：《英国史：史前—1714 年》上册，潘兴明等译，商务印书馆 2016 年版。

［美］理查德·拉克曼：《不由自主的资产阶级：近代早期欧洲的精英斗争与经济转型》，郦菁、维舟、徐丹译，复旦大学出版社 2013 年版。

［美］理查德·比尔纳其等：《超越文化转向》，方杰译，南京大学出版社 2008 年版。

［美］罗伯特·B. 马克斯：《现代世界的起源——全球的、生态的述说》，夏继果译，商务印书馆 2006 年版。

[美]麦尔尼:《竞逐富强》,倪大昕、杨润殷译,刘锋校,学林出版社1996年版。

[美]诺思、托玛斯:《西方世界的兴起》,张炳九译,学苑出版社1988年版。

[美]乔治·C.霍曼斯:《十三世纪英格兰村民》,王超华译,商务印书馆2023年版。

[美]R. K.默顿:《知识社会学的范式》,载R. K.默顿《科学社会学》,鲁旭东、林聚任译,商务印书馆2003年版。

[美]S. E.佛罗斯特:《西方教育的历史与哲学基础》,吴元训、张俊洪等译,华夏出版社1987年版。

[美]汤普逊:《中世纪经济社会史(300—1300年)》,上、下册,耿淡如译,商务印书馆1997年版。

[美]伊曼纽尔·沃勒斯坦:《现代世界体系》(第1卷),尤来寅、路爱国等译,高等教育出版社1998年版。

[美]尤金·N.安德森:《中国食物》,马孆、刘东译,江苏人民出版社2003年版。

[美]詹姆斯·W.汤普逊:《中世纪晚期欧洲经济社会史》,徐家玲等译,商务印书馆1992年版。

[法]安德烈·比尔茨埃等主编:《家庭史》(上、中、下册),袁树仁等译,生活·读书·新知三联书店1998年版。

[法]保尔·芒图:《十八世纪的产业革命》,杨人楩、陈希秦等译,商务印书馆1983年版。

[法]达尼埃尔·罗什:《平常事情的历史:消费自传统社会中的诞生:17—19世纪》,吴鼐译,百花文艺出版社2005年版。

[法]达尼埃尔·亚历山大-比东:《中世纪有关死亡的生活(13—16世纪)》,陈劼译,山东画报出版社2005年版。

[法]菲力浦·阿利埃斯:《儿童的世纪:旧制度下的儿童和家庭生活》,沈坚、朱晓罕译,北京大学出版社2013年版。

[法]菲利浦·阿利埃斯、乔治·杜比主编:《私人生活史》,洪庆明等译,北方文艺出版社2007年版。

[法] 费尔南·布罗代尔：《菲利普二世时代的地中海和地中海世界》（全二卷），唐家龙、曾培耿等译，商务印书馆1998年版。

[法] 费尔南·布罗代尔：《十五至十八世纪的物质文明、经济和资本主义》（全三卷），顾良、施康强译，生活·读书·新知三联书店2002年版。

[法] 费尔南·布罗代尔：《文明史纲》，肖昶等译，广西师范大学出版社2003年版。

[法] 孔多塞：《人类精神进步史表纲要》，何兆武译，生活·读书·新知三联书店1998年版。

[法] 罗贝尔·福西耶：《中世纪劳动史》，陈青瑶译，上海人民出版社2007年版。

[法] 马克·布洛赫：《封建社会》（上、下），张绪山等译，商务印书馆2004年版。

[法] P.布瓦松纳：《中世纪欧洲生活和劳动（五至十五世纪）》，潘源来译，商务印书馆1985年版。

[法] 让·韦尔东：《中世纪的旅行》，赵克非译，中国人民大学出版社2007年版。

[法] 让·韦尔东：《中世纪之夜》，刘华译，中国人民大学出版社2007年版。

[法] 让·鲍德里亚：《消费社会》，刘成富、全志刚译，南京大学出版社2000年版。

[法] 热纳维埃夫·多古尔：《中世纪的生活》，冯棠译，商务印书馆1998年版。

[德] 汉斯-维尔纳·格茨：《欧洲中世纪生活（7—13世纪)》，王亚平译，东方出版社2002年版。

[德] 里夏德·范迪尔门：《欧洲近代生活——宗教、巫术、启蒙运动》，王亚平译，东方出版社2005年版。

[德] 里夏德·范迪尔门：《欧洲近代生活——村庄与城市》，王亚平译，东方出版社2004年版。

[德] 里夏德·范迪尔门：《欧洲近代生活——家与人》，王亚平译，

东方出版社 2003 年版。

[德] 马克斯·韦伯:《经济与社会》(上、下卷),林荣远译,商务印书馆 2006 年版。

[德] 诺贝特·埃利亚斯:《文明的进程:文明的社会起源和心理起源的研究》,王佩莉译,生活·读书·新知三联书店 1998 年版。

[德] 约阿希姆·布姆克:《宫廷文化:中世纪盛期的文学与社会》(上、下册),何珊、刘华新译,生活·读书·新知三联书店 2006 年版。

[比] 弗朗索瓦·冈绍夫:《何为封建主义》,张绪山、卢兆瑜译,商务印书馆 2016 年版。

[比] 亨利·皮朗:《中世纪欧洲经济社会史》,乐文译,上海人民出版社 2001 年版。

[澳] P. R. 科尔:《西洋教育思潮发达史》,于熙俭译,台北商务印书馆 1969 年版。

[俄] 叶·阿·科斯敏斯基:《中世纪史学史》,郭守田等译,商务印书馆 2012 年版。

[苏] 波梁斯基:《外国经济史》(资本主义时代),郭吴新译,生活·读书·新知三联书店 1963 年版。

[苏] 施脱克马尔:《十六世纪英国简史》,上海外国语学院编译室译,上海人民出版社 1959 年版。

[瑞] 雅各布·布克哈特:《意大利文艺复兴时期的文化》,何新译,商务印书馆 1979 年版。

[意] 卡洛·M. 奇波拉主编:《欧洲经济史》第一卷《中世纪时期》,徐璇译,商务印书馆 1988 年版。

[匈] 阿格妮丝·赫勒:《日常生活》,衣俊卿译,重庆出版社 1990 年版。

[荷] 约翰·赫伊津哈:《中世纪的衰落》,刘军、舒炜等译,中国美术学院出版社 1997 年版。

常建华:《日常生活的历史学》,北京师范大学出版社 2021 年版。

陈曦文、王乃耀主编:《英国社会转型时期经济发展研究(16 世纪至

18世纪中叶)》,首都师范大学2002年版。

陈昕:《救赎与消费:当代中国日常生活的消费主义》,江苏人民出版社2003年版。

费孝通:《江村经济——中国农民的生活》,商务印书馆2001年版。

冯天才主编:《社会消费经济学》,四川科技出版社1987年版。

高宣扬:《布迪厄的社会理论》,同济大学出版社2004年版。

侯建新:《社会转型时期的西欧与中国》,高等教育出版社2005年版。

侯建新:《现代化第一基石——农民个人力量与中世纪晚期社会变迁》,天津社会科学出版社1991年版。

侯建新:《农民、市场与社会变迁——冀中11村透视并与英国乡村比较》,社会科学文献出版社2002年版。

侯建新主编:《经济—社会史:历史研究的新方向》,商务印书馆2002年版。

侯建新:《资本主义起源新论》,生活·读书·新知三联书店2014年版。

黄春高:《西欧封建社会》,中国青年出版社1999年版。

黄春高:《分化与突破:14—16世纪英国农民经济》,北京大学出版社2011年版。

蒋孟引主编:《英国史》,中国社会科学出版社1988年版。

李当岐:《西洋服装史》,高等教育出版社2005年版。

李宏图:《观念的视界》,商务印书馆2020年版。

李立国:《工业化时期英国教育变迁的历史研究》,广西师范大学出版社2010年版。

李喜蕊:《英国家庭法历史研究》,知识产权出版社2009年版。

雷通群:《西洋教育通史》,吉林人民出版社2013年版。

刘景华主编:《"日不落"的落日——大英帝国的兴衰》,中国文史出版社1999年版。

刘启戈:《西欧封建庄园》,商务印书馆1963年版。

刘新成主编:《西欧中世纪社会史研究》,人民出版社2006年版。

罗荣渠:《现代化新论——世界与中国的现代化进程》,商务印书馆

2004年版。

厉以宁:《资本主义的起源——比较经济史研究》,商务印书馆2003年版。

马克垚:《英国封建社会研究》,北京大学出版社2005年版。

马克垚主编:《中西封建社会比较研究》,学林出版社1997年版。

孟广林:《英国封建王权论稿——从诺曼征服到大宪章》,人民出版社2002年版。

钱乘旦:《第一个工业化社会》,四川人民出版社1988年版。

钱乘旦主编:《英国通史》,江苏人民出版社2016年版。

钱乘旦、许洁明:《英国通史》,上海社会科学院出版社2002年版。

钱乘旦、陈晓律:《在传统与变革之间——英国文化模式溯源》,江苏人民出版社2010年版。

沈汉、王建娥:《欧洲从封建社会向资本主义社会的过渡研究:形态学的考察》,山东教育出版社2020年版。

石强:《英国圈地运动研究(15—19世纪)》,中国社会科学出版社2016年版。

史仲文、胡晓林主编:《新编世界生活习俗史》(上、下册),中国国际广播出版社1996年版。

王宁:《消费社会学——一个分析的视角》,社会科学文献出版社2001年版。

王亚平:《权利之争——中世纪西欧的君权与教权》,东方出版社1995年版。

王玉波、王雅林、王锐生:《生活方式论》,上海人民出版社1989年版。

徐浩、侯建新:《当代西方史学流派》,中国人民大学出版社1996年版。

徐浩:《农民经济的历史变迁——中英乡村社会区域发展比较》,社会科学文献出版社2002年版。

徐辉、郑继伟编著:《英国教育史》,吉林人民出版社1993年版。

易红郡:《英国教育的文化阐释》,华东师范大学出版社2009年版。

阎照祥:《英国政治制度史》,人民出版社 1999 年版。

赵文洪:《私人财产权利体系的发展——西方市场经济和资本主义的起源问题研究》,中国社会科学出版社 1998 年版。

赵秀荣:《近代早期英国社会史研究》,中国社会科学出版社 2017 年版。

朱寰主编:《亚欧封建经济形态比较研究》,东北师范大学出版社 2002 年版。

朱镜人:《英国教育思想之演进》,人民教育出版社 2014 年版。

朱孝远:《近代欧洲的兴起》,学林出版社 1997 年版。

周真真:《英国慈善活动发展史研究》,中国人民大学出版社 2020 年版。

后 记

本书是在笔者博士论文基础上修改完成的。早有修改的打算，但由于长期行政工作的压力，十几年未能如愿。摆在眼前的书稿，在结构上做了一些微调，基本上保持了原有的框架；增删了部分内容，包括更新了部分研究资料，充实了当前学界相关的研究观点和自己的一些体会。

本书的撰写迁延日久，写作的缘起可追溯至十余年前。读博士之前，我长期从事中国现代史的教学与研究工作，偶然的机会拜读了侯建新教授的著作《现代化第一基石》，其独特的视角和新颖的研究方法使我颇受启发，对于"现代化""三农"等问题有了全新的认识。在顾銮斋教授的推荐下，报考了侯先生的博士，承蒙先生不弃，把我招至门下。读博期间，感受到先生宽广的理论视野、精深的学术造诣和严谨的治学态度，让我倍感崇敬。

从最初的思想火花到博士论文的完成，再到眼前专著的成稿，经历了许多岁月，其中凝聚了众多师友的关怀、支持和帮助。感谢我的导师，在博士论文选题、框架拟定乃至整个写作过程中，得到了先生的鼓励和指导。初稿完成之后，先生在百忙之中通读全文，提出许多宝贵的修改意见。学习期间我由于久坐患上腰疾，先生多次关心询问，亲自探望，安排同学把我送上火车……这一切让我在最艰难的时刻感受到师门大家庭的温暖。虽然过去了很多年，但至今难以忘怀！

感谢山东大学的顾銮斋教授、清华大学的张绪山教授，多年来他们给予了许多至关重要的支持和帮助，与两位老师的长期交流让我收获良多。如果当初没有顾老师鼓励我攻读博士，我就不会有今天的发展，更不会有眼前的这部作品。在天津师范大学学习期间，还从多位老师那里获得教益。刘景华教授、王亚平教授、孙立田教授和云南大学的龙秀清教授，我在听课或者与他们交流的过程中，开阔了知识视野，提高了研究能力。

三年的求学之旅，与天津师范大学的李艳玲教授、齐鲁工业大学的陈沛志教授三人同住一个屋檐下。在艰辛异常的情况下，我们生活上相伴互助，学习上交流切磋，相互鼓励，潜心苦读，度过了意义非凡的人生时光。在写作过程中，北京联合大学的钟经华教授，北京物资学院刘世波博士、吴会丽博士，山东师范大学的孙小娇博士，在资料收集方面提供了很多支持。在法国留学的亲戚路红武帮忙查阅了有关"中世纪英格兰交通"方面的珍贵资料。十分感谢他们的无私帮助！

在泰山学院工作期间，亲历了历史学院从无到有、从小到大的艰难发展历程。两代人的努力，筚路蓝缕，学院在学生培养和教学科研方面取得的成就有目共睹，获批第一批国家一流专业建设点、山东省首批黄大年式教师团队，等等。我们一道风雨兼程、同甘共苦的奋斗经历，亲人般的情谊，终生难忘！

感谢河北师范大学戴建兵书记的信任与接纳，感谢泰山学院范真书记的宽容与成全，使我能够加入到河北师范大学历史文化学院这一久负盛名的团队之中，在新单位领导和同事们的关心支持下，得以实现自己多年的学术追求和愿望。

家庭始终是坚强的后盾和温暖的港湾，早逝的父亲的期许、年迈的老母亲的理解、爱人一如既往的支持、女儿的聪慧和懂事，是我多年来坚持和努力的动力源泉。

感谢中国社会科学出版社安芳老师在编辑过程中的辛苦付出，她的耐心细致弥补了本书许多疏漏。

由于个人才疏学浅，书中定会有许多谬误和不尽如人意的地方，敬请各位专家和读者批评指正！